Das Internationale Privatrecht der zivilen Verkehrsluftfahrt

Schriften zum Internationalen und vergleichenden Privatrecht

Herausgegeben von Abbo Junker

Band 2

PETER LANG
Frankfurt am Main · Berlin · Bern · Bruxelles · New York · Oxford · Wien

Natalie Kretschmer

Das Internationale Privatrecht der zivilen Verkehrsluftfahrt

PETER LANG
Europäischer Verlag der Wissenschaften

Bibliografische Information Der Deutschen Bibliothek
Die Deutsche Bibliothek verzeichnet diese Publikation in der Deutschen Nationalbibliografie; detaillierte bibliografische Daten sind im Internet über <http://dnb.ddb.de> abrufbar.

D 7
ISSN 1615-553X
ISBN 3-631-39961-8

www.peterlang.de

Meinen Eltern

Vorwort

Diese Arbeit wurde im Mai 2001 von der Juristischen Fakultät der Georg-August-Universität Göttingen zur Promotion angenommen. Rechtsprechung und Literatur wurden bis Mai 2001 berücksichtigt.

Mein ausdrücklicher Dank gilt meinem Doktorvater Herrn Professor Dr. Abbo Junker, auf dessen Anregung hin ich mich mit dem Thema befaßte. Mit seinen wissenschaftlichen Ratschlägen half er mir stets weiter. Seine Betreuung und die von ihm geschaffenen Arbeitsbedingungen förderten die zügige Bearbeitung des Themas maßgeblich. Dank gebührt weiterhin Herrn Professor Dr. Holger Fleischer für die Erstellung des Zweitgutachtens.

Mit der Widmung der Arbeit möchte ich meine Dankbarkeit gegenüber meinen Eltern zum Ausdruck bringen. Sie ermöglichten mir die Umsetzung meines Promotionsvorhabens und standen mir stets unterstützend zur Seite. An dieser Stelle ist auch meine Großmutter Käthe Herbst zu nennen. Sie leistete einen wesentlichen Beitrag am Erscheinen dieses Buches. Ihr danke ich ganz herzlich.

Schließlich danke ich allen, die mich auf dem Weg zur Promotion begleiteten. Wertvolle Hilfe erfuhr ich von Dr. Maren Charisius und Maike Kreitlow. Sie korrigierten den letzten Entwurf und waren immer bereit zum (wissenschaftlichen) Gespräch. Hervorgehoben seien auch Christoph Baus und Mario Hecker. Von ihnen erfuhr ich wichtige logistische Unterstützung.

Düsseldorf im September 2002 — Natalie Kretschmer

Inhaltsverzeichnis

Abkürzungsverzeichnis

a.A.	Andere Ansicht
AM	Abkommensentwurf von Montreal 1964
AP	Draft protocol to the Convention on international interests in mobile equipment on matters specific to aircraft equipment
APG	Aircraft Protocol Group
ArchfLR	Archiv für Luftrecht
ASL	Abkommen zur Vereinheitlichung von Regeln über die Sicherungsbeschlagnahme von Luftfahrzeugen vom 29.5.1933
AWG	Aviation Working Group
BerD-GesVR	Berichte der Deutschen Gesellschaft für Völkerrecht
C/AP	Draft Unidroit Convention on interational interests in mobile equipment einschließlich des Draft protocol to the Unidroit Convention on international interests in mobile equipment on matters specific to aircraft equipment
CAB	Civil Aeronautics Board
CITEJA	Comité International Technique d`Experts Juridiques Aériens
Dip	Droit international privé
DJT	Deutscher Juristentag
DnotZ	Deutsche Notarzeitschrift
EG-VO	Verordnung der Europäischen Gemeinschaft
f.	Folgende
ff.	Folgende
FS	Festschrift
GenfAbk	Genfer Abkommen über die internationale Anerkennung von Rechten an Luftfahrzeugen vom 19.6.1948
GUSL	Gesetz über die Unzulässigkeit der Sicherungsbeschlagnahme von Luftfahrzeugen vom 17.3.1935
JbIntR	Jahrbuch für Internationales Recht
IATA	International Air Transport Association
ICAO	International Civil Aiviation Organization
IntLQRev	International Law Quarterly Review
IPR	Internationales Privatrecht
JALC	Journal of Air Law and Commerce
LuftfzRG	Gesetz über Rechte an Luftfahrzeugen
LuftVG	Luftverkehrsgesetz
LuftVZO	Luftverkehrszulassungsordnung
MA	Convention for the Unifcation of certain rules for international carriage by air vom 28.5.1999, sog. Montrealer Abkommen
MittRhNot	Mitteilungen Rheinische Notarkammer

K

NILR	Netherlands International Law Review
NJB	Nederlands Juristenblad
NZV	Neue Zeitschrift für Verkehrsrecht
RdC	Receuil des Cours
RDU	Revue de droit uniforme
RFDA	Revue française de droit aérien
RRa	Reiserecht aktuell
SchwJbIntR	Schweizerisches Jahrbuch für Internationales Recht
SJZ	Schweizerische Juristenzeitung
SZR	Sonderziehungsrechte
TAQ	The Aviation Quarterly (England)
TranspR	Transportrecht
UCC	Uniform Commercial Code
UCC LJ	Uniform Commercial Code Law Journal
USAvR	US aviation Review
WA 1929	Abkommen zur Vereinheitlichung von Regeln über die Beförderung im internationalen Luftverkehr vom 12.10.1929, sog. Warschauer Abkommen
WA 1955	Warschauer Abkommen in Form des Haager Protokolls von 1955
WA	Warschauer Abkommen von 1929 einschließlich des Warschauer Abkommens in Form des Haager Protokolls
ZAG	Zusatzabkommen von Guadalajara zur Vereinheitlichung von Regeln über die von einem anderen als dem vertraglichen Luftfrachtführer ausgeführte Beförderung vom 18.9.1968
ZHR	Zeitschrift für das gesamte Handelsrecht und Wirtschaftsrecht
ZLW	Zeitschrift für Luft- und Weltraumrecht

Für die weiteren Abkürzungen wird auf das Abkürzungsverzeichnis von *Kirchner* verwiesen (Herbert Kirchner, Abkürzungsverzeichnis, 4. Auflage, Berlin, New York 1993)

Einleitung

Im Internationalen Privatrecht der zivilen Verkehrsluftfahrt befindet sich auf internationaler Ebene Vieles im Umbruch. Das die Haftung aus dem Luftbeförderungsvertrag regelnde *Warschauer Abkommen*[1] und seine Zusatzabkommen werden in näherer Zukunft durch das *Montrealer Abkommen*[2] ersetzt werden. Das Montrealer Abkommen vereinheitlicht die derzeitige zersplitterte Haftungslage und stellt den heutigen Verhältnissen angemessene Haftungsgrenzen auf. Im Internationalen Sachenrecht liegt ein Entwurf zu einer *Unidroit convention on International interests in mobile equipment* und ein dazugehöriges *Aircraft equipment protocol* vor; die diplomatische Konferenz wird vom 20. Oktober bis 16. November 2001 in Kapstadt (Südafrika) stattfinden. Hinter dem Entwurf steht das immense Interesse der Luftfahrtindustrie an einer international abgesicherten Finanzierung der Geschäfte über Luftfahrzeug-Ausrüstungsgegenstände. Aber auch im nationalen IPR bestehen diverse Fragen bei der Behandlung kollisionsrechtlicher Probleme in der Luftfahrt, zumal das Internationale Deliktsrecht und das Internationale Sachenrecht erst 1999 kodifiziert wurden. Diese Arbeit soll deshalb das Internationale Privatrecht in der Luftfahrt umfassend darstellen.

Die Arbeit ist in drei Teile gegliedert: Im ersten Teil untersucht die Arbeit das Vertragsstatut in der Luftfahrt. Zunächst wird auf die Probleme des Arbeitsstatuts vom Luftfahrtpersonal eingegangen. Von besonderer Problematik ist hierbei die objektive Anknüpfung beim fliegenden Personal. Es ist unklar, ob für diese Arbeitnehmergruppe ein gewöhnlicher Arbeitsort ermittelt werden kann. Ein Vergleich mit der Situation in der Schiffahrt soll Klarheit in dieser Frage bringen. Im Anschluß daran erörtert die Arbeit das Vertragsstatut des Luftbeförderungsvertrags. Der Luftbeförderungsvertrag wird überwiegend durch Internationales Einheitsrecht in Form des sogenannten Warschauer Systems (und in Zukunft durch das Montrealer Abkommen) geregelt. Die Arbeit soll aufzeigen, unter welchen Voraussetzungen für das nationale IPR noch Raum verbleibt. Einer differenzierten Betrachtung bedarf es vor allem im Bereich der Luftcharterverträge, da die verschiedenen Parteibeziehungen unterschiedlich ausgestaltet sind.

Der zweite Teil der Arbeit beschäftigt sich mit dem Deliktsstatut in der Luftfahrt. Dem nationalen Kollisionsrecht kommt in diesem Bereich eine entscheidende Rolle zu, da verschiedene internationale Abkommen und Abkommensentwürfe keine wesentliche Bedeutung erlangen konnten. Insbesondere soll dieser Teil anhand von Fallgruppen die Besonderheiten der Anknüpfung an den

---

[1] Abkommen zur Vereinheitlichung von Regeln über die Beförderung im internationalen Luftverkehr vom 12.10.1929 einschließlich des Haager Protokolls vom 28.9.1955.

[2] Convention for the unification of certain rules for international carriage by air.

Tatort und an das gemeinsame Umweltrecht bei Flugzeugunglücken und -delikten aufzeigen. In diesem Zusammenhang soll dieser Teil der Arbeit die Schwäche der Neukodifikation des Internationalen Deliktsrechts im EGBGB bei Massenunfällen und gemeingefährlichen Delikten deutlich machen und eine Lösungsmöglichkeit dieses Problems präsentieren. Weiterhin ist beabsichtigt, die Fragen zu beantworten, inwieweit ein konkurrierender deliktischer Anspruch neben dem Warschauer und dem Montrealer Abkommen geltend gemacht werden darf und welche Auswirkungen die Haftungsgrenzen der Abkommen auf die deliktische Haftung des Luftfrachtführers haben.

Der dritte Teil der Arbeit behandelt das Sachstatut in der Luftfahrt. Dieser Teil soll die Besonderheiten bei der Ermittlung des Sachstatuts von Luftfahrzeugen und dinglicher Verfügungen an Bord eines Luftfahrzeugs herausarbeiten. Außerdem soll gezeigt werden, wie das *Genfer Abkommens über die internationale Anerkennung von Rechten an Luftfahrzeugen* vom 19.6.1948 auf das Sachstatut beim Eigentumserwerb und bei beschränkten dinglichen Rechten an Luftfahrzeugen Einfluß nimmt. Wegen der praktischen Relevanz werden außerdem die Anerkennungsregelungen für diese Rechte dargelegt. Schließlich soll eine Darstellung der *Unidroit convention on international interests in mobile equipment* und des dazugehörigen *Aircraft equipment protocol* die Zukunft der Mobiliarsicherheiten in Luftfahrzeug-Ausrüstungsgegenstände geben.

Erster Teil. Das Vertragsstatut der zivilen Verkehrsluftfahrt

Der erste Teil der Arbeit beschäftigt sich mit dem Vertragsstatut in der Luftfahrt. Das Vertragstatut interessiert im Hinblick auf zwei Aspekte: Zum einen in bezug auf das Arbeitsstatut des Luftfahrtpersonals (§ 1) und zum anderen hinsichtlich des Vertragsstatuts des Luftbeförderungsvertrages (§ 2). § 1 klärt vor allem, wie das objektive Arbeitsstatut des fliegenden Personals angeknüpft wird. § 2 arbeitet heraus, inwieweit neben rechtsvereinheitlichenden Abkommen noch Platz für das nationale IPR verbleibt. Außerdem berücksichtigt § 2 die aktuellen Entwicklungen im internationalen Luftrecht.

§ 1 Das Arbeitsstatut (Art. 30 EGBGB)

Dieser Teil der Arbeit untersucht zunächst das Statut der Arbeitsverträge von Luftfahrtpersonal anhand von Art. 30 EGBGB. Vorab werden der Regelungsgegenstand von Art. 30 EGBGB dargestellt und die Probleme des Intertemporalen Kollisionsrechts im Zusammenhang mit dem Arbeitsstatut diskutiert. Dann wird auf die Rechtswahl im Arbeitsvertrag des Luftfahrtpersonals eingegangen. Im Anschluß daran werden die Besonderheiten des objektiven Arbeitsstatus beim Luftfahrtpersonal erläutert. Insbesondere im Hinblick auf das fliegende Personal eröffnen sich Probleme. Es ist unklar, ob das objektive Arbeitsstatut des fliegenden Personals an Art. 30 Abs. 2 Nr. 1 EGBGB oder Art. 30 Abs. 2 Nr. 2 EGBGB anzuknüpfen ist. Den Abschluß bilden Ausführungen zur Ausweichklausel in Art. 30 Abs. 2 a.E. EGBGB.

I. Regelungsgegenstand und Normzweck von Art. 30 EGBGB

Mit Art. 30 EGBGB ist das Internationale Individualarbeitsrecht erstmals kodifiziert worden[3]. Die Norm übernimmt Art. 6 EVÜ mit geringen sprachlichen Änderungen[4]. Art. 30 EGBGB dient dem Schutz des Arbeitnehmers auf kollisionsrechtlicher Ebene. Ebenso wie bei Art. 29 EGBGB (Verbraucherverträge) möchte der Gesetzgeber in Art. 30 EGBGB der Schutzbedürftigkeit der sozial und wirtschaftlich unterlegenen Vertragspartei Rechnung tragen[5]. Art. 30 EGBGB erlaubt grundsätzlich die freie Rechtswahl. Um die Interessen des Ar-

---

[3] MünchKomm-*Martiny*, Art. 30 EGBGB, Rn. 1 Staudinger-*Magnus*, Art. 30 EGBGB, Rn. 5.

[4] Soergel-*von Hoffmann*, Art. 30 EGBGB, Rn. 2; Staudinger-*Magnus*, Art. 30 EGBGB, Rn. 5.

[5] BegrRegE, BT-Drucks. 10/504, S. 81; *Giuliano/Lagarde*, BT-Drucks. 10/503, S. 33 (57).

beitnehmers zu wahren, schränkt Art. 30 EGBGB die freie Rechtswahl jedoch durch die zwingenden Bestimmungen des objektiv geltenden Rechts ein. Wenn das gewählte und das objektiv geltende Recht auseinanderfallen, ist stets das für den Arbeitnehmer günstigere Recht anzuwenden (Günstigkeitsvergleich).

Das objektive Arbeitsstatut richtet sich grundsätzlich nach dem gewöhnlichen Arbeitsort (*lex loci laboris*)[6]. Nur wenn der Arbeitsort keinem bestimmten Staat zuzuordnen ist, ist das Recht der einstellenden Niederlassung maßgeblich[7]. Von diesen Regelanknüpfungen kann allerdings im Einzelfall abgewichen werden, wenn eine engere Verbindung zu einem anderen Staat besteht[8]. Art. 30 EGBGB unterliegt einem zweistufigen Prüfungsschema[9]. Auf der erste Stufe muß geprüft werden, ob die Parteien das auf den Arbeitsvertrag anwendbare Recht gem. Art. 27, 30 EGBGB gewählt haben. In diesem Fall ist das Arbeitsstatut gegebenenfalls anhand des Günstigkeitsvergleichs zu berichtigen. Haben die Parteien keine Rechtswahl getroffen, ist auf der zweiten Stufe, das objektive Arbeitsstatut gem. Art. 30 Abs. 2 EGBGB zu ermitteln.

II. Das Intertemporale Kollisionsrecht (Art. 220 EGBGB)

In der IPR-Reform von 1986 hat der Gesetzgeber das IPR der Schuldverträge im EGBGB neu geregelt. Bei Dauerschuldverhältnissen, die noch nach der alten Rechtslage begründet worden sind und bis nach 1986 fortwirken, stellt sich daher die Frage nach der intertemporalen Geltung des Kollisionsrechts. Der folgende Beispielsfall (1) verdeutlicht die Problematik[10]:

Das BAG hat am 29.10.1992 den Streit zwischen zwei US-amerikanische Flugzeugpiloten der *Pan American World Airways, Inc.* (Pan Am) und der *Deutschen Lufthansa AG* (Lufthansa) entschieden. Für den Arbeitsvertrag der Piloten von ist New Yorker Recht vereinbart. Die Piloten wurden seit den siebziger Jahren überwiegend im Berlin-Flugverkehr eingesetzt. Die Lufthansa und der Berliner Lufthansa Airport Service haben am 27.09.1990 mit der Pan Am einen Vertrag geschlossen. Der Vertrag berechtigt die Lufthansa, den Berlin-Flugverkehr von der Pan Am zu übernehmen. Die Lufthansa hat sich in der Vereinbarung unter anderem dazu verpflichtet, mit Ausnahme der Piloten[11], das von der Pan Am beschäftigte Personal zu über-

---

6 Art. 30 Abs. 2 Nr. 1 EGBGB.

7 Art. 30 Abs. 2 Nr. 2 EGBGB.

8 Art. 30 Abs. 2 a.E. EGBGB.

9 MünchKomm-*Martiny*, Art. 30 EGBGB, Rn. 1; Soergel-*von Hoffmann*, Art. 30 EGBGB, Rn. 2.

10 Verkürzt nach BAG v. 29.10.1992 - 2 AZR 267/92, BAGE 71, S. 297 = IPRax 1994, S. 123 = Internationales Arbeitsrecht, AR-Blattei ES 920, Nr. 3.

11 Und einigen anderen Arbeitnehmergruppen.

nehmen. Im Hinblick auf diese Regelung klagten die zwei Piloten auf die Feststellung, daß ihr Arbeitsverhältnis nunmehr mit der Lufthansa fortbestehe.

Zunächst ist im vorliegenden Fall die Frage zu beantworten, ob das alte ungeschriebene IPR oder das neue nach der IPR-Reform von 1986 kodifizierte Recht Anwendung findet. Die Antwort darauf gibt das intertemporale Kollisionsrecht. Die Übergangsvorschrift für die IPR-Reform von 1986 ist Art. 220 Abs. 1 EGBGB; die Norm gilt auch für vertragliche Schuldverhältnisse[12]. Nach Art. 220 Abs. 1 EGBGB bleibt auf Vorgänge, die vor dem 1.09.1986 abgeschlossen waren, das bisherige IPR anwendbar. Das Intertemporale Kollisionsrecht ist im Internationalen Arbeitsrecht von besonderer Bedeutung, da der Gesetzgeber das Günstigkeitsprinzip neu eingeführt hat[13]. Unklar ist, wie Art. 220 Abs. 1 EGBGB im Bereich der Dauerschuldverhältnisse zu verstehen ist. Ist das neue IPR nur auf Arbeitsverträge anzuwenden, die nach dem 1.09.1986 geschlossen wurden[14]? Oder unterstehen die Wirkungen des arbeitsrechtlichen Vertrages, die nach dem 1.09.1986 eingetreten sind, dem neuen Recht, unabhängig davon, wann der Arbeitsvertrag abgeschlossen worden ist[15]? Die Diskussion beider Denkansätze betrifft im wesentlichen zwei Aspekte: zum einen den Vertrauensschutz bei unechter Rückwirkung und zum anderen das Gebot der einheitlichen europäischen Auslegung[16].

1. Art. 36 EGBGB

Ausgangspunkt für die Überlegungen zum temporalen Anwendungsbereich des IPR für Schuldverhältnisse ist Art. 17 EVÜ („Ausschluß der Rückwirkung"). Art. 17 EVÜ bestimmt, daß dieses Übereinkommen nur auf solche Verträge anzuwenden ist, die geschlossen worden sind, nachdem das Übereinkommen in

---

12 *Von Bar,* IPR I, Rn. 307; *Junker,* IPR, Rn. 20; MünchKomm-*Sonnenberger,* Art. 220 EGBGB, Rn. 18.

13 *Junker,* Internationales Arbeitsrecht im Konzern, S. 169.

14 *Basedow,* NJW 1986, S. 2971 (2973); *Hönsch,* NZA 1988, S. 113 (119); *Junker,* SAE 1989, S. 37, (39); ders. Internationales Arbeitsrecht im Konzern, S. 169; *Kindler,* RIW 1987, S. 660 (665 f.); Palandt-*Heldrich,* Art. 220 EGBGB, Rn. 4; *E. Lorenz,* RdA 1989, S. 220 (228); *W. Lorenz,* IPRax 1987, S. 269 (276); *Sack,* FS Steindorf (1990), S. 1333 (1339); *Sandrock,* RIW 1986, S. 841 (855).

15 *Von Bar,* IPR I, Rn. 307; *Däubler,* RIW 1987, S. 249 (256); Erman-*Hohloch,* Art. 30 EGBGB, Rn. 6; *Franzen,* Internationales Arbeitsrecht, AR-Blattei ES 920, Nr. 3, S. 18; *Mankowski,* RabelsZ 53 (1989), S. 487 (514); MünchKomm-*Sonnenberger,* Art. 220 EGBGB, Rn. 18; Reithmann/Martiny-*Martiny,* Internationales Vertragsrecht, Rn. 187; *Sonnenberger,* FS Murad Ferid (1988), S. 447 (457 f.).

16 Art. 36 EGBGB.

dem betreffenden Staat in Kraft getreten ist[17]. Der deutsche Gesetzgeber hat Art. 17 EVÜ nicht übernommen, sondern die Übergangsvorschrift Art. 220 EGBGB geschaffen. In Absatz eins der Vorschrift heißt es, daß das bisherige IPR auf vor dem 1.09.1986 abgeschlossene Vorgänge anwendbar bleibt. Während Art. 17 EVÜ von *geschlossenen Verträgen* spricht, heißt es in Art. 220 Abs. 1 EGBGB *abgeschlossene Vorgänge*. Der Begriff der *abgeschlossenen Vorgänge* ist enger[18]. Daraus könnte man folgern, daß ein Dauerschuldverhältnis nicht als abgeschlossener Vorgang betrachtet werden kann[19]; vor dem 1.09.1986 begründete, aber noch nicht beendete Dauerschuldverhältnisse fielen dann allerdings entgegen dem Wortlaut in Art. 17 EVÜ unter die neuen Vorschriften. Eine Anwendung des neuen Rechts mißachtet das in Art. 36 EGBGB[20] normierte Gebot der einheitlichen europäischen Auslegung.

2. Vertrauensschutz

Ein weiterer Aspekt der Überlegungen betrifft den Vertrauensschutz bei unechter Rückwirkung[21]. Das Bundesverfassungsgericht unterscheidet zwischen echter und unechter Rückwirkung. Bei einer echten Rückwirkung greift das Gesetz in abgewickelte, der Vergangenheit angehörende Tatbestände ein[22]. Die echte Rückwirkung ist grundsätzlich unzulässig[23]. Eine unechte Rückwirkung liegt vor, wenn das Gesetz nur auf gegenwärtige, noch nicht abgeschlossene Sachver-

---

17 Das EVÜ ist in Deutschland am 19.06.1980 in Kraft getreten (BGBl. 1986 II, S. 810).

18 BAG v. 29.10.1992 - 2 AZR 267/92, BAGE 71, S. 297 (307) = IPRax 1994, S. 123 (125) = Internationales Arbeitsrecht AR-Blattei ES, Nr. 3, S. 4 = SAE 1994, S. 28 (31); *Franzen*, Anm. zu BAG v. 29.10.1992 - 2 AZR 267/92, Internationales Arbeitsrecht, AR-Blattei ES 920, Nr. 3.

19 So *Basedow*, NJW 1986, S. 2971 (2973); *Hönsch*, NZA 1988, S. 113 (119); *Junker*, Anm. zu BAG v. 29.10.1992- 2 AZR 267/92, SAE 1992, S. 37, (39); ders. Internationales Arbeitsrecht im Konzern, 169; *Kindler*, RIW 1987, S. 660 (665 f.); Palandt-*Heldrich*, Art. 220 EGBGB, Rn. 4; *E. Lorenz*, RdA 1989, S. 220 (228); *W. Lorenz*, IPRax 1987, S. 269 (276); *Sack*, FS Steindorf (1990), S. 1333 (1339); *Sandrock*, RIW 1986, S. 841 (855).

20 Art. 36 EGBGB entspricht Art. 18 EVÜ.

21 Ausführlich dazu *Mankowski*, Anm. zu BAG v. 29.10.1992 – 2 AZR 267/92. IPRax 1994, 88.

22 BVerfG v. 15.10.1996 - 1 BvL 44, 48/92, BVerfGE 95, S. 64 (86); BVerfG v. 25.5.1993 - 1 BvR 1509, 1648/91, BVerfGE 88, S. 384 (403 f.); BVerfG v. 31.5.1960 - 2 BvL 4/59, BVerfGE 11, S. 139 (145 f.).

23 BVerfG v. 15.10.1996 - 1 BvL 44, 48/92, BVerfGE 95, S. 64 (86); BVerfG v. 12.3.1996 - 1 BvR 692/90, BVerfGE 94, S. 241 (258 f.); BVerfG v. 19.12.1961 - 2 BvL 6/59, BVerfGE 13, S. 261 (271).

halte und Rechtsbeziehungen für die Zukunft einwirkt[24]. Die unechte Rückwirkung ist grundsätzlich zulässig, wenn der Vertrauensschutz gewahrt bleibt[25].

Der vorliegende Fall - ein Vertrag ist zwar noch während der Geltung der alten Rechtslage geschlossen worden, wirkt aber auch noch nach der Reform fort - betrifft somit die Situation der unechten Rückwirkung. Der Vertrauensschutz ist bei Anwendung des neuen Rechts in der problematisierten Fallkonstellation nicht gewahrt. Mit einer Rechtswahl, wie sie die Parteien im skizzierten Fall vorgenommen haben, konnten die Parteien nach altem Recht die zwingenden Normen des objektiven Vertragsstatuts ausschalten[26]; nach neuer Rechtslage kann der Arbeitnehmer dem Schutz der zwingenden Vorschriften des objektiven Arbeitsstatuts aufgrund des Günstigkeitsvergleichs in Art. 30 Abs. 1 EGBGB nicht mehr entzogen werden. Im streitigen Arbeitsverhältnis haben die Parteien das New Yorker Recht gewählt. Nach den neuen Kollisionsnormen bestimmte hingegen das deutsche Recht das Arbeitsverhältnis, da im Arbeitsrecht ein Großteil der Vorschriften zwingender Natur ist.

3. Zusammenfassung

Zwar hat das BAG hier für eine Anwendung des neuen IPR entschieden; mit dem Gebot der einheitlichen europäischen Auslegung in Art. 36 EGBGB und unter dem Gesichtspunkt des Vertrauensschutzes ist diese Entscheidung jedoch nicht zu vereinbaren. Für Arbeitsverträge, die vor dem 1.09.1986 begründet worden sind, ist altes Recht anzuwenden.

III. Anwendungsbereich

Art. 30 EGBGB ist nach seinem Wortlaut auf „Arbeitsverträge und Arbeitsverhältnisse" anzuwenden. Arbeitsverträge i.S.v. Art. 30 Abs. 1 EGBGB sind Vereinbarungen zwischen Arbeitgeber und Arbeitnehmer, die eine abhängige, wei-

---

24 BVerfG v. 15.10.1996 - 1 BvL 44, 48/92, BVerfGE 95, S. 64 (86); BVerfG v. 12.3.1996 - 1 BvR 692/90, BVerfGE 94, S. 241 (259); BVerfG v. 23.3.1971 - 2 BvL 17/69, BVerfGE 30, S. 392 (402 f.).

25 BVerfG v. 15.10.1996 - 1 BvL 44, 48/92, BVerfGE 95, S. 64 (86); BVerfG v. 12.3.1996 - 1 BvR 692/90, BVerfGE 94, S. 241 (259); BVerfG v. 23.3.1971 - 2 BvL 17/69, BVerfGE 30, S. 392 (402).

26 Ständige Rechtsprechung: z.B. BAG v. 7.7.1960 – 2 AZR 483/59, AP 1954 Nr. 2 zu § 124 a GewO = IPRspr 1960/61, Nr. 26.

sungsgebundene und entgeltliche Tätigkeit zum Gegenstand haben[27]. Ein Arbeitsverhältnis im Sinne der Vorschrift umfaßt auch nichtige, aber in Vollzug gesetzte Arbeitsverträge sowie faktische Arbeitsverhältnisse[28]. Nur der deutsche Text nennt in Art. 30 EGBGB neben dem „Arbeitsvertrag" auch das „Arbeitsverhältnis". Die Verfasser des EVÜ waren sich allerdings darüber einig, mit der Vorschrift auch *De-facto*-Arbeitsverhältnisse zu erfassen[29]. Die anderen Fassungen verwenden darum allein den Begriff „Arbeitsvertrag" (z.B. *contrat de travail, contract of employment*). Im Hinblick auf die *de facto*-Arbeitsverhältnisse war die ausdrückliche Aufnahme des „Arbeitsverhältnisses" in den Gesetzestext somit nicht notwendig. Auch die Klarstellung hinsichtlich nichtiger Arbeitsverträge erübrigt sich, da deren Folgen gem. Art. 32 Abs. 1 Nr. 5 EGBGB ohnehin dem Vertragsstatut unterliegen[30]. Daher ist die Aufnahme der „Arbeitsverhältnisse" in den Gesetzestext an sich überflüssig.

Im Hinblick auf das Statut der Arbeitsverträge des Luftfahrtpersonals ist zunächst zu klären, wer überhaupt zu dieser Arbeitnehmergruppe gehört. Zum Lutfahrtpersonal zählen alle Personen, die gegen Entlohnung zur Leistung von Diensten für die Durchführung der Luftfahrt auf bestimmte Zeit verpflichtet sind[31]. Die Arbeitsverträge des Luftfahrtpersonals sind in solche des fliegenden Personals und solchen des Bodenpersonals zu untergliedern. Im deutschen materiellen Recht differenziert § 117 BetrVG zwischen Arbeitnehmern, die im Flugbetrieb beschäftigt sind und solchen, die im Landbetrieb tätig sind. § 117 BetrVG unterscheidet danach, ob das Schwergewicht der arbeitsvertraglichen Tätigkeit im Flugbetrieb oder im Landbetrieb liegt[32]. Die Vorschrift als eine nationale Norm bei der Auslegung von Art. 30 EGBGB direkt heranzuziehen, scheidet wegen des Gebots der einheitlichen europäischen Auslegung[33] aus. Die Kriterien, die bei der Anwendung von § 117 BetrVG zur Abgrenzung beider Arbeitnehmergruppen entwickelt worden sind, können jedoch als Orientierung dienen, um Luftfahrtbedienstete in eine der beiden Arbeitnehmergruppen einzuordnen.

---

[27] *Mankowski*, BB 1997, S. 465 (469); Palandt-*Heldrich*, Art. 30 EGBGB, Rn. 2; Soergel-*von Hoffmann*, Art. 30 EGBGB, Rn. 6 f.

[28] *Giuliano/Lagarde*, BT-Drucks. 10/503, S. 33 (57 f.).

[29] *Giuliano/Lagarde*, BT-Drucks. 10/503, S. 33 (58).

[30] *Junker*, IPR, Rn. 379; *Gamillscheg*, ZfA 14 (1983), S. 307 (332 f.); *Franzen*, Internationales Arbeitsrecht, AR-Blattei SD 920, Rn. 61.

[31] Vgl. *Bratschi*, Rechtsstellung des Luftfahrtpersonals, S. 8; *Schwenk*, Luftverkehrsrecht, S. 316.

[32] BAG v. 14.10.1986 – 1 ABR 13/85, AP zu § 117 BetrVG 1972, Nr. 5, Bl. 2R; BAG v. 31.10.1981 – 1 ABR 35/79, AP zu § 117 BetrVG 1972, Nr. 1 = DB 1982, S. 754; GK-BetrVG-*Wiese*, § 117 BetrVG Rn. 7 f.

[33] Art. 36 EGBGB.

1. Bodenpersonal

Die im Landbetrieb tätigen Arbeitnehmer haben Leistungen zu erbringen, die der Luftbeförderung mittelbar dienen. Sie machen die unmittelbare Beförderungstätigkeit technisch, organisatorisch und kaufmännisch möglich und verwalten alle Aktivitäten[34]. Zum Bodenpersonal gehören etwa das Personal der Flughafenverwaltung, das Personal des Flugsicherungsdienstes, das Personal der Hilfsbetriebe sowie das Personal der Luftverkehrsunternehmen im technischen Dienst, im Verkauf und der Verwaltung[35]. Wenn Arbeitnehmer nur gelegentlich zu Übungs- und Kontrollzwecken an Bord von Flugzeugen mitfliegen, ihre Tätigkeit aber hauptsächlich auf die Wahrnehmung von Verwaltungs- und bodengebundenen Aufgaben gerichtet ist, sind sie dem Bodenpersonal zuzuordnen[36]. Zu dieser Gruppe zählen z.B. der für das fliegende Personal zuständige Dienststellenleiter sowie Lehrerpurseretten und Lehrpurser[37].

2. Fliegendes Personal

Das fliegende Personal übt die Beförderungstätigkeit unmittelbar aus oder betreut Personen bzw. Güter während der Beförderung und erbringt die mit der Beförderung verbundenen Dienstleistungen[38]. Piloten, Kopiloten, Flugingenieuren, Navigatoren, Stewards und Stewardessen zählen deshalb zum fliegenden Personal[39].

---

[34] BAG v. 14.10.1986 – 1 ABR 13/85, AP zu § 117 BetrVG 1972, Nr. 5, Bl. 2 R = RdA 1987, S. 63.

[35] *Schaper*, Arbeitsrechtliche Probleme bei der Luftfahrt, S. 6.

[36] BAG v. 31.10.1981 – 1 ABR 35/79, AP zu § 117 BetrVG 1972, Nr. 1 = DB 1982, S. 754.

[37] BAG v. 14.10.1986 – 1 ABR 13/85, AP Nr. 5 zu § 117 BetrVG 1972 Bl. 3; BAG v. 31.10.1981 – 1 ABR 35/79, AP zu § 117 BetrVG 1972, Nr. 1 = DB 1982, S. 754; LAG Frankfurt a.M. v. 27.4.1984 – 5 Ta BV Ga 41/84, AuR 1985, S. 61.

[38] BAG v. 14.10.1986 – 1 ABR 13/85, 87, 278, AP zu § 117 BetrVG 1972, Nr. 5, Bl. 2R; BAG v. 31.10.1981 – 1 ABR 35/79, AP zu § 117 BetrVG 1972, Nr. 1 = DB 1982, S. 754; GK-BetrVG-*Wiese*, § 117 BetrVG, Rn. 8.

[39] *Richardi*, § 117 BetrVG, Rn. 5; GK-BetrVG-*Wiese*, § 117 BetrVG, Rn. 8; *Galperin/Löwisch*, § 117 BetrVG, Rn. 5; Hess/Schlochauer/Glaubitz-*Hess*, § 117 BetrVG, Rn. 3.

IV. Gewähltes Arbeitsstatut (Art. 27, 30 Abs. 1 EGBGB)

Die Rechtswahl ist bei Arbeitsverträgen gem. Art. 30 Abs. 1 EGBGB nach Maßgabe des Art. 27 EGBGB grundsätzlich zulässig[40]. Die kollisionsrechtliche Wirkung der Parteiautonomie ist aber durch das Günstigkeitsprinzip eingeschränkt[41]. Der Arbeitnehmer wird trotz der Rechtswahl dem Schutz der zwingenden Vorschriften des objektiven Vertragsstatuts nicht entzogen, wenn diese günstiger für ihn sind als die des gewählten Rechts. Bei der Rechtswahl nach Art. 30 Abs. 1 EGBGB ist auch Art. 27 Abs. 3 EGBGB zu beachten[42]. Nach Art. 27 Abs. 3 EGBGB können in einem reinen Inlandsfall die zwingenden Bestimmungen des Inlands nicht abbedungen werden. Die Verweisung hat kollisionsrechtliche Wirkung[43].

1. Modalitäten der Rechtswahl

Die Rechtswahl kann ausdrücklich oder stillschweigend[44] und auch noch nachträglich im Prozeß vorgenommen werden[45]. Eine teilweise Rechtswahl ist aus Zweckmäßigkeitsgesichtspunkten zulässig, da Art. 30 Abs. 1 EGBGB einen hin-

---

40 MünchKomm-*Martiny*, Art. 30 EGBGB, Rn. 10; Reithmann/Martiny-*Martiny*, Internationales Vertragsrecht, Rn. 1336. Die Anerkennung der Parteiautonomie bestätigt die alte Rechtslage (vgl. dazu z.B.: BAG v. 30.4.1987 – 2 AZR 192/86, BAGE 55, S. 236 = NJW 1987, S. 2766; BAG v. 29.6.1978 – 2 AZR 973/77, BAGE 79, S. 714 = NJW 1979, S. 1119; BAG v. 4.5.1977 – 4 AZR 10/76, BAGE 29, S. 138 = NJW 1977, S. 2039).

41 *Junker*, IPR, Rn. 385; *Kropholler*, IPR, § 52 VI 2.

42 Erman-*Hohloch*, Art. 30 EGBGB, Rn. 8; MünchArbR-*Birk*, § 19, Rn. 5; MünchKomm-*Martiny*, Art. 30 EGBGB, Rn. 11; Reithmann/Martiny-*Martiny*, Internationales Vertragsrecht, Rn. 1341.

43 *Birk*, RdA 1989, 201 (204); *Junker*, Internationales Arbeitsrecht im Konzern, S. 249 f. ders. IPRax 1989, S. 69 (71); MünchArbR-*Birk*, § 19 Rn. 5; Palandt-*Heldrich*, Art. 27 EGBGB, Rn. 1; Staudinger-*Magnus*, Art. 30 EGBGB, Rn. 55. Für eine materiellrechtliche Wirkung: *Däubler*, RIW 1987, S. 249 (250); *Gamillscheg*, ZfA 14 (1983), S. 307 (327); MünchKomm-*Martiny*, Art. 30 EGBGB, Rn. 11; Reithmann/Martiny-*Martiny*, Internationales Vertragsrecht, Rn. 1341; *Schlunck*, Grenzen der Parteiautonomie im internationalen Arbeitsrecht, S. 34 ff.; Soergel-*von Hoffmann*, Art. 30 EGBGB, Rn. 14.

44 Soergel-*von Hoffmann*, Art. 30 EGBGB, Rn. 12; Staudinger-*Magnus*, Art. 30 EGBGB, Rn. 59.

45 *Junker*, Internationales Arbeitsrecht im Konzern, S. 198 ff.; Palandt-*Heldrich*, Art. 30 EGBGB, Rn. 4.

reichenden Schutz des Arbeitnehmers gewährleistet[46]. Im Gegensatz zur Regelung zum Verbraucherschutz in Art. 29 Abs. 3 EGBGB schreibt Art. 30 EGBGB keine besonderen Formvorschriften vor. Es gelten die allgemeinen Grundsätze aus Art. 27 Abs. 4 EGBGB und Art. 11 EGBGB[47].

a) Ausdrückliche Rechtswahl

In Deutschland wird von den großen Luftverkehrsgesellschaften, die Möglichkeit einer Rechtswahl im Arbeitsvertrag in der Regel nicht genutzt. Die Luftverkehrsgesellschaften schließen mit ihren Arbeitnehmern Arbeitsverträge in dem Land ab, von dem aus die Arbeitnehmer regelmäßig eingesetzt werden; für das fliegende Personal ist das die *home-base*. Dieses Merkmal ist aber nur bei einer objektiven Anknüpfung relevant[48]. Im Beispielsfall (1) ist die Rechtswahl im Arbeitsvertrag der US-amerikanischen Piloten vermutlich im Hinblick auf die Besonderheiten im Berlin-Luftverkehr vor der deutschen Wiedervereinigung getroffen worden[49].

b) Stillschweigende Rechtswahl

Bei einer stillschweigenden Rechtswahl gelten die allgemeinen Grundsätze[50]. Die Rechtswahl muß sich mit hinreichender Sicherheit aus den Umständen ergeben[51]. So sind beispielsweise die Vereinbarung einer Gerichtsstands[52]- oder

---

46 *Hönsch*, NZA 1988, S. 113 (115); *Däubler*, RIW 1987, S. 249 (253); MünchArbR-*Birk*, § 19, Rn. 14 f.; North-*Morse*, Contract Conflicts, S. 152. A.A.: *Gamillscheg*, ZfA 14 (1983), S. 307 (328); *Hickl*, NZA 1987 Beil. 1, S. 10 (12).

47 Vgl. *Junker*, IPRax 1993, S. 1 (5); *Lüderitz*, IPR, Rn. 289.

48 Siehe S. 36 ff, 41 ff.

49 Die Lufthoheit in Berlin haben bis zum 2. 10.1992 die Besatzungsmächte ausgeübt (Giemulla/Schmid-*Giemulla*, Einleitung LuftVG, Rn. 11; „Erklärung zur Aussetzung der Wirksamkeit der Vier-Mächte-Rechte und Verantwortlichkeit in bezug auf Deutschland und Berlin", BGBl. 1992 II, S. 1331). Die deutschen Luftverkehrsgesellschaften hatten vor der deutschen Wiedervereinigung keine Landerechte in Berlin; der Berlin-Flugverkehr in die Bundesrepublik Deutschland wurde darum von amerikanischen Luftverkehrsgesellschaften durchgeführt (Giemulla/Schmidt-Giemulla, Einleitung LuftVG,Rn. 11).

50 MünchKomm-*Martiny*, Art. 30 EGBGB, Rn. 12; Reithmann/Martiny-*Martiny*, Internationales Vertragsrecht, Rn. 1337.

51 Art. 27 Abs. 1 S. 2 EGBGB.

52 OLG Celle v. 20.12.1991 – U 26/91, NJW-RR 1992, S. 1126 = IPRsprg 1991 Nr. 27; *Junker*, IPR, Rn. 346; *Kropholler*, IPR, § 52 II 1.

Schiedsgerichtsklausel[53], die übereinstimmende Bezugnahme auf Vorschriften eines bestimmten Arbeitsrechts[54] oder der Verweis auf einen bestimmten Tarifvertrag mit Rechtswahlklausel[55] grundsätzlich als stillschweigende Rechtswahl zu werten.

Das BAG hat in seinem Urteil vom 27.7.1997[56] eine stillschweigende Rechtswahl zugunsten des türkischen Rechts angenommen, die Begründung dafür ist aber zweifelhaft[57]. Dem Urteil lag stark verkürzt folgender Sachverhalt zugrunde: Ein türkischer Staatsangehöriger, der seit 1972 bei einem türkischen Luftfahrtunternehmen als Repräsentant angestellt war, verklagte seinen Arbeitgeber auf Schadensersatz und Rückversetzung in die Türkei, nachdem er vorübergehend nach Deutschland versetzt worden war. Das BAG stützte seine Entscheidung für das türkische Recht auf den erkennbaren Willen der Parteien, das türkische Recht anzuwenden und auf die Tatsache, daß das Arbeitsverhältnis in der Türkei begründet und überwiegend durchgeführt wurde. Der Verweis auf den erkennbaren Willen der Parteien gleicht der Begründung einer hypothetischen Rechtswahl wie nach alter Rechtslage[58]; die hypothetische Rechtswahl hat der Gesetzgeber aber ausdrücklich abgeschafft[59]. Die Tatsachen sprechen sicherlich für eine Anwendung des türkischen Rechts, allerdings sind sie als objektive Umstände im Rahmen von Art. 30 Abs. 2 zu berücksichtigen und nicht im Rahmen einer stillschweigenden Rechtswahl[60].

Dennoch wird wohl häufig eine stillschweigende Rechtswahl in den Arbeitsverträgen des Luftfahrtpersonals vorliegen. So wird etwa das fliegende Personal der Deutschen Lufthansa AG in Deutschland angestellt, die Flug- und Einsatzpläne werden von Deutschland aus delegiert (i.d.R. vom Hauptsitz in Frankfurt am Main), der Arbeitsvertrag nimmt Bezug auf den deutschen Tarifvertrag und die Vertragssprache ist deutsch.

---

53 OLG Hamm v. 25.1.1993 – 8 U 250/91, NJW-RR 1993, S. 1445 = IPRsprg 1993 Nr. 30; *Ferid*, IPR, 6-25, 6; *Junker*, IPR, Rn. 346.

54 BAG v. 9.10.1991 – 5 AZR 417/90, IPRsprg 1991 Nr. 68.

55 *Däubler*, NZA 1990, S. 673 (674 f.); MünchArbR-*Birk*, § 19, Rn. 7; nach *Martiny* liegt darin eine ausdrückliche Rechtswahl (Reithmann/Martiny, Internationales Vertragsrecht, Rn. 1337).

56 BAG v. 27.7.1997 - 8 AZR 328/95, AP Nr. 13 zu § 38 ZPO Internationale Zuständigkeit = NZA 1997, S. 1182.

57 *Junker*, RIW 2001, S. 94 (97).

58 Siehe hierzu ausführlich Reithmann-*Martiny*, Internationales Vertragsrecht (3. Auflage), Rn. 33 – 83.

59 BegrRegE, BT-Drucks. 10/504, S. 77; *Giuliano/Lagarde* BT-Drucks. 10/503, S. 33 (51 f.).

60 *Junker*, RIW 2001, S. 94 (97).

2. Das Günstigkeitsprinzip

Das Günstigkeitsprinzip schränkt die Rechtswahl in Art. 30 Abs. 1 EGBGB ein. Die Rechtswahl darf den Arbeitnehemer dem Schutz der zwingenden Normen des objektiven Arbeitsstatuts nicht entziehen. Die zwingenden Bestimmungen des objektiven Vertragsstatuts sind der Rechtswahl deshalb nicht zugänglich. Das Günstigkeitsprinzip ist erst mit der IPR-Reform von 1986 in das Internationale Arbeitsrecht eingefügt worden[61].

Welche Normen zu den zwingenden Bestimmungen zählen, sagt das Gesetz nicht. Als Grundvoraussetzung kann aus Art. 27 Abs. 3 EGBGB abgeleitet werden, daß eine zwingende Vorschrift nicht dispositiv sein darf[62]. Aufgrund des Schutzzwecks von Art. 30 EGBGB muß eine zwingende Vorschrift i.S.d. Norm den Schutz des Arbeitnehmers verfolgen[63]. Der Begriff „Schutzvorschriften" darf weit ausgelegt werden, denn aus Art. 30 Abs. 1 EGBGB oder dem Bericht von *Giuliano/Lagarde* ergeben sich keine Beschränkungen[64]. Es zählen sowohl Normen des Sonderprivatrechts als auch des allgemeinen Vertragsrechts zu den Schutzvorschriften i.S.v. Art. 30 Abs. 1 EGBGB. Auch Regelungen aus Tarifverträgen können als zwingende Normen im Rahmen von Art. 30 Abs. 1 EGBGB zu beachten sein[65]. Wenn eine Vorschrift die Voraussetzungen sowohl von Art. 30 Abs. 1 EGBGB als auch von Art. 34 EGBGB erfüllt, erfolgt die Durchsetzung der Schutzvorschrift über Art. 30 Abs. 1 EGBGB[66].

Das Günstigkeitsprinzip gewährleistet die Anwendung der zwingenden Vorschriften des abbedungenen Rechts, wenn es die günstigeren Regelungen

---

61 *Junker*, Internationales Arbeitsrecht im Konzern, S. 169; ders. RIW 2001, S. 94 (98); MünchKomm-*Martiny*, Art. 30 EGBGB, Rn. 3.

62 *Junker*, IPRax 1989, S. 69 (72); Soergel-*von Hoffmann*, Art. 30 EGBGB, Rn. 17; Staudinger-*Magnus*, Art. 30 EGBGB, Rn. 72.

63 MünchKomm-*Martiny*, Art. 30 EGBGB, Rn. 19; Reithmann/Martiny-*Martiny*, Internationales Vertragsrecht, Rn. 1343.

64 Vgl. *Junker*, IPRax 1989, S. 69 (72 f.); *Hohloch*, FS Heiermann, S. 143 (147); MünchKomm-*Martiny*, Art. 30 EGBGB, Rn. 9; Reithmann/Martiny-*Martiny*, Internationales Vertragsrecht, Rn. 1334. Nach a.A. sind nur die Regeln des Sonderprivatrechts, aber nicht des allgemeinen Vertragsrechts zu beachten (*von Bar*, IPR II, Rn. 448; MünchArbR-*Birk*, § 19, Rn. 22, 77; Soergel-*von Hoffmann*, Art. 30 EGBGB, Rn. 18).

65 BegrRegE, BT-Drucks. 10/504, S. 81; *Giuliano/Lagarde*, BT-Drucks. 10/503, S. 33 (57); Erman-*Hohloch*, Art. 30 EGBGB, Rn. 10; Soergel-*von Hoffmann*, Art. 30 EGBGB, Rn. 24.

66 MünchArbR-*Birk*, § 19, Rn. 83 ff.; MünchKomm-*Martiny*, Art. 30 EGBGB, Rn. 28; Staudinger-*Magnus*, Art. 30 EGBGB, Rn. 74. Nach a.A. sind die Anwendungsbereiche beider Normen stets zu trennen (Soergel-*von Hoffmann*, Art. 30 EGBGB, Rn. 18; *Mankowski*, Seerechtliche Vertragsverhältnisse, S. 508 f.).

enthält. Anhand eines Gruppenvergleichs der einschlägigen Normenkomplexe ist das günstigere Recht zu ermitteln[67]. Bieten beide Rechtsordnungen dem Arbeitnehmer gleichermaßen Schutz, ist das gewählte Recht maßgebend[68].

V. Objektives Arbeitsstatut (Art. 30 Abs. 2 EGBGB)

Liegt keine Rechtswahl vor oder ist die Rechtswahl unwirksam, muß das objektive Arbeitsstatut anhand von Art. 30 Abs. 2 EGBGB bestimmt werden. Das objektive Vertragsstatut ist aber auch bei einer gültigen Rechtswahl zu berücksichtigen, um den Mindestschutz des Arbeitnehmers durch zwingende Normen zu ermitteln. Das objektive Arbeitsstatut richtet sich nach dem gewöhnlichen Arbeitsort[69]. Wenn der Arbeitnehmer keinen gewöhnlichen Arbeitsort hat, gilt hilfsweise das Recht vom Sitz der einstellenden Niederlassung[70]. Im Einzelfall kann das Recht eines anderen Staates maßgeblich sein, wenn zu diesem Staat eine besonders enge Verbindung besteht[71].

1. Systematik von Art. 30 Abs. 2 EGBGB

Zwischen der Ausweichklausel und den Regelanknüpfungen in Art. 30 Abs. 2 Nr. 1 und Nr. 2 EGBGB besteht nach überwiegender Ansicht ein klares Regel-Ausnahme-Verhältnis[72]. Einige sehen in Art. 30 Abs. 2 a.E. EGBGB eine Auffangklausel[73]. Sie ordnen Art. 30 Abs. 2 a.E. EGBGB als dritte gleichwertige Alternative neben Art. 30 Abs. 2 Nr. 1 und Nr. 2 EGBGB ein: Art. 30 Abs. 2 a.E. EGBGB soll die Fälle erfassen, die sich nicht ohne weiteres einer der bei-

---

67 *Franzen*, Internationales Arbeitsrecht, AR-Blattei SD 920, Rn. 107 f.; *Hohloch*, RIW 1987, S. 553 (358); *Kronke*, DB 1984, S. 404 (405); MünchArbR-*Birk*, § 19, Rn. 24; MünchKomm-*Martiny*, Art. 30 EGBGB, Rn. 25; Reithmann/Martiny-*Martiny*, Internationales Vertragsrecht, Rn. 1344; Staudinger-*Magnus*, Art. 30 EGBGB, Rn. 87; ähnlich Soergel-*von Hoffmann*, Art. 30 EGBGB, Rn. 33.

68 *Gamillscheg*, ZfA 14 (1983), S. 307 (335); *Junker*, IPRax 1989, S. 69 (71); Soergel-*von Hoffmann*, Art. 30 EGBGB, Rn. 29.

69 Art. 30 Abs. 2 Nr. 1 EGBGB.

70 Art. 30 Abs. 2 Nr. 2 EGBGB.

71 Art. 30 Abs. 2 a.E. EGBGB.

72 *Junker*, Internationales Arbeitsrecht im Konzern, S. 196; *Hohloch*, RIW 1987, S. 353 (356); *E. Lorenz*, RdA 1989, S. 220, 224; *Mankowski*, RabelsZ 53 (1989), S. 486 (492); *Magnus*, IPRax 1991, Anm. zu BAG v. 24.8.1989 – 2 AZR 3/89, S. 382 (384); MünchKomm-*Martiny*, Rn. 44; Reithmann/Martiny-*Martiny*, Internationales Vertragsrecht, Rn. 1352.

73 *Hönsch*, NZA 1988, S. 113 (114); MünchArbR-*Birk*, § 19, Rn. 50.

den Alternativen zuweisen lassen. Diese Auffassung widerspricht jedoch dem Wortlaut der Vorschrift. Zwar heißt es in Art. 30 Abs. 2 a.E. EGBGB nicht „Vermutungen" wie in Art. 28 Abs. 5 EGBGB, die Formulierung „es sei denn" weist jedoch daraufhin, daß die „engere Verbindung" die Ausnahme sein soll. Diese Meinung hat auch der Gesetzgeber in der Gesetzesbegründung zum Ausdruck gebracht.[74] Im übrigen behandeln auch andere EVÜ-Mitgliedsstaaten die Vorschrift als Ausweichklausel[75]. Art. 30 Abs. 2 a.E. EGBGB kann daher keine Auffangklausel sein; es handelt sich um eine Ausweichklausel[76].

2. Gewöhnlicher Arbeitsort (Art. 30 Abs. 2 Nr. 1 EGBGB)

Mangels Rechtswahl unterliegt der Vertrag grundsätzlich dem Recht des gewöhnlichen Arbeitsortes, selbst wenn der Arbeitnehmer vorübergehend in einen anderen Staat entsendet worden ist.

a) Gewöhnlicher Arbeitsort

Teilweise wird unter dem gewöhnlichen Arbeitsort der Ort der organisatorischen Eingliederung in den Betrieb verstanden[77]. Der Wortlaut von Art. 30 Abs. 2 Nr. 1 EGBGB stellt aber auf den Ort ab, an dem der Arbeitnehmer „in Erfüllung des Vertrages gewöhnlich seine Arbeit verrichtet". Art. 30 Abs. 2 Nr. 1 EGBGB beschreibt demnach den tatsächlichen Arbeitsort[78]. Der Ort der organisatorischen Eingliederung und der tatsächliche Arbeitsort müssen indes nicht identisch sein. Maßgebliches Kriterium für die Bestimmung des gewöhnlichen Arbeitsortes ist im Hinblick auf den Wortlaut der Norm der Ort, an dem der Arbeitnehmer tatsächlich seine Arbeitsleistung erbringt. Wie nach der alten Rechtslage kommt es

---

[74] BegrRegE, BT-Drucks. 10/504, S. 81.

[75] Für Frankreich: *Audit*, Droit interntional privé, Rn. 811; für Großbritannien: *Dicey-Morris*, Conflict of Laws II, S. 1311.

[76] In dieser Prüfungsreihenfolge sind die Gerichte in den dargestellten Beispielsfällen (1) und (2) vorgegangen (BAG v. 29.10.1992 - 2 AZR 267/92, BAGE 71, S. 297 [311] = IPRax 1994, S. 123 [127] = Internationales Arbeitsrecht, AR-Blattei ES 920, Nr. 3, S. 9 = SAE 1994, S. 28 [33]; LAG Hessen v. 16.11.1999 – 4 Sa 463/99, NZA-RR 2000, S. 401 [402 ff.]).

[77] MünchArbR-*Birk*, § 19, Rn. 33 f.; MünchKomm-*Martiny*, Art. 30 EGBGB, Rn. 31; Reithmann/Martiny-*Martiny*, Internationales Vertragsrecht, Rn. 1345.

[78] *Kropholler*, IPR, § 52 VI 3; Soergel-*von Hoffmann*, Art. 30 EGBGB, Rn. 36; Staudinger-*Magnus*, Art. 30 EGBGB, Rn. 100.

darauf an, wo die Tätigkeit ihr Schwergewicht hat[79]. Für Arbeitnehmer in einer Zweigstelle, Filiale oder eines anderen inländischen Betriebsteils, gilt als objektives Vertragsstatut inländisches Recht, wenn der Schwerpunkt des Arbeitsverhältnisses im Inland liegt; dies gilt sogar dann, wenn der Arbeitnehmer von dem ausländischen Mutterbetrieb eingestellt worden ist[80].

b) Vorübergehende Entsendung

Um einen ständigen Statutenwechsel zu vermeiden und dem Arbeitnehmer das Recht seines gewöhnlichen Arbeitsortes zu erhalten, bleibt das Recht des gewöhnlichen Arbeitsortes objektives Vertragsstatut, wenn der Arbeitnehmer nur vorübergehend im Ausland tätig ist. Trotz eines vorübergehenden Auslandseinsatzes eines gewöhnlich in Deutschland tätigen Arbeitnehmers ist das deutsche Recht weiterhin als objektives Vertragsstatut anwendbar (*Ausstrahlung*)[81]. Wenn ein ausländischer Arbeitnehmer nur vorübergehend im Inland eingesetzt wird, hat der Einsatz keinen Einfluß auf das ausländische Statut (*Einstrahlung*)[82]. Schon vor Inkrafttreten des Art. 30 EGBGB hat die Rechtsprechung diese Regel in Anlehnung an die §§ 4, 5 SGB IV entwickelt[83].

Das Gesetz trifft keine Aussage darüber, wann ein Aufenthalt als vorübergehend anzusehen ist. Teile der Literatur schlagen eine zeitliche Höchstgrenze für die Dauer eines vorübergehenden Aufenthaltes vor[84]. Da Art. 30 Abs. 2 Nr. 1

---

79 Zur alten Rechtslage siehe BAG v. 27.8.1964 – 5 AZR 364/63, BAGE 16, S. 215; BAG v. 13.5.1959 – 1 AZR 258/57, BAGE 7, S. 362 = NJW 1959, 1893; BAG v. 9.5.1959 – 2 AZR 474/58, BAGE 7, S. 357 = BB 1959, 777 = AP, IPR Arbeitsrecht, Nr. 3.

80 Vgl. ArbG Wesel v. 3.5.1995 – 3 Ca 361/94, AuR 1995, S. 475; MünchKomm-*Martiny*, Art. 30 EGBGB, Rn. 32, Reithmann/Martiny-*Martiny*, Internationales Vertragsrecht, Rn. 1346; Soergel-*von Hoffmann*, Art. 30 EGBGB, Rn. 36; Staudinger-*Magnus*, Art. 30 EGBGB, Rn. 102.

81 BAG v. 9.5.1959 – 2 AZR 474/58, BAGE 7, S. 357 = BB 1959, S. 777 = AP, IPR Arbeitsrecht, Nr. 3; *Kegel/Schurig*, IPR, § 23 VIII; *Müller*, RdA 1973, S. 137 (146).

82 *Gamillscheg*, Internationales Arbeitsrecht, S. 180 ff.

83 Vgl. BAG v. 25.4.1978 – 6 ABR 2/77, AR-Blattei ES 340, Nr. 3; BAG v. 7.7.1960 – 2 AZR 483/59, AP 1954 Nr. 2 zu § 124 a GewO = IPRspr 1960/61 Nr. 26; BAG v. 9.5.1959 – 2 AZR 474/58, BAGE 7, S. 357 = BB 1959, S. 777 = AP, IPR Arbeitsrecht, Nr. 3; *Müller*, RdA 1973, S. 137 (146).

84 3 Jahre (*Gamillscheg*, ZfA 14 [1983], S. 307 [333]). Grundsätzlich 1 Jahr, höchstens 2 Jahre (*von Hoffmann*, IPR, § 10, Rn. 81; Soergel-*von Hoffmann*, Art. 30 EGBGB, Rn. 39). In bezug auf Art. 14 Ziffer 1 der VO (EWG) Nr. 1408/71, ABl. 1971 L 149/2 über die Anwendung der Systeme der sozialen Sicherheit auf Arbeitnehmer und Selbständige: 2-3 Jahre (*Franzen*, Internationales Arbeitsrecht, AR-Blattei SD 920, Rn. 76); 2 Jahre (*Heilmann*, Arbeitsvertragsstatut, 144).

EGBGB selbst jedoch keine Frist vorsieht, ist diese Vorgehensweise fraglich[85]. Andere möchten nach dem jeweiligen Einzelfall beurteilen, ob die Entsendung nur vorübergehend ist.[86] Bei dieser Vorgehensweise entstünde jedoch eine erhebliche Rechtsunsicherheit. Insbesondere bei dauerhaften Auslansdseinsätzen kann es darüber hinaus problematisch sein, das Zentrum der Arbeitsbeziehung festzustellen. Um dem Zweck der Regelung gerecht zu werden, ist „vorübergehend" als Gegensatz zu „endgültig" zu verstehen[87]. Sieht der Arbeitsvertrag bei einem Wechsel ins Ausland eine Rückkehrklausel vor, handelt es sich um eine vorübergehende Entsendung; das objektive Arbeitsstatut bleibt deutsch. Ist der Aufenthalt jedoch „ohne Wiederkehr", kommt es zu einem Statutenwechsel, da die Entsendung dann endgültig ist[88]. Wird „vorübergehend" als Gegensatz zu „endgültig" eingeordnet, ist hinreichend bestimmt, wann eine Entsendung ohne Auswirkung auf das Arbeitsstatut bleibt; der Rechtssicherheit wird Rechnung getragen.

c) Bodenpersonal

Beim Bodenpersonal bereitet es wenig Schwierigkeiten, den tatsächlichen Arbeitsort zu ermitteln. Das Bodenpersonal wird in der Regel ausschließlich für einen bestimmten Betrieb eingestellt; dort liegt der gewöhnliche Arbeitsort. Das objektive Arbeitsstatut des Bodenpersonals bestimmt sich daher grundsätzlich nach Art. 30 Abs. 2 Nr. 1 EGBGB[89]. Ein geringer Prozentsatz des Bodenpersonals wird aber auch ins Ausland entsendet, um Arbeiten an den ausländischen Niederlassungen durchzuführen. Vor allem Techniker werden öfter im Ausland eingesetzt. Grundsätzlich wird das Bodenpersonal allerdings vor Ort rekrutiert.

d) Fliegendes Personal

Im oben angeführten Beispielsfall (1) sind die Piloten regelmäßig auf deutschen Strecken geflogen; sie wurden nur selten für Anschlußflüge auf europäischen

---

[85] MünchArbR-*Birk*, § 19, Rn. 36; Reithmann/Martiny-*Martiny*, Internationales Vertragsrecht, Rn. 1349.

[86] MünchKomm-*Martiny*, Art. 30 EGBGB, Rn. 36; Reithmann/Martiny-*Martiny*, Internationales Vertragsrecht, Rn. 1349; Staudinger-*Magnus*, Art. 30 EGBGB, Rn. 111.

[87] *Deinert*, RdA 1996, S. 339 (341); *Junker*, Internationales Arbeitsrecht im Konzern, S. 183; ders. ZIAS 9 (1995), S. 564 (585 f.); ders. IPR, Rn. 380.

[88] *Junker*, IPR, Rn. 380.

[89] BAG v. 19.3.1996 – 9 AZR 656/94, NZA 1997, S. 334 (335); BAG v. 9.5.1959 – 2 AZR 474/58, BAGE 7, S. 357 = BB 1959, S. 777 = AP, IPR Arbeitsrecht, Nr. 3; Reithmann/Martiny-*Martiny*, Internationales Vertragsrecht, Rn. 1357.

Linien eingesetzt[90]. Das objektive Arbeitsstatut von Personal, das grundsätzlich auf Inlandsflügen eingesetzt wird, ist nach überwiegender Ansicht das Recht des Inlandes[91], da die Anknüpfung an die *lex loci laboris* beim Einsatz an wechselnden Orten innerhalb eines Staates das gesamte Staatsgebiet umfaßt[92]. Der gelegentliche Einsatz für Anschlußflüge im Ausland ist als vorübergehende Entsendung im Sinne von Art. 30 Abs. 2 Nr. 1 EGBGB unerheblich[93].

Der Fall der Pan Am-Piloten[94] ist ein Sonderfall, da es um ein Arbeitsverhältnis im Berlin-Flugverkehr vor der Wiedervereinigung der Bundesrepublik Deutschland geht. Damals hatten (west-)deutsche Luftfahrzeuge noch keine Landerechte in Berlin; es durften nur ausländische Luftfahrzeuge Berlin anfliegen. Vor diesem Hintergrund wurde das fliegende Personal im Berlinflugverkehr nur auf Inlandsflügen eingesetzt. Eine Differenzierung zwischen Inlands- und Auslandseinsätzen findet beim fliegenden Personal in Europa nicht (mehr) statt. Hier unterscheiden die großen Luftverkehrsgesellschaften nur zwischen kontinentalen und interkontinentalen Flügen, da sich nach dieser Einteilung der eingesetzte Flugzeugtyp richtet.

3. Recht der einstellenden Niederlassung (Art. 30 Abs. 2 Nr. 2 EGBGB)

Verrichtet der Arbeitnehmer seine Arbeit gewöhnlich nicht in ein und demselben Staat, unterliegt der Vertrag dem Recht des Staates der einstellenden Niederlassung. Art. 30 Abs. 2 Nr. 2 EGBGB kommt also nur zur Anwendung, wenn kein gewöhnlicher Arbeitsort i.S.v. Art. 30 Abs. 2 Nr. 1 EGBGB vorliegt, da

---

90 Vgl. BAG v. 29.10.1992 - 2 AZR 267/92, BAGE 71, S. 297 = IPRax 1994, S. 123 = Internationales Arbeitsrecht, AR-Blattei ES 920 Nr. 3 = SAE 1994, S. 28.

91 BAG v. 29.10.1992 - 2 AZR 267/92, BAGE 71, S. 297 (311 f.) = IPRax 1994, S. 123, 127 = Internationales Arbeitsrecht AR-Blattei ES, Nr. 3, S. 9 = SAE 1994, S. 28 (33); *Junker*, Anm. zu BAG v. 29.10.1992 - 2 AZR 267/92, SAE 1994, S. 37 (40); *Mankowski*, Anm. zu BAG v. 29.10.1992 - 2 AZR 267/92, IPRax 1994, S. 89 (94); *Martiny*, Anm. zu BAG v. 29.10.1992 - 2 AZR 267/92, EWiR 1993, 673 (674). A.A.: Der gewöhnliche Arbeitsort des fliegenden Personals sei das Flugzeug und somit sei das Registerortsrecht für das objektive Arbeitsstatut maßgeblich (*Franzen*, Anm. zu BAG v. 29.10.1992 - 2 AZR 267/92, AR-Blattei ES, Nr. 3, S. 15, 21 f.).

92 BAG v. 29.10.1992 - 2 AZR 267/92, BAGE 71, S. 297 (311 f.) = IPRax 1994, S. 123 (127) = Internationales Arbeitsrecht, AR-Blattei ES 920, Nr. 3, S. 8 = SAE 1994, S. 28 (33). So schon nach alter Rechtslage: BAG v. 27.8.1964 – 5 AZR 364/63, BAGE 16, S. 215 (222); BAG v. 9.5.1959 – 2 AZR 474/58, BAGE 7, S. 357 = BB 1959, S. 777 = AP, IPR Arbeitsrecht, Nr. 3; Staudinger-*Magnus*, Art. 30 EGBGB, Rn. 164.

93 BAG v. 29.10.1992 - 2 AZR 267/92, BAGE 71, S. 297 (311 f.) = IPRax 1994, S. 123 (127) = Internationales Arbeitsrecht, AR-Blattei ES 920, Nr. 3, S. 9 = SAE 1994, S. 28 (33).

94 Siehe S. 20 f.

eine Anknüpfung an den Arbeitsort einen ständigen Statutenwechsel zur Folge hätte. Die Niederlassung ist als Anknüpfungspunkt gewählt worden, da sie die erforderliche Stetigkeit in der Rechtsbeziehung zwischen Arbeitgeber und Arbeitnehmer aufweist[95]. Dieses Anknüpfungsmerkmal vermeidet einen ständigen Statutenwechsel.

Der Anwendungsbereich von Art. 30 Abs. 2 Nr. 2 EGBGB erfaßt zunächst die Situation, in der der Arbeitnehmer seine Arbeit nicht in ein und demselben Staat verrichtet, weil er in verschiedenen Ländern eingesetzt wird, wie z.B. Monteure oder Reisevertreter[96]. Darüber hinaus regelt Art. 30 Abs. 2 Nr. 2 EGBGB die Fälle, in denen der Arbeitnehmer seine Arbeit in staatsfreiem Gebiet verrichtet[97]. Der Bericht von *Giuliano/Lagarde* nennt als Beispiel das Arbeitsverhältnis eines Arbeitnehmers auf einer Bohrinsel[98].

Es besteht Uneinigkeit darüber, wie der Begriff der „Niederlassung" auszulegen ist. In Art. 30 Abs. 2 Nr. 2 EGBGB wird an den handelsrechtlichen Begriff der Niederlassung angeknüpft und nicht auf den „Betrieb" abgestellt wie sonst üblich im Arbeitsrecht [99]. Der französische Text von Art. 6 EVÜ (*établissement*) veranlaßt einige dazu, unter „Niederlassung" den Betrieb im rechtstechnischen Sinn zu verstehen[100]. Die englische Formulierung *place of business* und der italienische Ausdruck *sede* sind jedoch im Gegensatz dazu nicht geeignet, diese Auslegung zu stützen[101]. Vielfach werden einstellende Niederlassung und Betrieb identisch sein. Häufig stellen aber andere organisatorische Einheiten des Arbeitgebers den Arbeitnehmer an. Um auch diese Fälle zu erfassen, ist der Begriff der Niederlassung weit zu verstehen[102]. Die Niederlassung braucht keine eigene Rechtspersönlichkeit zu besitzen, sondern es genügt das Vorliegen eines Betriebsteils oder einer Betriebsstätte[103].

---

95 BegrRegE, BT-Drucks. 10/504, S. 81; Denkschr. EVÜ BT-Drucks. 10/503, S. 21 (28).

96 MünchKomm-*Martiny*, Art. 30 EGBGB, Rn. 43; Staudinger-*Magnus*, Art. 30 EGBGB, Rn. 117.

97 *Giuliano/Lagarde*, BT-Drucks. 10/503, S. 33 (58).

98 Siehe Fn. ebenda.

99 *Gamillscheg*, ZfA 1983, S. 307 (334); *Junker*, Internationales Arbeitsrecht im Konzern, S. 184; MünchArbR-*Birk*, § 19, Rn. 45.

100 *Gamillscheg*, ZfA 1983, S. 307 (334).

101 *Junker*, Internationales Arbeitsrecht im Konzern, S. 184; MünchArbR-*Birk*, § 19, Rn. 45.

102 *Junker*, Internationales Arbeitsrecht im Konzern, S. 184.

103 MünchArbR-*Birk*, § 19, Rn. 46 f.; MünchKomm-*Martiny*, Art. 30 EGBGB, Rn. 41; Reithmann/Martiny-*Martiny*, Internationales Vertragsrecht, Rn. 1350. A.A.: *Franzen* stellt auf die Arbeitgeberniederlassung ab (Internationales Arbeitsrecht, AR-Blattei SD 920, Rn. 78).

a) Das Luftfahrzeug als gewöhnlicher Arbeitsort des fliegenden Personals?

Beim fliegenden Personal ist die Anknüpfung des objektiven Arbeitsstatuts problematisch. Ein großer Teil der Literatur[104] und nun auch die Rechtsprechung[105] knüpfen die Arbeitsverhältnisse von fliegendem Personal an die (einstellende) Niederlassung an, da das fliegende Personal in keinen Staat i.S.v. Art. 30 Abs. 2 Nr. 1 EGBGB tätig sei[106]. Grundsätzlich sei das Ortsrecht der (einstellenden) Niederlassung des Arbeitgebers maßgeblich, wenn das Arbeitsverhältnis keinen Schwerpunkt in einem bestimmten Staat hat. Art. 30 Abs. 2 Nr. 2 EGBGB sei aber auch für die Fälle einschlägig, wenn der Arbeitnehmer in staatsfreiem Gebiet eingesetzt wird.

Ein Teil der Literatur befürwortet dagegen die Anknüpfung an den Registerort des Flugzeugs über Art. 30 Abs. 2 Nr. 1 EGBGB[107]. Diese Ansicht zieht eine Parallele von der Situation des Schiffahrtspersonals zu der des fliegenden Personals. Das Schiffahrtspersonal ist nahezu ausschließlich an Bord des Schiffes tätig. Genauso arbeite auch das fliegende Personal überwiegend an Bord des Luftfahrzeugs. Ein Flugzeug sei wie das Seeschiff[108] einem Staat über seine

---

104 Becker/Etzel/Fischermeister u.a.-*Weigand*, Internationales Arbeitsrecht, Rn. 53; *Benecke*, Anm. zu LAG Hessen v. 16.11.1999 - 4 Sa 463/99, IPRax 2001, S. 449 (450); *Ebenroth/Fischer/Sorek*, ZVglRwiss 88 (1989), S. 124, 139; Erman-*Hohloch*, Art. 30 EGBGB, Rn. 17, 19; Heini/M. Keller/Sieher/Vischer/Volken-*M. Keller/Kren-Kostkiewicz*, Art. 121 IPRG, Rn. 28; Palandt-*Heldrich*, Art. 30 EGBGB, Rn. 7; *Müller/H.-H. Otto*, Allgemeine Geschäftsbedingungen im internationalen Wirtschaftsverkehr, 115; *Behr*, IPRax 1989, S. 319 (323); *Däubler*, RIW 1987, S. 249 (251); *Gamillscheg*, ZfA 1983, S. 307 (334); MünchKomm-*Martiny*, Art. 30 EGBGB, Rn. 42; Reithmann/Martiny-*Martiny*, Internationales Vertragsrecht, Rn. 1357.

105 LAG Hessen v. 16.11.1999 - 4 Sa 463/99, NZA-RR 2000, S. 401 (402).

106 Innerhalb der Ansicht, die die Arbeitsverhältnisse von Fliegendem Personal an Art. 30 EGBGB Abs. 2 Nr. 2 EGBGB anknüpft, ist umstritten, was unter Niederlassung zu verstehen ist. Dieser Streitpunkt wird unten behandelt, siehe S. 41.

107 *Franzen*, Internationales Arbeitsrecht, AR-Blattei 920 SD, Rn. 102; *Junker*, Internationales Arbeitsrecht im Konzern, S. 188, 195; *Mankowski*, Seerechtliche Vertragsverhältnisse, S. 492; *Mankowski*, RabelsZ 53 (1989), S. 487 (508).

108 Für eine Anknüpfung der Seearbeitsverträge nach Art. 30 EGBGB Abs. 2 Nr. 1 EGBGB zur Bestimmung des objektiven Vertragsstatuts: *Basedow*, BerDGesVR 31 (1990), S. 75 (83 f.); *Däubler*, RIW 1987, S. 249 (251 f.); *Franzen*, Internationales Arbeitsrecht AR-Blattei SD 920, Rn. 91; *von Hoffmann*, IPR, § 10, Rn. 82; *Gamillscheg*, ZfA 14 (1983), S. 307 (342); *Junker*, Internationales Arbeitsrecht im Konzern, 188; *Kegel/Schurig*, IPR, § 18 I 1 f) bb); *Mankowski*, RabelsZ 53 (1989), S. 487 (495 ff.); ders. Seerechtliche Vertragsverhältnisse, S. 494, 510; Soergel-*von Hoffmann*, Art. 30 EGBGB, Rn. 58. Für die Anwendung von Art. 30 EGBGB Abs. 2 Nr. 2 EGBGB: *Ebenroth/Fischer/Sorek*, ZVglRwiss 88 (1989), S. 124 (138 f.); Erman-*Hohloch*, Art. 30 EGBGB, Rn. 19; *Hönsch*, NZA 1988, S. 113, 113; *Kühl*, TranspR 1989, S. 89 (94); *W. Lorenz*, IPRax 1987, S. 269 (276, Fn. 74); Palandt-*Heldrich*, Art. 30 EGBGB, Rn. 7. Für die Anwendung der Aus-

Flagge, d.h. seiner Nationalität, rechtlich zugeordnet. Die Staatsangehörigkeit eines Flugzeugs bestimmt sich nach dem Registerortsrecht[109]; das Hoheitszeichen eines Flugzeugs richtet sich nach seiner Staatsangehörigkeit. Die Flagge eines Flugzeugs ist daher Symbol für die Arbeitsumwelt des fliegenden Personals und stellt die Verbindung zu einem Staat her[110].

Da Art. 30 Abs. 2 Nr. 2 EGBGB nur herangezogen werden darf, wenn der Arbeitnehmer keinen gewöhnlichen Arbeitsort hat, muß zunächst untersucht werden, ob beim fliegenden Personal ein gewöhnlicher Arbeitsort vorliegt oder nicht. Um diese Frage zu klären, wird hier zunächst dargestellt, warum in der Literatur viele eine Anknüpfung an das Registerortsrecht bei Seearbeitsverhältnissen befürworten. Im Anschluß daran hinterfragt die Arbeit, ob die Arbeitsverhältnisse von Schiffahrtspersonal und fliegendem Personal tatsächlich vergleichbar sind. Schließlich wird diskutiert, ob der Registerort überhaupt als gewöhnlicher Arbeitsort betrachtet werden darf.

aa) Anknüpfung von Seearbeitsverhältnissen

Das objektive Arbeitsstatut von Seearbeitsverhältnissen bestimmen viele gem. Art. 30 Abs. 2 Nr. 1 EGBGB. Der gewöhnliche Aufenthalt des Schiffahrtspersonals sei das Schiff[111]. Ein Schiff sei zwar kein schwimmender Gebietsteil eines Staates[112], über seine Flagge wird es einem Staat aber rechtlich zugeordnet[113]. Seemänner verrichten ihre Arbeit hauptsächlich auf dem Schiff, auf dem sie angeheuert sind. Die kurzen Arbeitsaufenthalte auf dem Festland entsprechen

---

nahmeklausel: *Drobnig/Puttfarken*, Arbeitskampf auf fremden Schiffen, 15 Nr. 11; *Drobnig*, BerDGesVR 31 (1990), S. 31 (62).

109 Art. 17 Chicagoer Abkommen vom 7. 12. 1944. Das Chicagoer Abkommen vom 7. 12. 1944 über die internationale Zivilluftfahrt (BGBl. 1956 II, S. 411) gilt nahezu weltweit, siehe Fundstellennachweis B, Stand 31.12. 2000, S. 261 ff.

110 *Junker*, Internationales Arbeitsrecht im Konzern, S. 188.

111 *Basedow*, BerDGesVR 31 (1990), S. 75 (83 f.); *Däubler*, RIW 1987, S. 249 (251 f.); *Franzen*, Internationales Arbeitsrecht, AR-Blattei SD 920, Rn. 91; *von Hoffmann*, IPR, § 10, Rn. 82; *Gamillscheg*, ZfA 14 (1983), S. 307 (342); *Junker*, Internationales Arbeitsrecht im Konzern, S. 188; *Magnus*, IPRax 1990, S. 141 (144); *Mankowski*, RabelsZ 53 (1989), S. 487 (495 ff.); ders. Seerechtliche Vertragsverhältnisse, S. 494, 510; Soergel-*von Hoffmann*, Art. 30 EGBGB, Rn. 58.

112 So früher: RG v. 21.10.1892 g.S. Rep. 2650/92, RGSt 23, S. 266 (267); *Ross*, Völkerrecht, S. 141; *Wengler*, Völkerrecht II, S. 1073. Heute noch: *Schmidt-Bleibtreu/Klein*, GG, Art. 27 GG, Rn. 2.

113 Vgl. *Dörr*, Die deutsche Handelsflotte und das Grundgesetz, 55 f. *Franzen*, Internationales Arbeitsrecht, AR-Blattei SD 920, Rn. 91; *Hoog*, Flaggenrecht, S. 236; *Mankowski*, RabelsZ 53 (1098), S. 489 (501); *I. von Münch*, FS Rolf Stödter (1979), S. 231 (244); *Wolfrum*, BerDGesVR 31 (1990), S. 121 (126).

der vorübergehenden Entsendung in Art. 30 Abs. 2 Nr. 1 a.E. EGBGB[114]: Der Seemann ist zwar in einem anderen Land tätig, seine Rückkehr zum gewöhnlichen Arbeitsort ist aber vorher zeitlich ziemlich genau festgelegt. In den angelaufenen Häfen hält sich der Seemann überdies die meiste Zeit als Privatperson auf. Diese Aufenthalte in fremden Häfen sind mit den Abenden vergleichbar, die ein Grenzgänger-Arbeitnehmer zu Hause verbringt[115].

Die Anknüpfung an Art. 30 Abs. 2 Nr. 1 EGBGB garantiere die mit Art. 30 EGBGB angestrebte Kontinuität[116]. Der Registerort eines Schiffes ändert sich nur bei einem Flaggenwechsel. Flaggenwechsel finden in der Praxis nur beim Verkauf des Schiffes, seiner Ausflaggung und seiner Rückflaggung statt. Beim Verkauf und bei der Ausflaggung sei es ohnehin üblich, die bestehenden Arbeitsverhältnisse aufzulösen.

bb) Vergleich zwischen Schiffahrtspersonal und fliegendem Personal

Fraglich ist, ob die Situation des fliegenden Personals tatsächlich der des Schiffahrtspersonals entspricht. Das fliegende Personal erbringt seine Arbeitsleistung ganz oder wenigstens überwiegend im Flugzeug. Da auch ein Flugzeug einem Staat über seine Flagge rechtlich zugeordnet wird, könnte man es als gewöhnlichen Arbeitsort des fliegenden Personals betrachten. Das fliegende Personal wird teilweise wie das Schiffahrtspersonal in den angelaufenen Häfen auch auf den angeflogenen Flughäfen tätig. Stewardessen und Stewards sind beispielsweise am Ende des jeweiligen Flugeinsatzes damit beschäftigt, die Gäste abzufertigen und das Flugzeug zu checken. Im Gegensatz zu Seemännern, die häufig erst nach Wochen wieder in einen Hafen einlaufen, endet für diese Teile des fliegenden Personals jeder Arbeitstag mit einem Gäste- und Flugzeugcheck. Die Arbeit auch auf ausländischen Flughäfen vereinnahmt somit einen nicht unwesentlichen Teil der Arbeitszeit von Stewards und Stewardessen. Andererseits ist auch diese Tätigkeit des fliegenden Personals stets mit dem Flugzeug verbunden[117]. Zumal dürfte sich der Schwerpunkt der Tätigkeit im Hinblick auf die Dauer des Fluges im Vergleich zur Gästeabfertigung kaum vom fliegerischen Einsatz auf die Tätigkeit am Boden verlagern - gerade hinsichtlich der zunehmenden Langstreckenflüge[118]. Unter diesem Aspekt scheinen die zwei Arbeitnehmergruppen also durchaus vergleichbar zu sein.

---

[114] *Kostka,* Zweitregister für Seeschiffe, S. 127; *Mankowski,* RabelsZ 53 (1989), S. 487 (506); ders. Seerechtliche Vertragsverhältnisse, S. 489.

[115] *Mankowski,* Seerechtliche Vertragsverhältnisse, S. 489; ders. RabelsZ 53 (1989), S. 487 (506).

[116] *Mankowski,* Seerechtliche Vertragsverhältnisse, S. 490.

[117] *Mankowski,* Seerechtliche Vertragsverhältnisse, S. 492.

[118] *Franzen,* Internationales Arbeitsrecht, AR-Blattei 920, Rn. 102.

Anders als beim Schiffahrtspersonal besteht beim fliegenden Personal aber die Möglichkeit, auf unterschiedlichem Fluggerät eingesetzt zu werden. Bis vor kurzem erlaubte das LuftVG den Luftfahrtgesellschaften die Verwendung ausländischer Luftfahrzeuge nur ausnahmsweise[119]. Mit dem Dritten Liberalisierungspakt hat die EU den Luftverkehr innerhalb der Union aber neu gestaltet[120]. Daraufhin wurde eine Änderung des LuftVG notwendig; es wird teilweise von den EU-Verordnungen überlagert. Das Änderungsgesetz vom 28.8.1998[121] paßt das deutsche Recht den europäischen Vorgaben an. Art. 8 Abs. 2 a) EG-VO 2407/92[122] i.V.m. § 20 Abs. 3, 2 LuftVG ermöglicht nun grundsätzlich die Verwendung ausländischer Luftfahrzeuge, die in einem Mitgliedsstaat der EU oder des EWR registriert sind. Wenn man die Arbeitsverhältnisse des fliegenden Personals an den Registerort des Flugzeugs anknüpft, ist darum die Gefahr eines häufigen Statutenwechsels weitaus größer als bei Seeschiffen. Die mit Art. 30 Abs. 2 EGBGB angestrebte Kontinuität des objektiven Arbeitsstatuts ist in der Luftfahrt mit der Anknüpfung an Art. 30 Abs. 2 Nr. 1 EGBGB nicht sicher zu erreichen. Aus diesem Grund darf der Vergleich zwischen der Situation des fliegenden Personals zu der des Schiffspersonals nicht gezogen werden.

cc) Das Registerortsrecht im Rahmen von Art. 30 Abs. 2 Nr. 1 EGBGB

Art. 30 Abs. 2 Nr. 1 EGBGB knüpft an den gewöhnlichen Arbeitsort an. Es wird diskutiert, ob im Rahmen von Art. 30 Abs. 2 Nr. 1 EGBGB überhaupt das Registerortsrecht maßgeblich sein darf. Bei Seearbeitsverhältnissen wird die Anknüpfung an das Registerortsrecht zunächst aufgrund des Billigflaggenproblems in Frage gestellt[123]. Zu den Billigflaggenstaaten[124] zählen die Staaten, die zur

---

[119] §§ 3 Abs. 1, 20 Abs. 2 LuftVG (in der Fassung vom 21.1.1981 [BGBl. 1981 I, S. 61]). Dazu *Schwenk*, ZLW 1988, S. 4 (7).

[120] Dazu Giemulla/Schmid-*Gansfort*, Vorbemerkung vor §§ 20 – 24 LuftVG, Rn. 1.

[121] BGBl. 1998 I, S. 2432.

[122] Abgedruckt in ABl. EG Nr. L 240 v. 24.8.1992, S. 1.

[123] Für die Anwendung von Art. 30 EGBGB Abs. 2 Nr. 2 EGBGB: *Ebenroth/Fischer/Sorek*, ZVglRwiss 88 (1989), S. 124 (138); Erman-*Hohloch*, Art. 30 EGBGB Rn. 19; *Eßlinger*, Die Anknüpfung des Heuervertrages, S. 57; *Hönsch*, NZA 1988, S. 113; *Kühl*, TranspR 1989, S. 89 (94); *W. Lorenz*, IPRax 1987, S. 269 (276), Fn. 74; *Magnus*, Anm. zu EuGH v. 17.3.1993 - Rs. C - 72/91, IPRax 1994, S. 178 (179); Palandt-*Heldrich*, Art. 30 EGBGB, Rn. 7. Teilweise wird vertreten an das Registerortsrecht über die Ausnahmeklausel in Art. 30 EGBGB Abs. 2 a.E. EGBGB anzuknüpfen (*Drobnig/Puttfarken*, Arbeitskampf auf fremden Schiffen, 15 Nr. 11; *Drobnig*, BerDGesVR 31 [1990], S. 31 [62]). Diese Ansicht verkennt jedoch das Art 30 EGBGB ein in sich geschlossenes System ist, das alle denkbaren Fälle einschließt (*Junker*, Internationales Arbeitsrecht im Konzern, S. 186; *Franzen*, Internationales Arbeitsrecht, AR-Blattei SD 920, Rn. 90).

[124] Zu den Billigflaggenstaaten zählen z.B. Panama, Honduras und Liberia.

Registrierung eines Seeschiffs nur eine geringe oder gar keine Verbindung vom Eigentümer des Schiffes zum Registerstaat fordern und gleichzeitig den Reedern steuerliche Vergünstigungen gewähren[125]. In diesen Fällen begründet die Anknüpfung an das Flaggenrecht nicht die engste Verbindung des Rechtsverhältnisses zum Sachverhalt.

Der Gesetzgeber hat die Beeinträchtigung der Wettbewerbsfähigkeit der deutschen Seeschiffahrt als Folge der Billigflaggen mit § 21 Abs. 4 FlaggenrechtsG[126] zu lösen versucht. Gem. § 21 Abs. 4 FlaggenrechtsG unterliegt das Arbeitsverhältnis eines Besatzungsmitgliedes von einem Zweitregisterschiff nicht schon deshalb dem deutschen Recht, weil das Schiff die Bundesflagge führt. § 21 Abs. 4 FlaggenrechtsG schließt damit die Anknüpfung an das Registerortsrecht bei Zweitregisterschiffen innerhalb der Regelanknüpfung von Art. 30 Abs. 2 EGBGB aus; wobei der Registerort des Schiffes trotzdessen im Rahmen der Ausnahmeklausel in Art. 30 Abs. 2 S. 2 a.E. EGBGB Berücksichtigung finden kann. Für Luftfahrzeuge existiert keine vergleichbare Regelung. Der Aspekt der Billigflagge spricht in der Luftfahrt nicht gegen eine Anknüpfung der Arbeitsverhältnisse des fliegenden Personals an das Registerortsrecht. Die Voraussetzungen, nach denen ein Luftfahrzeug in das nationale Register eingetragen werden darf, legen die einzelnen Staaten selbst fest. Im Gegensatz zum Schiffahrtsrecht wird international übereinstimmend das Vorliegen eines *genuine link* vorausgesetzt; die Verbindung des Luftfahrzeugs zu seiner Staatsangehörigkeit ist allgemein anerkannt[127]. Das Problem der Billigflaggen tritt darum im Bereich der Luftfahrzeuge nicht auf[128].

Gegen die Anknüpfung an das Registerortsrecht gem. Art. 30 Abs. 2 Nr. 1 EGBGB spricht generell, daß die Norm das Recht des *Staates* für maßgeblich erklärt, in dem der Arbeitnehmer seine Arbeit gewöhnlich verrichtet[129]. Bei einem Schiff oder einem Luftfahrzeug handelt es sich aber gerade nicht um den Gebietsteil eines Staates[130]. Die Staatsangehörigkeit von Schiff und Luftfahr-

---

[125] *Strupp/Schlochauer*, Wörterbuch des Völkerrechts II, S. 532 f.

[126] In der Fassung vom 26.10.1994 (BGBl. 1994, S. 3141).

[127] *Makarov*, FS Kraus, S. 215 (222); *Schwenk*, Luftverkehrsrecht, S. 268. In die deutsche Luftfahrzeugrolle durften gem. § 3 Abs. 1 LuftVG (BGBl. 1981 I, S. 61) bis 1998 grundsätzlich nur Luftfahrzeuge eingetragen werden, die im Eigentum deutscher Staatsangehöriger standen. Diese Anforderung hat allerdings mit dem Elften Gesetz zur Änderung des LuftVG vom 25.8.1998 (BGBl. I 1998, S. 2432) eine Auflockerung erfahren. Nunmehr sind Staatsangehörige der EU und des EWR in § 3 Abs. 1 Nr. 2 LuftVG deutschen Staatsangehörigen gleichgesetzt. Diese Änderung wurde infolge des Dritten Lieberalisierungspaktes der EU notwendig.

[128] *Makarov*, FS Kraus, S. 215 (222); *Schwenk*, ZLW 1988, S. 4 (5).

[129] *Ebenroth/Fischer/Sorek*, ZVglRWiss 88, S. 124 (138); *Puttfarken*, RIW 1995, S. 620 (623).

[130] So noch RG v. 12.11.1932 - I 68/32, RGZ 138, S. 243 (246).

zeug ist vergleichbar mit der Staatsangehörigkeit einer natürlichen Person[131]: Sie ist Ausfluß staatlicher Hoheitsgewalt[132]. Schiffahrtspersonal und fliegendes Personal arbeiten im internationalen Raum, sobald das Fahrzeug in hoheitsfreies Gebiet eintritt. Für sie ist deshalb das Recht der einstellenden Niederlassung gem. Art. 30 Abs. 2 Nr. 2 EGBGB maßgeblich.

dd) Zusammenfassung

Vom Schiffahrtspersonal darf keine Parallele zum fliegenden Personal gezogen werden. Mit einer Anknüpfung der Arbeitsverhältnisse des fliegenden Personals an Art. 30 Abs. 2 Nr. 1 EGBGB wäre die mit Art. 30 EGBGB angestrebte Kontinuität des Arbeitsstatuts nicht gewährleistet, da das fliegende Personal auf Fluggerät mit unterschiedlichem Registerort tätig sein kann. Tritt das Luftfahrzeug in den hoheitsfreien Raum ein, ist das fliegende Personal im hoheitsfreien Raum tätig. Das auf die Arbeitsverhältnisse von fliegendem Personal anwendbare Recht richtet sich deshalb nach Art. 30 Abs. 2 Nr. 2 EGBGB.

b) Der Begriff der Niederlassung

Es ist umstritten, was unter dem Begriff der „Niederlassung" zu verstehen ist. Ein Teil der Literatur und die Rechtsprechung[133] knüpft gem. Art. 30 Abs. 2 Nr. 2 EGBGB an die „*einstellende* Niederlassung" an, um das objektive Arbeitsstatut für das fliegende Personal zu ermitteln[134]. Dann ist unter „Einstellung" der Vertragsschluß zu verstehen. Andere Stimmen in der Literatur sprechen sich hingegen für eine Anknüpfung an die „Base" im Rahmen von Art. 30 Abs. 2 Nr. 2 EGBGB aus[135]. Die „Base" ist der Ort, von dem aus das Flugpersonal norma-

---

131 *Schwenk*, Luftverkehrsrecht, S. 267.

132 *Makarov*, FS Kraus, S. 215 (216); *Strupp/Schlochauer*, Wörterbuch des Völkerrechts II, S. 443.

133 LAG Hessen v. 16.11.1999 – 4 Sa 463/99, NZA-RR 2000, S. 401.

134 Becker/Etzel/Fischermeister u.a.-*Weigand*, Internationales Arbeitsrecht, Rn. 53; *Ebenroth/Fischer/Sorek*, ZVglRwiss 88 (1989), S. 124 (139); Erman-*Hohloch* Art. 30 EGBGB, Rn. 17, 19; Heini/M. Keller/Siehr/Vischer/Volken-*M. Keller/Kren-Kostkiewicz*, Art. 121 IPRG, Rn. 28; Palandt-*Heldrich*, Art. 30 EGBGB, Rn. 7; *Höfer*, Gesetz zur Verbesserung der betrieblichen Altersversorgung I, ART, Rn. 1206; *Müller/H.-H. Otto*, Allgemeine Geschäftsbedingungen im internationalen Wirtschaftsverkehr, S. 115; *Sack*, FS Steindorff (1990), S. 1333 (1341); *Schlosshauer-Selbach*, IPR, Rn. 270.

135 *Behr*, IPRax 1989, S. 319 (323); *Gamillscheg*, ZfA 1983, S. 307 (334); *Däubler*, RIW 1987, S. 249 (251); *Kraushaar*, BB 1989, S. 2121 (2123); MünchKomm-*Martiny*, Art. 30 EGBGB, Rn. 33; Reithmann/Martiny-*Martiny*, Internationales Vertragsrecht, Rn. 1357. Differenzierend: *Junker*, Internationales Arbeitsrecht im Konzern, S. 185 f.

lerweise eingesetzt wird; einige nehmen in diesem Zusammenhang Bezug auf den Begriff der Eingliederung in den Betrieb i.S.v. § 99 BetrVG[136].

Fraglich ist, ob Art. 30 Abs. 2 Nr. 2 EGBGB die einstellende Niederlassung umfaßt oder ob auch die „Base" Niederlassung im Sinne der Vorschrift ist[137]. Folgender Fall (2)[138] soll zur Verdeutlichung der Problematik beitragen:

Eine Flugbegleiterin mit deutscher Staatsangehörigkeit und Wohnsitz in Deutschland (Frankfurt am Main) ist seit 1991 bei der US-amerikanischen Fluggesellschaft United Airlines, die ihren Hauptsitz in Chicago/Illinois hat, angestellt. Bis 1997 war die Flugbegleiterin an der „Base" in London stationiert; danach wurde sie an der neu eröffneten „Base" in Frankfurt am Main eingesetzt. Sie ist überwiegend auf den Strecken Frankfurt – Chicago und Frankfurt – Washington eingesetzt worden. Die Parteien haben in Chicago für das Arbeitsverhältnis den Vertrag „Terms and Conditions of Employment as a United Airlines London Heathrow Based Flight Attendant" abgeschlossenen und darin die Geltung des Tarifvertrages der „Association of Flight Attendants" vereinbart.

aa) Wortlaut

Art. 30 Abs. 2 Nr. 2 EGBGB stellt vom Wortlaut her auf die einstellende Niederlassung ab[139]. Bei der Auslegung des Wortlauts ist der Bestimmung der Sinn zu entnehmen, der sich bei grammatischer und logischer Auslegung ergibt[140]. In Art. 6 EVÜ, auf dem Art. 30 EGBGB beruht, heißt es in der englischen Fassung *„engaged"*, in der französischen Fassung *„embauché"* und auch die deutsche Übersetzung lautet *„einstellen"* und nicht „eingliedern". Der Bericht von *Giuliano/Lagarde*[141] oder die Gesetzesbegründung[142] geben im übrigen keine abweichenden Hinweise. Wie die Beispielsfälle zeigen müssen einstellende Niederlas-

---

136 *Däubler*, RIW 1987, S. 249 (251); *Kraushaar*, BB 1989, S. 2121 (2123).

137 *Behr*, IPRax 1989, S. 319 (323); *Gamillscheg*, ZfA 1983, S. 307 (334); *Däubler*, RIW 1987 , S. 249 (251); *Kraushaar*, BB 1989, S. 2121 (2123); MünchKomm-*Martiny*, Art. 30 EGBGB, Rn. 33; Reithmann/Martiny-*Martiny*, Internationales Vertragsrecht, Rn. 1357. Differenzierend: *Junker*, Internationales Arbeitsrecht im Konzern, S. 185 f.

138 LAG Hessen v. 16.11.1999 – 4 Sa 463/99, NZA-RR 2000, S. 401.

139 Becker/Etzel/Fischermeister u.a.-*Weigand*, Internationales Arbeitsrecht, Rn. 53; *Ebenroth/Fischer/Sorek*, ZVglRwiss 88 (1989), S. 124 (139); Erman-*Hohloch*, Art. 30 EGBGB, Rn. 17, 19; Heini/M. Keller/Sieher/Vischer/Volken-*M. Keller/Kren-Kostkiewicz*, Art. 121 IPRG, Rn. 28; Palandt-*Heldrich*, Art. 30 EGBGB, Rn. 7; *Höfer*, Gesetz zur Verbesserung der betrieblichen Altersversorgung I, ART, Rn. 1206; *Müller/H.-H. Otto*, Allgemeine Geschäftsbedingungen im internationalen Wirtschaftsverkehr, S. 115.

140 *Ipsen*, Völkerrecht, § 11, Rn. 6.

141 BT-Drucks. 10/503, S. 33 (57 f.).

142 BegrRegE, BT-Drucks. 10/504, S. 80

sung und „Base“ nicht identisch sein[143]. In Fall (1) befindet sich die einstellende Niederlassung in New York; die Piloten werden aber in der Regel von Berlin aus eingesetzt. Im Fall (2) wird die Flugbegleiterin von der einstellenden Niederlassung in Chicago eingestellt, sie wird aber zunächst regelmäßig von London aus eingesetzt und dann von Frankfurt am Main. Die Anknüpfung an die „Base“ innerhalb von Art. 30 Abs. 2 Nr. 2 EGBGB steht damit im Widerspruch zum Wortlaut der Vorschrift. Versteht man dagegen unter Einstellung den Vertragsschluß, geschieht dies im Einklang mit dem Wortlaut der Vorschrift.

bb) Sinn und Zweck

Entscheidende Momente bei der Auslegung des EVÜ sind Sinn und Zweck der Norm[144]. Der Normzweck von Art. 30 EGBGB, den Arbeitnehmer als schwächere Vertragspartei auf kollisionsrechtlicher Ebene zu schützen, könnte mit einer Anknüpfung an die einstellende Niederlassung unterlaufen werden. Ein Arbeitgeber mit vielen Zweigstellen und Tochtergesellschaften könnte sich den Einstellungsort und somit dann auch das Arbeitsstatut aussuchen[145]. Das Arbeitsstatut wäre nicht rein *objektiv*. Andererseits gefährdet eine Anknüpfung an die „Base“ die Stetigkeit des Arbeitsstatuts. Wechselt die Einsatzniederlassung des fliegenden Personals, hat die Anknüpfung an die „Base“ einen Statutenwechsel zur Folge. Da Luftfahrtunternehmen häufig die Versetzung ihres Personals in andere Niederlassungen im Arbeitsvertrag vorsehen, ist mit der Anknüpfung an die „Base“ die von Art. 30 EGBGB angestrebte Kontinuität des Arbeitsstatuts gefährdet[146]. Auch im Fall (2) ist die „Base“ der Flugbegleiterin zunächst in London und später in Frankfurt am Main.

Weiterhin steht in Frage, ob das Ziel von Art. 30 Abs. 2 Nr. 2 EGBGB, Arbeitnehmer ohne gewöhnlichen Arbeitsort zu erfassen, mit der Anknüpfung an die Base vereinbar ist. Die „Base“ wird teilweise mit dem Ort der Eingliederung gleichgesetzt[147]. Eine Person ist dann in einen Betrieb eingegliedert, wenn sie dort tätig wird, um zusammen mit den anderen beschäftigten Arbeitnehmern den arbeitstechnischen Zweck des Betriebes durch weisungsgebundene Tätigkeit zu verwirklichen[148]. Art. 30 Abs. 2 Nr. 2 EGBGB soll aber dann eingreifen, wenn der Arbeitnehmer nicht in den Arbeitsprozeß des Betriebes eingegliedert

---

143 Siehe S. 20 f., 41 f.

144 MünchKomm-*Martiny*, Art. 36 EGBGB, Rn. 19.

145 *Däubler*, RIW 1987, S. 249 (251).

146 LAG Hessen v. 16.11.1999 – 4 Sa 463/99, NZA-RR 2000, S. 401 (402).

147 *Däubler*, RIW 1987, S. 249 (251); *Kraushaar*, BB 1989, S. 2121 (2123).

148 BAG v. 27.7.1993 – 1 ABR 7/93, BB 1993, S. 2233 = DB 1994, S. 332; BAG v. 5.3.1991 – 1 ABR 39/90, BAGE 67, S. 290 (294 f.) = DB 1991, S. 1334; BAG v. 18.4.1989 – 1 ABR 97/87, BAGE 61, S. 283 (288) = NZA 1989, S. 804 (805).

ist, sondern nur in die Personalverwaltung organisatorisch eingebunden ist und von ihr betreut wird[149]. Daher ist es ausgeschlossen, beim fliegenden Personal das Kriterium der Eingliederung in den Betrieb zu verwenden, um eine Anknüpfung an die „Base" zu begründen. Die Anknüpfung an die „Base" innerhalb von Art. 30 Abs. 2 Nr. 2 EGBGB bedeutete letztlich eine Anknüpfung an den gewöhnlichen Arbeitsort, der auf die Einsatzniederlassung reduziert wird[150]. Deshalb scheidet eine Anknüpfung an die „Base" auch bei einem nicht auf die Eingliederung begrenzten Begriffsverständnis aus. Die Anknüpfung an die einstellende Niederlassung im Wortsinn garantiert dagegen die Kontinuität des Arbeitsstatuts und steht im Gegensatz zur Anknüpfung an die „Base" auch nicht im Widerspruch zum Gehalt der Norm.

cc) Zusammenfassung

Die Anknüpfung an die einstellende Niederlassung im Wortsinn sorgt für Rechtsklarheit. Im geschilderten Beispielsfall (2) ist das der Hauptsitz von United Airlines in Chicago[151]. Innerhalb von Art. 30 Abs. 2 Nr. 2 EGBGB an die „Base" anzuknüpfen ist nicht überzeugend. Diese Vorgehensweise steht im Widerspruch zum Wortlaut der Norm und ist auch nicht mit dem Sinn und Zweck von Art. 30 Abs. 2 Nr. 2 EGBGB zu vereinbaren. Die Anknüpfung an die einstellende Niederlassung im Wortsinn eröffnet dem Arbeitgeber zwar Manipulationsmöglichkeiten. Die Ausweichklausel in Art. 30 Abs. 2 a.E. EGBGB garantiert aber die Anknüpfung an eine andere Rechtsordnung, wenn sich aus der Gesamtheit der Umstände eine engere Verbindung zu einem anderen Staat ergibt.

---

149 Becker/Etzel/Fischermeister u.a.-*Weigand*, Internationales Arbeitsrecht, Rn. 52; MünchArbR-*Birk*, § 19 Rn. 48.

150 LAG Hessen v. 16.11.1999 – 4 Sa 463/99, NZA-RR 2000, S. 401 (403).

151 Das LAG Hessen hat in dem Urteil für eine Anknüpfung an die einstellende Niederlassung im Wortsinn gem. Art. 30 EGBGB Abs. 2 Nr. 2 EGBGB entschieden und damit das Recht von Illinois zum Arbeitsstatut erklärt. Da der Arbeitsvertrag der Flugbegleiterin auf den US-amerikanische Tarifvertrag verweist und z.B. die Direktionsrechte dem US-amerikanischen Arbeitgeber überläßt (siehe im einzelnen LAG Hessen v. 16.11.1999 – 4 Sa 463/99, NZA-RR 2000, S. 401 [404]), wäre es überzeugender gewesen, eine stillschweigende Rechtswahl anzunehmen (*Junker*, RIW 2001, S. 94 [101]).

4. Ausweichklausel (Art. 30 Abs. 2 a.E. EGBGB)

Die Regelanknüpfungen in Art. 30 Abs. 2 Nr. 1 und 2 EGBGB stehen unter dem Vorbehalt der engsten Verbindung[152]. Ergibt sich aus der Gesamtheit der Umstände eine engere Verbindung des Vertrages zu der Rechtsordnung eines anderen Staates, so verdrängt dieses Recht ausnahmsweise das nach Art. 30 Abs. 2 Nr. 1 oder Nr. 2 EGBGB maßgebliche Statut. Der Gesetzgeber hat mit Art. 30 Abs. 2 a.E. EGBGB eine Korrekturmöglichkeit der Regelanknüpfungen geschaffen, um Härten der starren Anknüpfungsregel auszugleichen. Mit Hilfe der Ausweichklausel soll wie in Art. 28 Abs. 5 EGBGB das Prinzip der engsten Verbindung verwirklicht werden[153].

Die Gesamtheit der Umstände begründet eine engere Verbindung zu einer anderen Rechtsordnung als der von Art. 30 Abs. 2 Nr. 1 oder Nr. 2 EGBGB bestimmten, wenn sie deutlich schwerer wiegen als die Regelanknüpfung[154]. Das Gesetz bestimmt jedoch nicht, welche Umstände heranzuziehen sind. Die maßgeblichen Kriterien sind im wesentlichen dieselben, mit deren Hilfe früher das objektive Vertragsstatut bestimmt worden ist[155]. Es wird zwischen primären und sekundären Abwägungskriterien differenziert. Als primäre Abwägungskriterien kommen insbesondere die gemeinsame Staatsangehörigkeit und der gemeinsame gewöhnliche Aufenthalt der Parteien in Betracht[156]. Sekundär sind beispielsweise die Vertragssprache, die vereinbarte Währung, der Ort des Vertragsschlusses, die Staatsangehörigkeit nur einer Partei und der Wohnsitz des Arbeitnehmers zu berücksichtigen[157]. Teilweise wird wie nach alter Rechtslage der hypothetische

---

152 Art. 30 Abs. 2 a.E. EGBGB.

153 BegrRegE, BT-Drucks. 10/504, S. 81; *Junker,* Internationales Arbeitsrecht im Konzern, S. 189; MünchKomm-*Martiny,* Art. 30 EGBGB, Rn. 44; Reithmann/Martiny-*Martiny,* Internationales Vertragsrecht, Rn. 1352.

154 LAG Hessen v. 16.11. 1999 – 4 Sa 463/99, NZA-RR 2000, S. 401 (403); *Benecke*, Anm. zu LAG Hessen v. 16.11. 1999 – 4 Sa 463/99, IPRax 2001, S. 449 (451); *von Hoffmann*, IPR, § 10 Rn. 81 a, 59.

155 *Von Bar,* IPR II, Rn. 530; *Junker,* Internationales Arbeitsrecht im Konzern, S. 193 f.; MünchKomm-*Martiny,* Art. 30 EGBGB, Rn. 45; Reithmann/Martiny-*Martiny,* Internationales Vertragsrecht, Rn. 1352.

156 Vgl. BAG v. 24.8.1989 – 2 AZR 3/89, BAGE 63, S. 17 (28) = AP, IPR Arbeitsrecht, Nr. 30 = RdA 1990, 311; LAG Bremen 17.4.1996 – 2 (3) Sa 328/94, RIW 1996, S. 1038 (1040); LAG Frankfurt v. 3.11.1992 – 4 Sa 1916/91, IPRspr 1992 Nr. 71; Erman-*Hohloch,* Art. 30 EGBGB, Rn. 21, *Franzen,* Internationales Arbeitsrecht AR-Blattei SD, 920, Rn. 84; *Junker,* Internationales Arbeitsrecht im Konzern, S. 194.

157 BAG v. 29.10.1992 – 2 AZR 267/92, BAGE 71, S. 297 (314) = IPRax 1994, S. 123 (127) = Internationales Arbeitsrecht AR-Blattei ES 920, Nr. 3 = SAE 1994, S. 28 (34); BAG v. 24.8.1989 – 2 AZR 3/89, BAGE 63, S. 17 (28) = AP, IPR Arbeitsrecht, Nr. 30 = RdA

alter Rechtslage der hypothetische Parteiwille herangezogen, um eine engere Verbindung zu einem anderen Staat zu begründen[158]. Die Verfasser des EVÜ haben sich jedoch ausdrücklich für eine objektive Schwerpunktbestimmung entschieden und die Lehre vom hypothetischen Parteiwillen verworfen[159]. Eine Berücksichtigung der Parteiinteressen ist damit nur möglich, wenn sie sich in objektiven Anknüpfungspunkten wiederfinden[160]. Zu berücksichtigende Umstände bei Arbeitsverhältnissen von fliegendem Personal können z.B. das Registerortsrecht der Fluggeräte, auf denen das Personal eingesetzt wird, und die geflogenen Linien sein[161].

1990, S. 311; *Franzen*, Internationales Arbeitsrecht, AR-Blattei SD 920, Rn. 84; *Junker*, Internationales Arbeitsrecht im Konzern, S. 195.

158 *Gamillscheg*, ZfA 14 (1983), S. 307 (340); ders. AP Nr. 33 zu § 1 KSchG 1969 Betriebsbedingte Kündigung, Bl. 694 a.E., 695. Ähnlich: *Magnus* Anm. zu BAG v. 3. 05. 1995 – 5 AZR 15/94, SAE 1997, S. 35 (38); Staudinger-*Magnus*, Art. 30 EGBGB, Rn. 138 f.; Reithmann/Martiny-*Martiny*, Internationales Vertragsrecht, Rn. 1352.

159 BegrRegE, BT-Drucks. 10/504, S. 77; *Giuliano/Lagarde* BT-Drucks. 10/503, S. 33 (51 f.).

160 *Junker*, Internationales Arbeitsrecht im Konzern, S. 191.

161 BAG v. 29.10.1992 - 2 AZR 267/92, BAGE 71, S. 297 (313) = IPRax 1994, S. 123, 128 = Internationales Arbeitsrecht, AR-Blattei ES 920, Nr. 3, S. 10 = SAE 1994, S. 28 (34); LAG Hessen v. 16.11.1999 – 4 Sa 463/99, NZA-RR 2000, S. 401 (404); *Junker*, Anm. zu BAG v. 29.10.1992 - 2 AZR 267/92, SAE 1994, S. 37 (40); *Mankowski*, Anm. zu BAG v. 29.10.1992 - 2 AZR 267/92, IPRax 1994, S. 88, 94; *Franzen*, Anm. zu BAG v. 29.10.1992 - 2 AZR 267/92, Internationales Arbeitsrecht AR-Blattei, ES 920 Nr. 3.

§ 2 Das Vertragsstatut des Luftbeförderungsvertrages

Im folgenden wird das Vertragsstatut des Luftbeförderungsvertrages untersucht. Grundsätzlich ist der Luftbeförderungsvertrag durch das Warschauer Abkommen sowie seine Zusatzabkommen und in Zukunft durch das Montrealer Abkommen, also durch materielles Einheitsrecht, geregelt. Um festzustellen, inwieweit das nationale IPR daneben berufen ist, das auf den Luftbeförderungsvertrag anwendbare Recht zu bestimmen, muß zunächst der Anwendungsbereich der Abkommen untersucht werden. Kollisionsrechtliche Probleme treten nur außerhalb des räumlichen und gegenständlichen Anwendungsbereichs der Abkommen auf. Außerdem ist das nationale Kollisionsrecht nach dem anwendbaren Recht zu befragen, wenn zwar der räumliche und gegenständliche Anwendungsbereich eröffnet sind, das Warschauer Abkommen oder das Montrealer Abkommen aber keine materiell-rechtlichen Lösungen vorsehen. Im Anschluß daran werden die im deutschen IPR für das Vertragsstatut des Luftbeförderungsvertrages relevanten Normen dargestellt. Schließlich erörtert dieser Teil der Arbeit die internationalprivatrechtlichen Aspekte von Charterverträgen im Hinblick auf ihre Eigenschaft als Luftbeförderungsverträge. Ausgangspunkt für die Erörterung der angesprochenen Problembereiche soll der nun folgende Überblick über die Entwicklung des sogenannten „Warschauer Systems“ und seiner Haftungsnormen sein.

I. Die Entwicklung des Warschauer Systems

Das Warschauer Abkommen und seine Zusatzprotokolle vereinheitlichen die Fragen der Haftung und der Beförderungsdokumente auf dem Gebiet der internationalen Luftfahrt. Sie bilden das sogenannte „Warschauer System“[162].

1. Das Warschauer Abkommen 1929

Die Teilnehmer der Zweiten Internationalen Luftprivatrechtskonferenz in Warschau unterzeichneten am 12.10.1929 das *„Abkommen zur Vereinheitlichung von Regeln über die Beförderung im internationalen Luftverkehr*[163]*“*, das später nach seinem Abschlußort als Warschauer Abkommen (WA 1929) bekannt ge-

---

[162] Näher dazu *Mankiewicz*, Liability regime of the international air carrier, *Miller*, Liability in international Air Transport; *Risch*, Rechtsprechung zum WA.

[163] RGBl. 1933 II, S. 1039; nur der französische Vertragstext ist verbindlich.

worden ist[164]. Die Warschauer Konferenz hatte zum einen das Ziel, ein einheitliches Sachrecht für die internationale Luftfahrt zu schaffen, um die Rechtszersplitterung im Bereich der internationalen Luftfahrt zu beenden[165]. Zum anderen wollte man für die sich in den dreißiger Jahren gerade entwickelnden Luftfahrtunternehmen die Haftungsrisiken überschaubar gestalten[166]. Die neue Industrie sollte davor bewahrt werden, daß ihr gleich wieder durch „ruinöse Schadensersatzforderungen das Lebenslicht ausgeblasen" würde[167]. Das erarbeitete WA 1929 hat nahezu weltweit Anerkennung gefunden[168]. Das WA 1929 trifft im wesentlichen Regelungen für drei Bereiche:

- Die Beförderungsdokumente in Art. 3 bis 11 WA 1929 (Flugschein, Fluggepäckschein und Luftfrachtbrief),
- die Verfügungsrechte bei der Beförderung von Gütern und Nebenpflichten der Parteien in Art. 12 bis 16 WA 1929 und
- die Haftung des Luftfrachtführers anläßlich der Beförderung entstandenen Personen- und Sachschäden in Art. 17 ff. WA 1929[169].

Das Haftungssystem des WA 1929 ist von besonderer Bedeutung. Es beruht auf dem Prinzip der Verschuldenshaftung mit umgekehrter Beweislast[170]. Das WA 1929 sieht eine Obhutshaftung für den Luftfrachtführer für Personenschäden[171] und alle Sachschäden aus Verlust, Zerstörung, Beschädigung[172] und Verspätung[173] vor. Der Luftfrachtführer haftet auch für seine Leute[174]. Zu seinen Leuten zählen diejenigen Personen und Unternehmen, die ihn bei der Erfüllung

---

164 Das WA 1929 ist am 29.12. 1933 für das Deutsche Reich in Kraft getreten (RGBl. 1933 II, S. 1039).

165 *Coquoz*, Droit Privé International Aérien, 64; Giemulla/Schmid-*Giemulla*, Einl. WA, Rn. 1; *Guldimann*, Internationales Lufttransportrecht, Einl. WA, Rn. 9; *Junker*, RIW 1998, S. 741 (746); *Müller-Rostin/Schmid*, FS Guldimann (1999), S. 169 (170); MünchKomm-*Martiny*, Art. 28 EGBGB, Rn. 169; *Riese*, Luftrecht, S. 403.

166 *Basedow*, Transportvertrag, S. 255 f.; *Müller-Rostin/Schmid*, FS Guldiman (1999), S. 169 (170); MünchKommHGB-*Kronke*, Art. 1 WA 1955, Rn. 1.

167 Giemulla/Schmid-*Giemulla*, Einl. WA, Rn. 1.

168 Siehe Fundstellennachweis B, Stand 31.12.2000, S. 248 ff.

169 *Guldimann*, Internationales Lufttransportrecht, Einl. WA, Rn. 15; *Müller-Rostin*, TranspR 1998, S. 229; *Saenger*, NJW 2000, S. 169 (170).

170 *Guldimann*, VersR 1979, S. 594 (597); ders. Internationales Lufttransportrecht, 9, Rn. 20; *Riese*, Luftrecht, S. 451 ff.

171 Art. 17 WA 1929.

172 Art. 18 WA 1929.

173 Art. 19 WA 1929.

174 Art. 20 Abs. 2 WA 1929.

seiner vertraglichen Verpflichtung unterstützen[175]. Das Verschulden des Luftfrachtführers wird vermutet. Kann der Luftfrachtführer allerdings den Entlastungsbeweis führen, ist seine Haftung ausgeschlossen[176]. Grundsätzlich ist die Haftung im WA 1929 durch eine Höchstsumme begrenzt[177]. Für Personenschäden gilt eine Haftungshöchstgrenze von 125 000 Poincaré-Franken[178]. Der Luftfrachtführer kann sich nur dann nicht auf die Haftungsbeschränkungen berufen, wenn ihm ein qualifiziertes Verschulden zur Last gelegt werden kann; dann kommt eine unbegrenzte Haftung in Betracht[179].

2. Das Haager Protokoll 1955

Bald nach Inkrafttreten des WA 1929 machte sich Unzufriedenheit über das Abkommen breit. Die Luftverkehrsgesellschaften kritisierten die Vorschriften über den Luftfrachtbrief als zu einschränkend[180]. Außerdem hielten viele Staaten, v.a. die USA, die Haftungsgrenzen für Personenschäden im WA 1929 für unzureichend[181]. Die Kritik am WA 1929 führte zu einer weiteren Staatenkonferenz, diesmal in Den Haag. Am 28.09.1955 einigten sich die Konferenzteilnehmer auf ein das WA 1929 modifizierendes Abkommen, das *Haager Protokoll*[182] (WA [HP])[183]. Neben einer Vereinfachung der Vorschriften über Beförderungsdokumente und dem Wegfall des Entlastungsbeweises im Fall des „nautischen Verschuldens" in Art. 20 Abs. 2 WA 1929 bringt das WA 1955 im wesentlichen zwei Neuerungen mit sich[184]: Zum einen hat man mit dem WA 1955 die Haftungshöchstsummen für Personenschäden auf 250.000 Poincaré-Franken[185] verdoppelt[186]; zum anderen wurde der Verschuldensmaßstab für die unbegrenzte

---

175 Siehe dazu Giemulla/Schmid-*Schmid*, Art. 20 WA, Rn. 24 – 30.

176 Art. 20 WA 1929.

177 Art. 22 WA 1929. Näher zu den Haftungsgrenzen siehe, S. 131 ff.

178 Das entspricht etwa einer Summe von 13 720 Euro.

179 Art. 25 WA 1929.

180 Giemulla/Schmid-*Giemulla*, Einl. WA, Rn. 3; *Guldimann*, Internationales Lufttransportrecht, Einl. WA, Rn. 4; *Schwenk*, Luftverkehrsrecht, S. 673.

181 Giemulla/Schmid-*Giemulla*, Einl. WA, Rn. 2; *Junker*, RIW 1998, S. 741 (746); *Müller-Rostin*, VersR 1979, S. 594 (597); ders. TranspR 1998, S. 229.

182 Abkommenstext in BGBl. 1958 II, S. 291.

183 Das HP ist am 1.08. 1963 für die Bundesrepublik in Kraft getreten (BGBl. 1964 II, S. 1295).

184 Vgl. *Saenger*, NJW 2000, S. 169 (170); *Schwenk*, NJW 1963, S. 2205 ff.

185 Das entspricht etwa einer Summe von 27.435 Euro.

186 Bei Gepäck- und Frachtschäden sind die Haftungsgrenzen nicht erhöht worden.

Haftung des Luftfrachtführers in Art. 25 WA 1929 geändert[187]. Die USA hatten auf der Haager Konferenz gefordert, die Haftungshöchstgrenze zu verdreifachen; da sie ihr Ziel nicht durchsetzen konnten, haben sie das WA 1955 nicht unterzeichnet[188].

3. Das Zusatzübereinkommen von Guadalajara 1961

Am 18.09.1961 wurden das WA und das WA 1955[189] durch das *Zusatzabkommen von Guadalajara zur Vereinheitlichung von Regeln über die von einem anderen als dem vertraglichen Luftfrachtführer ausgeführte Beförderung*[190] (ZAG) ergänzt[191]. Probleme, die sich bei der Beförderung durch einen Dritten ergeben, hatten bei der ursprünglichen Fassung des WA 1929 noch keine Rolle gespielt; diese Lücke im WA machte die Regelungen im ZAG notwendig[192]. Das ZAG regelt die Haftung bei Miete und Charter von Flugzeugen[193]. Es stellt in Art. II ZAG den ausführenden und den vertraglichen Luftfrachtführer gleich und ordnet sie dem Haftungssystem des WA unter.

4. Weitere Harmoniesierungsversuche

Weitere Versuche, das Haftungsrecht zu harmonisieren, sind überwiegend fehlgeschlagen. Das *Protokoll von Guatemala*[194] vom 8.03.1971 ist bisher nicht in

---

[187] Die unbewußte grobe Fahrlässigkeit führt im WA 1955 nicht mehr zu unbegrenzten Haftung des Luftfrachtführers (*Riese*, ZLW 1956, S. 4 [33]; *Schwenk*, NJW 1963, S. 2205 [2206]).

[188] *Diederiks/Verschoor*, ZLW 1970, S. 25 (26); Giemulla/Schmid-*Giemulla*, Einl. WA, Rn. 5.

[189] Im folgenden ist vom WA die Rede, wenn eine Differenzierung zwischen WA 1929 und WA 1955 unterbleiben kann. Die Abkürzung „WA" erfaßt dann sowohl das WA 1929 als auch das WA 1955.

[190] BGBl. 1963 II, S.1159.

[191] Das ZAG ist am 1.05.1964 für die Bundesrepublik Deutschland in Kraft getreten (BGBl. 1963 II, S. 1159).

[192] *Guldimann*, Internationales Lufttransportrecht, Einl. ZAG, Rn. 1 ff.; *Riese*, ZLW 1962, S. 1 (5); *Müller-Rostin*, TranspR 1998, S. 229.

[193] *Guldimann*, Internationales Lufttransportrecht, Einl. ZAG, Rn. 1.; *Schmid*, Charterflug, S. 7.

[194] Deutscher Text veröffentlicht in ZLW 1971, S. 176.

Kraft getreten[195]; es verschärft die Haftung für Personen- und Gepäckschäden. Von den vier *Montrealer Protokollen*[196] vom 25.09.1975 entfalten erst seit kurzem die Protokolle Nr. 1, 2 und 4 ihre Wirksamkeit[197]; das Montrealer Protokoll Nr. 3 ist nicht in Kraft getreten. Die Montrealer Protokolle sind keine eigenständigen Abkommen, sondern ergänzen bzw. revidieren Regelungen des WA oder des ZAG. Die Protokolle Nr. 1 und 2 stellen die für die Berechnung der Haftungssumme maßgebliche Währungseinheit von Poincaré-Franken auf Sonderziehungsrechte (SZR) um. Das Protokoll Nr. 4 modernisiert die Frachtbestimmungen, führt eine strikte Haftung für Güterschäden ein und ändert die Haftungshöchstsummen für Güterschäden. Das Montrealer Protokoll Nr. 3 konnte sich deshalb nicht durchsetzen, weil es die Haftungssumme für Personenschäden auf 100.000 SZR[198] ansetzte. Von den Vereinigten Staaten wurde diese Summe als zu niedrig von anderen Staaten hingegen als zu hoch angesehen[199].

5. Die IATA-Beförderungsbedingungen und die Montrealer Zwischenvereinbarung

Die IATA-Beförderungsbedingungen und die *Montrealer Zwischenvereinbarung* vom 4.05.1966 haben private Organisationen geschaffen; sie gehören daher nicht zum Warschauer Abkommenssystem im eigentlichen Sinn. Ihnen kommt allerdings eine erhebliche praktische Bedeutung zu.

a) Die IATA-Beförderungsbedingungen (1957/71)

Die *International Air Transport Association* (IATA) ist eine private Organisation, der alle führenden Luftverkehrsgesellschaften angehören[200]. Bereits 1957 hat

---

195 Giemulla/Schmid-*Giemulla*, Einl. WA, Rn. 9 ff.; *Müller-Rostin/Schmid*, FS Guldimann (1999), S. 169 (173); Reithmann/Martiny-*van Dieken*, Internationales Vertragsrecht, Rn. 1196; *Saenger*, NJW 2000, S. 169 (170).

196 Abgedruckt bei Giemulla/Schmid, WA, Anhang II-3, II-4, II-5, II-6.

197 Die Protokolle Nr. 1 und Nr. 2 sind am 15.02.1996 und das Protokoll Nr. 4 ist am 14.03.1998 in Kraft getreten. Deutschland ist dem Protokoll Nr. 4 allerdings nicht beigetreten. (*Müller-Rostin*, TranspR 1999, S. 81). Siehe zu den Protokollen im einzelnen *Ehlers*, Montrealer Protokolle Nr. 3 und 4; Giemulla/Schmid-*Giemulla*, Einl. WA, Rn. 11 ff.).

198 128.205 Euro

199 *Müller-Rostin*, TranspR 2000, S. 234 (234).

200 Die IATA hat sich zur Aufgabe gemacht, den grenzüberschreitenden Fluglinienvekehr zu regeln, um den Wirtschaftserfolg ihrer Mitglieder zu fördern, vgl. Art. III *Articles of As-*

die IATA Allgemeine Vertrags- und Beförderungsbedingungen für Frachtgut (*Conditions of Carriage Passenger, Baggage*)[201] geschaffen; die Allgemeinen Beförderungsbedingungen für Fluggäste und Gepäck (*Conditions of Carriage for Cargo*)[202] sind erst 1970 beschlossen worden und 1971 in Kraft getreten. Die IATA-Beförderungsbedingungen (1957/1971) regeln eine Fülle von Einzelfragen, welche die Beförderung von Personen und Gepäck bzw. von Fracht betreffen[203]. Die IATA-Beförderungsbedingungen (1957/1971) ergänzen die durch das WA[204] geschaffene Rechtslage[205].

b) Die Montrealer Zwischenvereinbarung und das Malta- Agreement

Auf Beförderungen innerhalb der USA sowie innerhalb Kanadas und von diesen Ländern ins Ausland sind die IATA-Beförderungsbedingungen (1957/1971) nicht anwendbar[206]. In diesen Fällen gilt die *Montrealer Zwischenvereinbarung*[207] vom 4.05.1966; sie wurde von der IATA und der amerikanischen Zivilluftfahrtbehörde *„Civil Aeronautics Board"* (CAB) ausgearbeitet[208]. Die *Montrealer Zwischenvereinbarung* schließt im Unterschied zu den IATA-Beförderungsbedingungen den Entlastungsbeweis nach Art. 20 Abs. 1 WA aus und erhöht die Haftungssummen auf 75 000 US-Dollar[209].

Im Hinblick auf den Abschluß der Montrealer Zwischenvereinbarung haben sich viele Luftfahrtgesellschaften auch für außeramerikanische Flüge zu einer Erhöhung der Haftungsgrenzen in ihren Beförderungsbedingungen entschlossen. In Westeuropa verpflichteten sich am 1. Juli 1976 eine Vielzahl von Luftfahrtgesellschaften, wie z.B. die Deutsche Lufthansa AG, im sog. Malta-

---

sociation, Ziff. 3 der *Act of Incorporation* (dazu *Böckstiegel*, NJW 1974, S. 1017; *Schleicher/Reymann/Abraham*, Recht der Luftfahrt I, S. 414; *Specht*, Die IATA, S. 3).

201 Abgedruckt in *Schleicher/Reymann/Abraham*, Recht der Luftfahrt I, S. 438 f.

202 Abgedruckt in ZLW 1971, S. 214 (englische Fassung), S. 233 (deutsche Fassung).

203 Dazu näher *Rudolf*, ZLW 1971, S. 153; *Schleicher/Reymann/Abraham*, Recht der Luftfahrt I, S. 414 ff.; *Specht*, Die IATA, S. 63 ff.

204 Im folgenden ist von WA die Rede, wenn die Differenzierung zwischen WA 1929 und WA 1955 unterbleiben kann. Die Abkürzung WA erfaßt dann sowohl das WA 1929 als auch das WA 1955.

205 Vgl. *Specht*, Die IATA, S. 34 ff.

206 Art. II Nr. 2 ABB-Flugpassage.

207 Offiziell IATA/CAB-Agreement (abgedruckt bei *Giemulla/Schmid*, WA Anh. I-11).

208 Giemulla/Schmid-*Giemulla*, Einl. WA, Rn. 5; *Kadletz*, RIW 2000, S. 540 (541); *Müller-Rostin*, TranspR 1998, S. 229.

209 *Diederiks/Verschoor*, ZLW 1970, S. 25 (27); Soergel-*von Hoffmann*, Art. 28 EGBGB, Rn. 404.

Agreement dazu, auch die Haftungsgrenzen für Personenschäden auf 150.000 DM[210] im außeramerikanischen Luftverkehr anzuheben[211].

c) Das IATA-Intercarrier Agreement

Wegen der anhaltenden Kritik an den Haftungsgrenzen im WA hat die IATA das *IATA-Intercarrier Agreement* vom 31.10.1995 ausgearbeitet. Das IATA-Intercarrier Agreement besteht aus drei Elementen: Das *IATA-Intercarrier Agreement on Passenger Liability*[212], das *Agreement on Measures to Implement the IATA-Intercarrier Agreement*[213] und das *Agreement on Provisions Implementing the IATA-Intercarrier Agreement to be Included in Conditions of Carriage and Tariffs*[214]. Am meisten Beachtung wird dabei dem IATA-Intercarrier Agreement on Passenger Liability geschenkt. Es handelt sich dabei um eine freiwillig vorgenommene Haftungserweiterung gegenüber dem WA bei Personenschäden.

Das IATA-Intercarrier Agreement on Passenger Liability verpflichtet den Luftfrachtführer, sich nicht auf die Haftungsbegrenzung in Art. 22 WA zu berufen und auf die Führung des Entlastungsbeweises nach Art. 21 WA bei einem Schaden bis 100.000 SZR zu verzichten. Hat eine Luftverkehrsgesellschaft das IATA-Intercarrier Agreement wirksam in seine Beförderungsbedingungen einbezogen, haftet sie im Fall eines Personenschadens unbegrenzt bei Umkehr der Beweislast; bei Schäden bis 100.000 SZR haftet sie verschuldensunabhängig. Mit dem IATA-Intercarrier Agreement hat die IATA eine Mustervorlage (*umbrella accord*) für Allgemeine Beförderungsbedingungen geschaffen[215]. Das IATA-Intercarrier Agreement garantiert im Ergebnis eine unbegrenzte Haftung der Luftfahrtgesellschaften bei umgekehrter Beweislast sowie eine Gefährdungshaftung bis 100.000 Sonderziehungsrechte (SZR)[216] für Personenschäden. Darüber hinaus regelt das *IATA-Intercarrier Agreement* die Haftung der US-

[210] Das sind etwa 77.000 Euro.

[211] Giemulla/Schmid-*Giemulla*, Einl. WA, Rn. 13; *Schwenk*, Luftverkehrsrecht, S. 676.

[212] Abgedruckt bei Giemulla/Schmid, Anh. III-9.

[213] Abgedruckt bei Giemulla/Schmid, Anh. III-10.

[214] Abgedruckt bei TAQ 96/97, S. 122 (zit. nach *Müller-Rostin/Schmid*, FS Guldimann [1999], S. 169 [181, Fn. 37]).

[215] *Junker*, RIW 1998, S. 741 (746); *Ruhwedel*, TranspR 1997, 1 (3); *Saenger*, NJW 2000, S. 169 (171). Kritisch zum IATA- Intercarrier Agreement: *Schmid*, Air & Space Law 1997, S. 50.

[216] Das entspricht etwa einer Summe von 128.205 Euro.

amerikanischen Luftverkehrsgesellschaften[217]. Mittlerweile hat sich der Großteil der global operierenden Luftfahrtgesellschaften dem *IATA-Intercarrier Agreement* angeschlossen[218].

6. EG-VO 2027/97

Der Rat der EU hat im Hinblick auf die unzulänglichen Haftungsgrenzen für Personenschäden im WA mit der *EG-Verordnung 2027/97 über die Haftung von Luftfahrtunternehmen bei Unfällen*[219] vom 9.10.1997 eine einheitliche Haftungsregelung für Flugzeugunfälle ausgearbeitet[220]. Darüber hinaus erhofft sich der Rat mit der EG-VO 2027/97, eine Leitlinie für die - zum Zeitpunkt des Erlasses der Verordnung in Angriff genommene - Neuregelung der Haftung im Luftverkehrsrechts in Form des Montrealer Abkommens[221] zu geben[222]. Die Verordnung trifft Regelungen für die Haftung des Luftfahrtunternehmens bei Tod und Körperverletzung eines Passagiers. Sie verpflichtet die Luftfahrtunternehmen, ihre Beförderungsbedingungen entsprechend den Vorschriften der Verordnung zu ändern[223]; eine Änderung des Haftungsrechts nimmt die Verordnung aber nicht vor. Die Verordnung führt eine unbegrenzte Haftung des Luftfahrtunternehmens ein[224] und legt dem Luftfahrtunternehmen bis zu einer Summe von 100.000 SZR[225] eine verschuldensunabhängige Haftung auf[226]. Bei Ansprüchen

---

[217] *Müller-Rostin/Schmid*, FS Guldimann (1999), S. 169; *Ruhwedel*, TranspR 1997, S. 1; ders. TranspR 1998, S. 13; *Saenger*, NJW 2000, S. 169.

[218] *Saenger*, NJW 2000, S. 169 (171).

[219] ABl. EG v. 17.10.1997 Nr. L 285, 1, auch abgedruckt in TranspR 1998, S. 41. Die Verordnung ist am 17.10.1998 in Kraft getreten.

[220] Begründung Nr. 1, ABl. EG ebenda; TranspR, ebenda. Zu den völkerrechtlichen Bedenken hinsichtlich der Gültigkeit der Verordnung siehe *Gansfort*, ZLW 1998, S. 263 (267); *Giemulla/Schmid*, NZV 1998, S. 225 (227); dies., Air & Space Law 1998, S. 98 (101 ff.); *Müller-Rostin*, TranspR 1998, S. 229 (232 f.); *Ruhwedel*, TranspR 1998, S. 13 (15 f.).

[221] Siehe dazu S. 55 f.

[222] Begründung Nr. 6, ABl. EG ebenda; TranspR ebenda.

[223] Art. 6 EG-VO 2027/97. Es handelt sich dabei um eine *self-executing* Regelung (*Gansfort*, ZLW 1998, S. 263 [270]; *Giemulla/Schmid*, NZV 1998, S. 225 [227]).

[224] Art. 3 Abs. 1 EG-VO 2027/97.

[225] Das sind etwa 128.205 Euro.

[226] Art. 3 Abs. 2 EG-VO 2027/97.

über 100.000 SZR haftet das Luftfahrtunternehmen zwar nur bei Verschulden, aber bei umgekehrter Beweislast[227].

7. Neueste Entwicklungen: Das Montrealer Abkommen

Am 28.05.1999 haben 52 Staaten die *Convention for the Unification of Certain Rules for International Carriage by Air* in Montreal - das Montrealer Abkommen (MA) - gezeichnet[228]. Das MA soll das WA einschließlich seiner Zusatzabkommen ersetzen. Es übernimmt im wesentlichen die Regelungen aus WA, der Montrealer Protokolle Nr. 3 und 4 und dem ZAG. Außerdem enthält es die Grundsätze des IATA-Intercarrier Agreement sowie der EG-VO 2027/97[229]. Die wichtigsten Neuerungen werden hier im Überblick dargestellt.

Die wichtigsten Veränderungen sind im Bereich der Haftung für Personenschäden vorgenommen worden. In diesem Bereich existiert ein zweistufiges Haftungssystem[230]. Auf der ersten Stufe haftet der Luftfrachtführer bis zu einer Summe von 100.000 SZR[231] strikt und verschuldensunabhängig[232]. Auf der zweiten Stufe haftet der Luftfrachtführer für weitergehende Forderungen unbegrenzt bei vermutetem Verschulden[233]. Heftig umstritten war bei den Verhandlungen die Frage, ob auch die psychischen Schäden Berücksichtigung finden sollten. Aufgrund der Schwierigkeiten, den Begriff der psychischen Schäden zu definieren, haben sich die Teilnehmer der Konferenz schließlich gegen eine Aufnahme der psychischen Schäden in das MA entschieden[234]. Bei Beschädigungen am Gepäck[235] und am Frachtgut[236] haftet der Luftfrachtführer verschul-

---

227 Weiterhin verpflichtet die Verordnung das Luftfahrtunternehmen dazu, unverzüglich eine Zahlung von 15.000 SZR in Ecu an die schadensersatzberechtigte Person zu leisten (Art. 5 EG-VO 2027/97); diese Vorauszahlung ist grundsätzlich nicht rückzahlbar.

228 Deutsche Amtliche Übersetzung, ZLW 2000, S. 451. Näher dazu: *Bollweg*, ZLW 2000, S. 439; *Müller-Rostin*, TranspR 1998, S. 229; *Saenger*, NJW 2000, S. 169; *Schiller*, SJZ 2000, S. 184.

229 *Bin Cheng*, ZLW 2000, S. 287 (298); *Bollweg*, ZLW 2000, S. 439 (442 f.); *Müller-Rostin*, TranspR 1999, S. 291 (291).

230 *Bin Cheng*, ZLW 2000, S. 484 (489 ff.); *Kadletz*, VersR 2000, S. 925 (933); *Müller-Rostin*, ZLW 2000, S. 36 (43 f.).

231 Das sind etwa 128.205 Euro.

232 Art. 21 Abs. 1 MA.

233 Art. 21 Abs. 2 MA. Der Luftfrachtführer kann sich entlasten, wenn er beweisen kann, daß er den Schaden nicht verschuldet hat (Art. 21 Abs. 2 a MA) oder der Schaden von einem Dritten verursacht worden ist (Art. 21 Abs. 2 b MA).

234 *Bin Cheng*, ZLW 2000, S. 287 (297 f.); *Müller-Rostin*, ZLW 2000, S. 36 (39).

235 Art. 17 Abs. 2 - 4 MA.

236 Art. 18 MA.

densunabhängig[237]. Im Fall eines Verspätungsschadens[238] gilt weiterhin das Prinzip der Haftung für vermutetes Verschulden[239]. Der Luftfrachtführer haftet indes nicht oder nur eingeschränkt, wenn er beweisen kann, daß der Geschädigte den Schaden verschuldet oder mitverschuldet hat[240]. Weiterhin eröffnet Art. 33 MA einen fünften Gerichtsstand am Heimatort des Passagiers für Ansprüche wegen Personenschäden[241]. Das MA vereinfacht die Dokumentation für Transportdokumente im Vergleich zum WA wesentlich[242] und stellt Regelungen über die Haftung des ausführenden Luftfrachtführers auf[243]. Bemerkenswert ist auch die Regelung in Art. 50 MA, nach der jeder Luftfrachtführer einen angemessenen Versicherungsschutz vorweisen muß[244].

Zum Inkrafttreten des MA sind 30 Ratifikationen erforderlich[245]. Inzwischen liegen 65 Zeichnungen und vier Ratifizierungen des MA vor[246]. Die geringe Anzahl von notwendigen Ratifikationen birgt einerseits den Vorteil, daß in naher Zukunft mit einem Inkrafttreten des Abkommens zu rechnen ist[247]. Andererseits läßt die geringen Anzahl der notwendigen Ratifikationen befürchten, daß das MA als „ein weiteres Abkommen im Dschungel des internationalen Luftfahrtrechts" eine zusätzliche Aufspaltung des bestehenden Rechts bewirkt[248].

8. Zusammenfassung

Insbesondere die Unzufriedenheit über die niedrigen Haftungsgrenzen hat zu Abänderungen des Warschauer Haftungssystems geführt. Die Änderungen sind zum einen auf staatlicher Ebene durch Zusatzabkommen sowie der EG-VO 2027/97 und zum anderen auf privatrechtlicher Ebene durch Ausarbeitung der IATA-Beförderungsbedingungen vorgenommen worden. Das WA gilt heute in

---

[237] *Kadletz*, VersR 2000, S. 927 (933); *Müller-Rostin*, ZLW 2000, S. 36 (41).

[238] Art. 19 MA.

[239] Zu den Haftungsgrenzen im einzelnen siehe S. 131 ff.

[240] Art. 20 MA. Im übrigen ist eine Haftung nach dem MA nur unter Zurechnungsgesichtspunkten ausgeschlossen (siehe näher S. 131 ff.).

[241] Dazu *Bin Cheng*, ZLW 2000, S. 484 (492 f.); *Müller-Rostin*, ZLW 2000, S. 36 (47 f.).

[242] Art. 3 bis 15 MA.

[243] Art. 39 bis 48 MA.

[244] *Bin Cheng*, ZLW 2000, S. 484 (495); *Kadletz*, VersR 2000, S. 927 (934).

[245] Art. 53 Abs. 6 MA.

[246] *Bollweg*, TranspR 2000, S. 439 (446).

[247] *Giemulla/Schmid*, ZLW 2000, S. 3 (15); *Kadletz*, VersR 2000, S. 927 (935); *Müller-Rostin*, TranspR 1999, S. 291; *Schmid*, RRa 1999, S. 131 (132). Einschränkend: *Bollweg*, ZLW 2000, S. 439 (447). Zweifelnd: *Ruhwedel/Schmid*, RRa 2000, S. 147 (148).

[248] *Ruhwedel/Schmid*, RRa 2000, S. 147 (148).

zwei Fassungen: zum einen das WA in seiner ursprünglichen Fassung von 1929 und zum anderen in der Fassung des HP. Zusätze und Änderungen hat das WA durch das ZAG und die Montrealer Protokolle Nr. 1, 2 und 4 erfahren. Daneben ergänzen die IATA-Beförderungsbedingungen und die Montrealer Zwischenvereinbarung und das Malta Agreement die in den Abkommen getroffenen Regelungen. Desweiteren greift die EG-VO 2027/97 in das Regelungssystem des WA ein. Das WA und seine Zusatzprotokolle haben sich im Ergebnis zu einem zersplitterten, unübersichtlichen Haftungssystem entwickelt. Mit dem MA ist eine Möglichkeit geschaffen worden, diesen Zustand der Rechtszersplitterung wieder zu überwinden. Voraussetzung dafür ist, daß ihm - wie seinerzeit dem WA - eine weltweite Anerkennung widerfährt.

II. Der Anwendungsbereich des WA

Der Anwendungsbereich des WA interessiert im Hinblick auf das Vertragsstatut insofern, da das nationale IPR nur zum Zuge kommt, wenn der Anwendungsbereich des WA nicht eröffnet ist und soweit das Abkommen lückenhaft ist. Die Geltung des WA hängt zunächst davon ab, ob die beteiligten Staaten dem WA und seinen Zusatzprotokollen beigetreten sind (räumlicher Anwendungsbereich) und ob die Voraussetzungen des Abkommens erfüllt sind (gegenständlicher Anwendungsbereich)[249]. Überdies ist der Anwendungsbereich des WA in sachlicher Hinsicht eingeschränkt, da das WA nicht sämtliche privatrechtlichen Probleme regelt, die im Bereich einer internationalen Luftbeförderung auftreten können[250].

1. Der räumliche Anwendungsbereich

Der räumliche Anwendungsbereich von WA und seiner Zusatzprotokolle ist eröffnet, wenn eine „internationale Beförderung" i.S.v. Art. 1 Abs. 1 WA vorliegt.

---

249 Giemulla/Schmid-*Giemulla*, Einl. WA, Rn. 16; *Ruhwedel*, Luftbeförderungsvertrag, S. 156, Rn. 46.

250 Vgl. *Bogdan*, Transport by Air, Chap. 27-11; *Frings*, ZLW 1977, S. 8; Giemulla/Schmid-*Giemulla*, Einl. WA, Rn. 16; *Guldimann*, Internationales Lufttransportrecht, Einl. WA, Rn. 25; MünchKommHGB-*Kronke*, Art. 1 WA 1955, Rn. 12; *Riese*, ZLW 1958, S. 271 (277).

a) Internationalität

Eine Beförderung ist gem. Art. 1 Abs. 2 WA dann als international anzusehen, wenn nach der Vereinbarung der Parteien der Abgangs- und der Bestimmungsort jeweils auf dem Gebiet eines Vertragsstaates liegen, z.B. bei einem Flug von der Bundesrepublik Deutschland nach Ägypten. Nicht die tatsächliche Ausführung des Fluges, sondern die Vereinbarung der Parteien ist maßgeblich dafür, ob der Flug als international i.S.d. Abkommens anzusehen ist[251]. Wird ein Flug entgegen der Vereinbarung in einem Nichtvertragsstaat oder auf hoher See beendet (z.B. aus betrieblichen Gründen), ist der Flug international, wenn die Parteien bestimmt haben, daß Abgangs- und Bestimmungsort in den Gebieten von Mitgliedstaaten des WA liegen[252].

Wenn Abgangs- und Bestimmungsort in ein und demselben Vertragsstaat liegen, aber eine Zwischenlandung im Ausland vorgesehen ist, befindet sich das Flugzeug auf einem Rundflug. Das WA ist in dieser Konstellation in seiner jeweils geltenden Fassung anwendbar, selbst wenn der ausländische Staat kein Vertragsstaat ist[253]. Ein von Deutschland aus gebuchter Hin- und Rückflug ins Ausland unterliegt somit stets dem WA, da Abgangs- und Bestimmungsort in einem Vertragsstaat liegen. Urlaubsflüge sind typischerweise Rundflüge i.S.d. WA[254]. Bei einer Sukzessivbeförderung, d.h. wenn mehrere aufeinanderfolgende Luftfrachtführer die Beförderung ausführen, und gegebenenfalls sogar mehrere Verträge bestehen, ist das WA unter den Voraussetzungen von Art. 1 Abs. 3 WA einschlägig: Die Parteien müssen die Beförderung als einheitliche Leistung vereinbart haben. Das WA findet daher z.B. auf Vorgänge während der Beförderung von Frankfurt nach Berlin Anwendung, wenn diese Strecke Teilstrecke einer von den USA nach Berlin vereinbarten Beförderung ist[255].

Wenn bei einer im geographischen Sinne internationalen Beförderung nur ein betroffener Staat, also der Abgangs- oder Bestimmungsort Vertragsstaat ist oder keiner der betroffenen Staaten Vertragsstaat ist, greifen die Regeln des

---

[251] Giemulla/Schmid-*Giemulla*, Art. 1 WA, Rn. 5; *Riese*, Luftrecht, S. 413; *Schwenk*, Luftverkehrsrecht, S. 660.

[252] Art. 1 Abs. 1, 2. Alt. WA.

[253] Art. 1 Abs. 2, 2. Alt. WA.

[254] Vgl. LG Berlin v. 28.6.1973 – 5 O 435/72, ZLW 1973, S. 304 (305); LG Düsseldorf v. 3.2.1971 – 14 S 27/70, ZLW 1971, S. 290 (292); Giemulla/Schmid-*Giemulla*, Art. 1 WA, Rn. 25; *Koller*, Art. 1 WA 1955, Rn. 13; MünchKommHGB-*Kronke*, Art. 1 WA 1955, Rn. 44; MünchKomm-*Martiny*, Art. 28 EGBGB, Rn. 170; Reithmann/Martiny-*van Dieken*, Internationales Vertragsrecht, Rn. 1197.

[255] BGH v. 20.5.1974 – I ZR 25/73, IPRspr 1974 Nr. 32.

Warschauer Systems nicht ein[256]. Nicht unter das WA fällt beispielsweise ein Flug von der Bundesrepublik Deutschland nach Bahrein[257] oder ein Flug von Brasilien nach Bolivien[258]. Ein Rundflug, der von einem Nichtvertragsstaat ausgeht und dort wieder endet, ist selbst dann nicht in den Anwendungsbereich des WA erfaßt, wenn eine Zwischenlandung in einem Vertragsstaat vorgesehen ist[259]. Auch bei einem reinen Inlandsflug ohne geplante Zwischenlandung in einem anderen Staat wie bei einem Flug von Hamburg nach München, ist der Anwendungsbereich des WA nicht eröffnet[260].

b) Vertragsstaaten

Der Begriff der Vertragsstaaten hat im Hinblick auf die beiden Fassungen, in denen das WA gilt, Unklarheiten aufgeworfen. Hat einer der betroffenen Staaten nur das WA von 1929 ratifiziert, und der andere ist Vertragsstaat sowohl des WA von 1929 als auch des WA 1955, gilt das WA in seiner ursprünglichen Fassung[261]. Im Verhältnis der Bundesrepublik Deutschland (Mitglied von WA 1929 und WA 1955) zu den USA (nur Mitglied des WA 1929[262]) ist daher das WA 1929 anzuwenden.

Problematisch ist die Frage, wie zu verfahren ist, wenn ein Staat nur Partei des WA 1929 ist und ein anderer nur das WA 1955 ratifiziert hat. Diese Konstellation tritt etwa im Verhältnis der USA (nur Mitglied des WA 1929[263]) zu Indonesien, Kanada oder Pakistan auf (nur Mitglied des WA 1955[264]). Da das WA 1955 das WA 1929 lediglich an verschiedenen Stellen abändert, ansonsten aber seine Regelungen beibehält, könnte man gleichsam als kleinsten gemein-

---

256 *Guldimann*, Internationales Lufttransportrecht, Art. 1 WA, Rn. 22; *Riese*, Luftrecht, S. 412.

257 OLG Frankfurt am Main v. 10.7.1979 – 5 U 146/77, ZLW 1980, S. 77.

258 OLG Köln v. 5.5.1982 – 24 U 148/81, VersR 1982, S. 985.

259 Giemulla/Schmid-*Giemulla*, Art. 1 WA, Rn. 7.

260 Art. 1 Abs. 2 S. 2 WA.

261 Vgl. *Mankiewicz*, ZLW 1956, S. 246 (250); *Müller-Rostin*, TranspR 1998, S. 229; MünchKommHGB-*Kronke*, Art. 1 WA 1955, Rn. 11. Der Beitritt der USA zum Montrealer Protokoll Nr. 4 ändert an dieser Situation allerdings einiges; das Montrealer Protokoll Nr. 4 hat die Wirkung, daß für Personen- und Gepäckschäden die Regelungen des WA übernommen werden; dazu *Müller-Rostin*, TranspR 1999, S. 81 (84).

262 Fundstellennachweis B, Stand 31.12.2000, S. 250.

263 Fundstellennachweis B, ebenda.

264 Fundstellennachweis B, Stand 31.12.2000, S. 249.

samen Nenner für diese Fallgruppe das WA 1929 anwenden[265]. Dem Gedanken, das WA in seiner Gesamtheit anzuwenden, steht entgegen, daß das WA und das WA 1955 zwei selbständig nebeneinander geltende Abkommen sind[266]. Das WA 1955 selbst betont in verschiedenen Vorschriften den Unterschied zwischen dem „Abkommen" (WA 1929) und dem „Abkommen in der Fassung dieses Protokolls" (WA [HP])[267]. Konsequenterweise dürfte man nur die Vorschriften anwenden, die beide Staaten gleichermaßen ratifiziert haben. Dann bestünden aber gerade in den wichtigen Bereichen wie der Haftungshöchstsumme keine Regelungen. Anwendungsvoraussetzung für die Abkommen bleibt daher die Mitgliedschaft der betroffenen Staaten am jeweiligen Abkommen. In der beschriebenen Konstellation besteht ein vertragloser Zustand zwischen den involvierten Staaten; das anwendbare Recht muß anhand des nationalen IPR ermittelt werden[268].

2. Der gegenständliche Anwendungsbereich

Der gegenständliche Anwendungsbereich des WA erfordert grundsätzlich das Vorliegen einer internationalen Luftbeförderung[269] von Personen oder Sachen[270] durch ein Luftfahrzeug[271] gegen ein Entgelt[272]. Eine unentgeltliche Beförderung regelt das WA nur, wenn sie von einem Luftfahrtunternehmen durchgeführt wird. Außerdem verlangt das Abkommen das Zustandekommen eines Beförderungsvertrages[273].

---

265 *Mankiewicz*, Liability Regime of the International Air Carrier, S. 17; ähnlich: Giemulla/Schmid-*Giemulla*, Einl. WA, Rn. 29.

266 Giemulla/Schmid-*Giemulla*, Einl. WA, Rn. 3, 25; *Mankiewicz*, ZLW 1956, S. 246 (248); *A. Meyer*, ZLW 1956, S. 93 (101); *Müller-Rostin*, TranspR 1989, S. 121 (122); MünchKommHGB-*Kronke*, Art. 1 WA 1955, Rn. 11; *Riese*, ZLW 1956, S. 1 (42 f.); *Schwenk*, Luftverkehrsrecht, S. 673.

267 Siehe Art. XIX, XXI Abs. 2, XXIII Abs. 2, XXIV Abs. 3 WA 1955.

268 *Mankiewicz*, ZLW 1956, S. 246 (254 f.); *A. Meyer*, ZLW 1956, S. 93 (101); MünchKommHGB-*Kronke*, Art. 1 WA 1955, Rn. 11; *Riese*, ZLW 1956, S. 1 (42 f.).

269 Siehe S. 58 f.

270 Zu den Beförderungsgegenständen siehe Giemulla/Schmid-*Schmid*, Art. 17 WA, Rn. 40 ff. und Art. 18 WA, Rn. 6 ff.

271 Vgl. hierzu § 1 Abs. 2 LuftVG, erläuternd Giemulla/Schmid-*Schmid*, LuftVG § 1, Rn. 32 – 46.

272 Art. 1 Abs. 1 WA.

273 BGH v. 27.11.1979 – VI ZR 267/78, NJW 1980, S. 587; *Drion*, ZLW 1953, S. 303 (308); *Frings*, Internationaler Luftbeförderungsvertrag, S. 5; Giemulla/Schmid-*Giemulla*, Art. 1 WA, Rn. 1; *Guldimann*, Internationales Lufttransportrecht, Art. 1 WA, Rn. 3; *Riese*, Luf-

a) Der Luftbeförderungsvertrag

Das WA setzt in Art. 1 Abs. 2 und 3, Art. 3 Abs. 2, Art. 5 Abs. 2 WA das Bestehen eines Beförderungsvertrages voraus. Zweck des Vertrages muß die Beförderung von Personen oder Sachen sein[274]. Fehlt diese vertragliche Grundlage, so ist das Abkommen unanwendbar. Damit der Vertrag den Charakter einer Beförderung aufweist, muß er auf eine objektive Ortsveränderung gerichtet sein; der innere Zweck der Beförderung ist unbedeutend[275]. Ob es am Vertrag oder am Beförderungszweck mangelt, ist gleichgültig. Da bei der Mitnahme blinder Passagiere oder bei einem Gefälligkeitsflug kein Vertrag abgeschlossen worden ist, findet das WA hier keine Anwendung[276].

Anläßlich verschiedener Flugzeugunglücke ist die Frage aufgekommen, ob auch Angestellte von Luftfahrtunternehmen Schadensersatzansprüche auf der Grundlage des WA haben können. Wenn nicht zur Besatzung gehörendes Personal des befördernden Unternehmens auf einem Dienstflug mit an Bord ist, fehlt der Beförderungszweck des Fluges[277]. Auch die Besatzung befindet sich nicht mit an Bord, um befördert zu werden, sondern aufgrund eines Arbeitsvertrages[278]. In diesen Konstellationen fehlt es an einem Beförderungsvertrag. Das

---

trecht, S. 406; *Schleicher/Reymann/Abraham,* Recht der Luftfahrt I, S. 3; *Schoner,* ZLW 1980, S. 327 (329); *Schweickhardt,* Lufttransportrecht, S. 14.

274 *Guldimann,* Internationales Lufttransportrecht, Art. 1 WA, Rn. 3; *Schleicher/Reymann/Abraham,* Recht der Luftfahrt I, S. 3; *Riese,* Luftrecht, S. 406.

275 Giemulla/Schmid-*Giemulla,* Art. 1 WA, Rn. 3; *Guldimann,* Internationales Lufttransportrecht, Art. 1 WA, Rn. 4; MünchKommHGB-*Kronke,* Art. 1 WA 1955, Rn. 29; a.A.: vertreten in der französischen Rechtsprechung: *Aéro Club de l`Aisne c. Klopotowska, Pekacz et Agent judiciare de Trésor Public,* Cour de Cassation v. 20.1.1970, RFDA 1970, S. 195; *Sté Mutuelle d`Assurances aériennes c. Gauvain,* Cour de Cassation v. 4.7.1967, RFDA 1967, S. 436; *Consorts Valade c. Association Aéro Club de Brève,* Cour d`appel de Riom v. 21.11.1974, RFDA 1975, S. 202; *Lefebvre c. Sté Aéro Club,* Cour d`appel de Rouen v. 20.11.1973, RFDA 1974, S. 202.

276 Vgl. BGH v. 24.6.1969 – IV ZR 45/67, BGHZ 52, S. 194 = NJW 1969, 2008; BGH v. 8.5.1962 – VI ZA 6/62, VersR 1962, S. 530; *Kohn,* ZLW 1970, S. 241 (245); *Riese,* Luftrecht, S. 406; *Ruhwedel,* Luftbeförderungsvertrag, S. 157 f., Rn. 51; *Schleicher/Reymann/Abraham,* Recht der Luftfahrt I, S. 259.

277 BGH v. 27.11.1979 – VI ZR 267/78, NJW 1980, S. 587; BGH v. 2.4.1974 – VI ZR 23/73, NJW 1974, S. 1617; BGH v. 25.5.1971 – VI ZR 248/69, VersR 1971, S. 863; *Achtnich,* ZLW 1952, S. 323 (343); *Schweickhardt,* Lufttransportrecht, S. 14. A.A.: *Goedhuis,* Convention de Varsovie, S. 89; ders. National Airlegislation and the Warsaw Convention, S. 129.

278 *Achtnich,* ZLW 1952, S. 323 (343); *Coquoz,* Droit Privé International Aérien, S. 86; *Schwenk,* Luftverkehrsrecht, S. 714. A.A.: *Diederiks-Verschoor/Heere/Moll,* ZLW 1972, S. 105 (118).

WA ist nicht anwendbar. In Fällen hingegen, in denen das Luftfahrtpersonal Freiflüge wahrnimmt oder zu ermäßigten Preisen fliegt, findet die Beförderung aufgrund eines eigenständigen Beförderungsvertrages statt; die Beförderung steht nicht in unmittelbarem Zusammenhang mit dem Arbeitsvertrag. Der Anwendungsbereich des WA ist eröffnet, soweit die anderen Voraussetzungen vorliegen[279].

b) Das Entgelt

Die Anwendbarkeit des WA setzt ein Beförderungsentgelt voraus[280]. Der Begriff der Entgeltlichkeit ist relativ weit auszulegen, da die strenge Haftung im WA für vermutetes Verschulden[281] auf den gewerblichen Lufttransport ausgerichtete ist. Unter „entgeltlich" i.S.d. Art. 1 Abs. 1 WA ist „gewinnorientiert" zu verstehen[282]. Dazu genügt ein wirtschaftliches, vermögenswertes Interesse des Luftfrachtführers[283]. Das mit der Beförderung verbundene Interesse des Luftfrachtführers braucht dabei nicht auf Geld gerichtet zu sein, sondern kann auch in einer Dienst- oder Arbeitsleistung bestehen[284]. Die unbezahlte Beförderung des Geschäftspartners im Firmenflugzeug ist beispielsweise entgeltlich, wenn sie im Zusammenhang mit der Geschäftsbeziehung erfolgt: Wird ein Rechtsanwalt ohne Bezahlung im Privatflugzeug seines Mandanten zu dem Ort geflogen, an dem er für diesen tätig werden soll, kann darin eine entgeltliche Beförderung liegen[285].

---

279 Vgl. *Achtnich*, ZLW 1952, S. 323 (343 f.); *Frings*, Internationaler Luftbeförderungsvertrag, S. 6; *Guldimann*, Internationales Lufttransportrecht, Art. 1 WA, Rn. 9; *Rudolf*, ZLW 1969, S. 90 (98); *Schleicher/Reymann/Abraham*, Recht der Luftfahrt I, S. 260; *Schwenk*, Luftverkehrsrecht, S. 714. A.A.: *Schweickhardt*, ZLW 1954, S. 7 (9 f.).

280 Art. 1 Abs. 1 WA.

281 Art. 17 bis 20 WA.

282 BGH v. 2.4.1974 – VI ZR 23/73, ZLW 1975, S. 57; *Coquoz*, Droit Privé International Aérien, S. 89; *Godfroid*, RFDA 1987, S. 22 (29); *Guldimann*, Internationales Lufttransportrecht, Art. 1 WA, Rn. 12; *Riese*, Luftrecht, S. 410; *Schleicher/Reymann/Abraham*, Recht der Luftfahrt I, S. 261.

283 BGH v. 2.4.1974 – VI ZR 23/73, NJW 1974, S. 1617 = ZLW 1975, S. 57; *Guldimann*, Internationales Lufttransportrecht, Art. 1 WA, Rn. 12; *Riese*, Luftrecht, S. 410; *Schleicher/Reymann/Abraham*, Recht der Luftfahrt I, S. 261.

284 BGH ebenda; *Guldimann*, Internationles Lufttransportrecht, Art. 1 WA, Rn. 12; *Riese*, Luftrecht, S. 410; *Ruhwedel*, Luftbeförderungsvertrag, S. 157 f., Rn. 51; *Schoner*, ZLW 1977, S. 256 (261).

285 BGH ebenda; *Ruhwedel*, Luftbeförderungsvertrag, S. 158, Rn. 51, Fn. 48.

Fehlt das wirtschaftliche Interesse an der Beförderung, ist das WA indes nicht anwendbar[286]. Wenn etwa ein Privatpilot einen Urlaubsflug von Bekannten mit einem Sportflugzeug gegen bloße Kostenbeteiligung durchführt, ist das Merkmal der Entgeltlichkeit nicht erfüllt[287]. Wird die unentgeltliche Beförderung allerdings von einem Luftfahrtunternehmen[288] durchgeführt, greifen die Regeln des WA ein[289].

3. Sachlicher Anwendungsbereich

Das WA regelt die Beförderungsdokumente, die Verfügungsrechte bei der Beförderung von Gütern und Nebenpflichten der Parteien und die Haftung des Luftfrachtführers anläßlich der Beförderung entstandenen Personen- und Sachschäden. Das WA ist indes keine für alle Bereiche abschließende Regelung[290]. Seine Verfasser haben die teilweise Lückenhaftigkeit des Abkommens bewußt in Kauf genommen[291]. So lautet der Titel des ursprünglichen Abkommens nach dem allein verbindlichen französischen Text „Convention pour l'unification *de certaines règles* relatives au transport aérien international". Wenn der sachliche Anwendungsbereich des WA nicht eröffnet ist, kommt nationales Recht zur Anwendung. Das WA trifft allerdings keine Aussage darüber, welches nationale Recht das Rechtsverhältnis regelt. Da die wenigen Kollisionsnormen des WA stets auf das Recht der *lex fori* verweisen[292], halten einige die *lex fori* grundsätzlich für das Vertragsstatut der nicht im Abkommen geregelten Fragen[293]. Der

---

286 BGH v. 24.6.1969 – VI ZR 52/67, BGHZ 52, S. 194 = NJW 1969, S. 2008 (2212); Giemulla/Schmid-*Giemulla*, Art. 1 WA, Rn. 31; MünchKommHGB-*Kronke*, Art. 1 WA 1955, Rn. 40; *Schleicher/Reymann/Abraham*, Recht der Luftfahrt I, S. 263.

287 OLG Karlsruhe 18.6.1986 – 1 U 266/85, ZLW 1987, S. 392; *Kuhn*, ZLW 1988, S. 224 (227).

288 Zum Begriff des Luftfahrtunternehmens siehe Giemulla/Schmid-*Giemulla*, Art. 1 WA, Rn. 33; *Guldimann*, Internationales Lufttransportrecht, Art. 1 WA, Rn. 12; *Riese*, Luftrecht, S. 409.

289 Art. 1 Abs. 1 S. 2 WA.

290 Giemulla/Schmid-*Giemulla*, Einl. WA, Rn. 16; *Frings*, ZLW 1977, S. 8.

291 *Bogdan*, Transport by Air, Chap. 27-11; *Frings* aaO; *Guldimann*, Internationales Lufttransportrecht, Einl. WA, Rn. 25; *Riese*, ZLW 1958, S. 271 (277).

292 Minderung des Schadensersatzes wegen Mitverschulden des Geschädigten (Art. 21 WA), Möglichkeit der Festsetzung der Entschädigung in Form einer Geldrente (Art. 22 WA), dem Vorsatz gleichstehende Fahrlässigkeit (Art. 25 WA 1929), Verfahrensgrundsätze bei Schadensersatzklagen (Art. 28 Abs. 2 WA), Berechnung der Ausschlußfristen für Klagen gegen den Luftfrachtführer (Art. 29 Abs. 2 WA).

293 LG Hamburg v. 6.4.1955 – 62 S 10/54, IPRspr 1954/55 Nr. 33 = ZLW 1955, S. 226 m. Anm. *Meyer*; *De Visscher*, RdC 48 (1934 II), S. 279, 331 ff.; *Riese*, Luftrecht, S. 397;

Vorteil dieser Ansicht ist ihre einfache Handhabung; das IPR der jeweiligen *lex fori* müßte nicht mehr nach dem anwendbaren Recht befragt werden. Die in das WA aufgenommenen Kollisionsnormen behandeln jedoch ausschließlich spezielle Einzelfragen und sind daher eng auszulegen[294]; eine Absicht der Verfasser, das Recht der *lex fori* generell zu berufen, kann daraus nicht abgeleitet werden. Wenn das Rechtsproblem vom WA nicht erfaßt wird, ist das Vertragsstatut vielmehr über das IPR der *lex fori* zu ermitteln[295]; im deutschen Recht bestimmen die Art. 3 bis 46 und Art. 220 EGBGB das jeweils anwendbare Recht. Im folgenden werden allerdings nur die dem Vertragsstatut unterfallenden Lücken untersucht.

Ausdrücklich aus dem sachlichen Anwendungsbereich ausgenommen sind Beförderungen von Brief- und Paketpost[296], Testflüge[297] sowie Beförderungen, die unter außergewöhnlichen Umständen außerhalb des gewöhnlichen Flugverkehrs stattfinden[298]. Hier beantwortet das Vertragsstatut die Frage nach dem anwendbaren Recht. Welche Personen in den Fällen der Art. 17, 18 und 19 WA Schadensersatzansprüche stellen dürfen und welche Schäden zu ersetzen sind, stellt das Abkommen nicht klar[299]. Im Hinblick auf die Schadensersatzberechtigten geht es insbesondere um Schadensersatzansprüche der Hinterbliebenen. Weiterhin fehlen Normierungen über die Eigenhaftung der Leute des Luftfrachtführers und die unentgeltliche Beförderung, die nicht von einem Luftfahrtunter-

---

Wulff, Die Haftung des Lufttransporteurs im internationalen und internationlen Recht, S. 33.

294 LG München v. 15.7.1975 – 18 O 461/73, ZLW 1977, S. 155, 156 = IPRspr Nr. 31 a; bestätigt durch OLG München v. 3.2.1977 – 15 U 4368/75, IPRspr 1977 Nr. 31; Giemulla/Schmid-*Giemulla*, Einl. WA, Rn. 19; *Rabel*, Conflict of Laws II, S. 342; *Ruhwedel*, Luftbeförderungsvertrag, S. 164 f., Rn. 63; *Schleicher/Reymann/Abraham*, Recht der Luftfahrt I, S. 254.

295 OLG Düsseldorf v. 12.1.1978 – 18 U 118/77, IPRspr 1978 Nr. 34; *Bogdan*, Transport by Air, Chap. 27-11; *Guldimann*, Internationales Lufttransportrecht, Einl. WA, Rn. 42; MünchKomm-*Martiny*, Art. 28 EGBGB, Rn. 177; MünchKommHGB-*Kronke*, Art. 1 WA 1955, Rn. 13; Reithmann/Martiny-*van Dieken*, Internationales Vertragsrecht, Rn. 1201; *Ruhwedel*, Luftbeförderungsvertrag, S. 164 f., Rn. 63; *Sand*, ZLW 1969, S. 205 (206); Soergel-*von Hoffmann*, Art. 28 EGBGB, Rn. 400, 405.

296 Art. 1 Abs. 1 S. 2 WA.

297 Art. 34 Nr. 1 WA 1929.

298 Art. 34 Nr. 2 WA 1929; Art. 34 WA 1955.

299 Vgl. Art. 24 Abs. 2 WA. Siehe hierzu Giemulla/Schmid-*Schmid*, Art. 17 WA , Rn. 40 ff.; *Mankiewicz*, RabelsZ 27 (1962/1963), S. 456 (458); *Riese*, ZLW 1958, S. 271 (278); ders. RabelsZ 4 (1930), S. 244 (255). Das Durchführungsgesetz zum WA (RGBl. 1933 I, S. 1079) verweist bezüglich der Frage, welche Ansprüche dem Grunde nach bestehen auf die §§ 35, 36, 38 LuftVG (hierzu Giemulla/Schmid-*Schmid*, Art. 17 WA, Rn. 49 ff.).

nehmen durchgeführt wird[300]. Welches nationale Recht im Ergebnis Anwendung findet, ist eine Frage der Qualifikation[301]. Aus der Sicht des deutschen IPR sind die WA geregelten Fragen vertraglicher Natur[302]. Im Abkommen bestehende Lücken sind daher aus deutscher Sicht mit Hilfe des Vertragsstatuts zu schließen[303].

Werden die Ansprüche aus Vertrag hergeleitet, stellen sich im übrigen generelle Fragen hinsichtlich des Zustandekommens des Vertrages, der Form, der Geschäftsfähigkeit der Parteien, der Rechtswirksamkeit und der Anfechtung des Beförderungsvertrages. Da das WA für diese Fragen keine Sonderregeln vorsieht, müssen die nationalen Kollisionsnormen zur Ermittlung des anwendbaren Rechts herangezogen werden[304]. Ebensowenig regelt das WA die Nicht- oder Schlechterfüllung des Beförderungsvertrages[305] und die Übertragbarkeit des Luftfrachtbriefs[306]. Das Zustandekommen des Beförderungsvertrages, seine

---

300 Vgl. *Guldimann*, Internationales Lufttransportrecht, Art. 25 a WA, Rn. 3; Giemulla/Schmid-*Giemulla*, Einl. WA, Rn. 20; *Lukoschek*, Das anwendbare Recht bei Flugzeugunglücken, S. 18; *Reifarth*, IPRax 1983, S. 107, 108; *Riese*, Luftrecht, S. 440 ff.; *Schleicher/Reymann/Abraham*, Recht der Luftfahrt I, S. 357; *Schweickhardt*, Luftverkehrsrecht, S. 51.

301 *Frings*, ZLW 1977, S. 8 (11); *Urwantschky*, Flugzeugunfälle mit Auslandsberührung und Auflockerung des Deliktsstatuts, S. 106.

302 RG v. 5.7.1939 - VI 303/38, ArchfLR 1939, S. 172 (177); KG v. 28.7.1938 - 9 U 1761.38., ArchfLR 1938, S. 295 (298); Giemulla/Schmid-*Giemulla*, Einl. WA, Rn. 20; *Mankiewicz*, RabelsZ 27 (1962/63), S. 456 (463); MünchKomm-*Kreuzer*, Art. 38, Rn. 185; Reithmann/Martiny-*van Dieken*, Internationales Vertragsrecht, Rn. 1201.

303 In Frankreich, wo Ansprüche entweder ausschließlich aus Vertrag oder ausschließlich aus Delikt geltend gemacht werden, optieren die Gerichte für eine vertragliche Haftung des Luftfrachtführers (*Consorts Hennessy c. Air France*, Cour d´appel de Paris v. 25.2.1954, RFDA 1954, S. 45; *Lureau*, Responsabilité du transporteur aérien, S. 27). Im angloamerikanischen Rechtskreis werden diese Ansprüche hingegen überwiegend deliktisch eingeordnet (*Kilberg v. Northeast Airlines*, Court of Appeals v. 15.8.1958, USAvR 1961, S. 1; *Supine v. Air France*, US District Court N.Y. v. 28.9.1951, USAvR 1951, S. 448).

304 *Bogdan*, Transport by Air, Chap. 27-11; Giemulla/Schmid-*Giemulla*, Einl. WA, Rn. 20; *Riese*, ZLW 1958, S. 271 (279).

305 Haftungsfragen wegen der Nichtdurchführung einer vereinbarten Luftbeförderung (LG Frankfurt a.M. v. 9.8.1993 – 2/24 S 162/93, NJW-RR 1993, S. 1270; AG Frankfurt a.M. v. 28.6.1995 – 31 C 1207/95 – 16, TranspR 1996, S. 347 [348]), einer Überbuchung (OLG Frankfurt a.M. v. 31.1.1984 – 11 U 4383, IPRspr 1984 Nr. 41; *Giemulla-Brautlach*, TranspR 1988, S. 360 f. oder die Rückzahlung von Frachtkosten für verdorbene Luftfracht (OLG Düsseldorf v. 12.1.1978 – 18 U 118/77 IPRspr Nr. 34) klärt das WA beispielsweise nicht.

306 Giemulla/Schmid-*Giemulla*, Einl. WA, Rn. 20.

Rechtswirksamkeit sowie seine Anfechtung unterfallen dem Vertragsstatut[307]. Genauso werden die Nicht- oder Schlechterfüllung[308] und die Übertragbarkeit des Luftfrachtbriefs[309] vom Vertragsstatut erfaßt. Die übrigen Bereiche, die sich nicht nach dem Vetragsstatut richten, werden im weiteren außer acht gelassen.

Bei An-Bord-Unfällen wie dem Verabreichen verdorbener Speisen oder beim Verschütten heißer Getränke stellt sich die Frage nach der Anwendbarkeit der summenmäßig beschränkten Haftung des WA. Viele setzen als Korrektiv das Erfordernis einer luftfahrttypischen Kausalität ein, da das WA nicht als Haftungsgrundlage für das „allgemeine Lebensrisiko" geschaffen worden sei[310]. Da jedoch nahezu jedes Schadensereignis auch in einer anderen Lebenssituation eintreten kann [311], droht das WA durch das Erfordernis einer luftfahrttypischen Kausalität ausgehöhlt zu werden. Außerdem vereinfacht eine Anwendung des WA die Durchsetzbarkeit des Anspruchs für den Passagier[312]. Zumal wäre dieses Erfordernis auch im Hinblick auf andere Haftungsregelungen im Transportbereich[313] eine Einzelerscheinung und läßt sich dem Wortlaut der Vorschriften nicht entnehmen. Das Erfordernis einer luftfahrttypischen Kausalität ist daher abzulehnen[314]. Das Vertragsstatut spielt somit bei diesen Sachverhalten keine Rolle, da das WA die Materie regelt.

4. Überlagerung durch die EG-VO 2027/97

Teilweise überlagert die EG-VO 2027/97 das WA. Die Verordnung beansprucht innerhalb der EU Anwendung[315]. Innerhalb der EU gelten deshalb die Haftungsbegrenzungen des WA nicht, und auch die Führung des Entlastungsbeweises

---

[307] Art. 31 Abs. 1 EGBGB. (*Von Bar,* IPR II, Rn. 536; *Junker,* IPR, Rn. 316; Palandt-*Heldrich,* Art. 31, Rn. 3).

[308] Art. 31 Abs. 1 EGBGB.

[309] Art. 33 EGBGB.

[310] BGH v. 28.9.1978 - VII ZR 166/77, NJW 1979, S. 495; LG Düsseldorf v. 4.4.1990 - 23 S 429/89, TranspR 1992, S. 29; Giemulla/Schmid-*Schmid,* Art. 17, Rn. 12, 12a; *Riese,* Luftrecht, S. 443 f.; *Schoner,* ZLW 1977, S. 256 (275 f.).

[311] *Schönwerth,* Anm. zu LG Düsseldorf v. 4.4.1990- 23 S 429/89, TranspR 1992, S. 11 (13).

[312] *Kehrberger,* FS Guldimann (1997), S. 129 (142).

[313] Z.B.: EVO, COTIV-ER, CIM; KVO; CMR, §§ 606 ff. und 664 ff. HGB; BinSchG).

[314] *Guldimann,* Art. 17 WA, Rn. 6; *Kehrberger,* FS Guldimann (1997), S. 129 (144); *Schleicher/Reymann/Abraham,* Recht der Luftfahrt I, S. 344; *Schönwerth,* Anm. zu LG Düsseldorf v. 4.4.1990 - 23 S 429/89, TranspR 1992, S. 11 (13).

[315] Begr. Nr. 1, EG-VO 2027/97, ABl. EG v. 17.10.1997 Nr. L 285, S. 1 = TranspR 1998, S. 41.

nach Art. 20 WA ist nicht möglich. Aus Nr. 6[316] und Nr. 15[317] der Begründung der EG-VO 2027/97 geht hervor, daß im Verhältnis zu Nicht-EU-Staaten, d.h. sogenannten Drittstaaten, die Verordnung indes nicht gelten soll, da das Völkerrecht dem Recht der europäischen Union vorgeht[318].

5. Zusammenfassung

Der räumliche Anwendungsbereich des WA ist eröffnet, wenn

- die Parteien vereinbart haben, daß Abgangs- und Bestimmungsort jeweils auf dem Gebiet eines Vertragsstaates liegen[319],
- Abgangs- und Bestimmungsort in demselben Vertragsstaat liegen, aber eine Zwischenlandung in einem anderen Staat vorgesehen ist[320] oder
- bei einer Sukzessivbeförderung die Beförderung als einheitliche Leistung vereinbart worden ist[321].

Der gegenständliche Anwendungsbereich des WA setzt voraus, daß

- ein Luftbeförderungsvertrag besteht und
- die Beförderung gegen ein Entgelt erfolgt[322].

Liegen die Voraussetzungen des räumlichen und des gegenständlichen Anwendungsbereichs des WA vor, beansprucht das materielle Einheitsrecht Anwendung. Der räumliche Anwendungsbereich des WA ist nicht eröffnet, wenn

- nur ein betroffener Staat Vertragsstaat des WA ist oder weder Bestimmungs- noch Abflugsort in einem Vertragsstaat liegen.

---

316 „Maßnahmen auf Gemeinschaftsebene sind ... wünschenswert, um eine Harmonisierung im Bereich der Haftung von Luftahrtunternehmen zu erreichen..."

317 Nr. 15 der Begründung weist auf die Überprüfung des WA durch die ICAO (*International Civil Aviation Organization*) hin und kündigt eine Überprüfung der Verordnung an, sobald sie ICAO ihre Überprüfung abgeschlossen hat.

318 Dieses völkerrechtliche Prinzip kommt in Art. 234 Abs. 1 EGV zum Ausdruck: Rechte und Pflichten aus Übereinkommen, die die Mitgliedsstaaten im Verhältnis zu Drittstaaten eingegangen werden sind, durch den EG-Vertrag nicht berührt. Im Verhältnis zu Drittstaaten kann der Verordnung daher keine Wirkung zukommen (*Oppermann*, EuropaR, 1991, Rn. 503).

319 Art. 1 Abs. 1 WA.

320 Art. 1 Abs. 2, 2. Alt. WA.

321 Art. 1 Abs. 3 WA.

322 Art. 1 Abs. 1 WA.

- wenn von den betroffenen Staaten nur einer Vertragsteil des WA 1929 und der andere nur Vertragsstaat des WA 1955 ist.

Die Voraussetzungen des gegenständlichen Anwendungsbereichs des WA sind nicht erfüllt, wenn

- die Parteien keinen Beförderungsvertrag geschlossen haben, oder
- die Beförderung unentgeltlich erfolgt, sofern sie nicht von einem Luftfahrtunternehmen durchgeführt wird.

Kann das WA nicht herangezogen werden, muß in den beschriebenen Konstellationen das nationale IPR befragt werden, um das anwendbare Recht zu bestimmen[323]. Auch wenn der räumliche und gegenständliche Anwendungsbereich des WA eröffnet sind, das WA aber keine materielle Regelung zu dem Problem vorsieht, ist das nationale IPR nach dem anwendbaren Recht zu befragen. Ansonsten beansprucht das WA Anwendung. Die Regelungen der EG-VO 2027/97 überlagern allerdings die des WA innerhalb der EU, da die Luftfahrtunternehmen dazu verpflichtet sind, ihre Beförderungsbedingungen entsprechend der Verordnung zu gestalten.

III. Der Anwendungsbereich des MA

Die Ausführungen zum räumlichen Anwendungsbereich des WA sind auf das MA übertragbar, da Art. 1 MA mit Art. 1 WA übereinstimmt. Ebenso wie das WA setzt das MA einen Beförderungsvertrag voraus; die Ausführungen zum gegenständlichen Anwendungsbereich gelten daher auch für das MA. Im sachlichen Anwendungsbereich bleiben dieselben Probleme wie im WA bestehen[324]. Art. 2 MA schließt allerdings die Haftung des Luftfrachtführers bei der Beförderung von postalischen Sendungen nur noch gegenüber Dritten, aber nicht gegenüber der Postverwaltung aus.

Genau wie das WA trifft das MA keine Aussage darüber, welche Schäden zu ersetzen sind und ob die Hinterbliebenen im Todesfall des Geschädigten schadensersatzberechtigt sind. Hier ist wiederum das nationale IPR nach dem anwendbaren Recht zu befragen. Im Verhältnis zu den anderen Vorschriften des Warschauer Systems gilt: Findet die Beförderung zwischen zwei Vertragsstaaten statt, verdrängt das MA alle anderen Regelungen[325].

---

[323] *Lukoschek*, Das anwendbare Recht bei Flugzeugunglücken, S. 3; *Riese*, Luftrecht, S. 407; ders. ZLW 1958, S. 271 (277); *Urwantschky*, Flugzeugunfälle mit Auslandsberührung und Auflockerung des Deliktsstatuts, S. 102.

[324] *Kadletz*, VersR 2000, S. 927 (931).

[325] Art. 55 MA.

IV. Das Vertragsstatut von Luftbeförderungsverträgen im EGBGB

Im folgenden wird untersucht, wie sich das Vertragsstatut bei Luftbeförderungsverträgen nach dem EGBGB bestimmt. Das nationale IPR kommt nur dann zum Tragen, wenn das WA nicht anwendbar[326] ist oder keine materiellrechtlichen Regelungen vorsieht[327].

1. Rechtswahl

Art. 27 EGBGB normiert das Prinzip der Parteiautonomie: Grundsätzlich dürfen die Parteien das auf den Luftbeförderungsvertrag anwendbare Recht frei wählen[328]. Findet das WA Anwendung, regelt es aber als materielles Einheitsrecht den Luftbeförderungsvertrag; es bleibt für eine Rechtswahl nur in den vom WA nicht geregelten Bereichen Raum. Das WA ist gem Art. 3 Abs. 2 S. 1 EGBGB auch nicht abdingbar. Art. 32 WA legt fest: „Alle Bestimmungen des Beförderungsvertrages und alle vor Eintritt des Schadens getroffenen besonderen Vereinbarungen, worin die Parteien durch Bestimmung des anzuwendenden Rechts oder durch Änderung der Vorschriften über die Zuständigkeit von diesem Abkommen abweichende Regeln festsetzen, sind nichtig." Lediglich bei der Güterbeförderung sieht Art. 32 S. 2 WA das Einfügen von Schiedsklauseln in den Vertrag vor; dabei kommen aber nur die in Art. 28 Abs. 1 WA aufgezählten Gerichtsstände in Betracht[329]. Weiterhin erlaubt das WA, Beförderungsbedingungen frei zu wählen[330], Bedingungen für die Luftfrachtbeförderung festzusetzen[331] und abweichende Haftungsregelungen im Bereich der Personenbeförderung zu treffen[332].

Ist das WA anwendbar, regelt es den Luftbeförderungsvertrag materiellrechtlich. In diesem Fall ist eine vorherige Rechtswahl im Beförderungsvertrag nur in den nicht vom WA geregelten Bereiche möglich sowie für die beschriebenen Ausnahmen. Eine nachträgliche Rechtswahl schließt das WA hingegen

[326] Siehe S. 57 f., 60 f.

[327] Siehe S. 63.

[328] So schon *Frings*, ZLW 1977, S. 8 (9); *Müller*, IPR der Luftfahrt, S. 75; *Schleicher/Reymann/Abraham*, Recht der Luftfahrt I, S. 254.

[329] Das sind: die Hauptbetriebsleitung des Luftfrachtführers, die Geschäftsstelle, die den Beförderungsvertrag angeschlossen hat und der Bestimmungsort.

[330] Art. 33 WA.

[331] Art. 13 Abs. 2, 15 Abs. 2 WA.

[332] Art. 22 Abs. 1 S. 3 WA.

nicht aus. Findet das WA keine Anwendung, ist eine Rechtswahl über das gesamte Statut des Luftbeförderungsvertrages uneingeschränkt erlaubt.

2. Objektive Anknüpfung

Haben die Parteien keine Rechtswahl getroffen, bestimmt Art. 28 EGBGB das objektive Vertragsstatut. Nach Art. 28 EGBGB unterliegt der Vertrag dem Recht des Staates, mit dem er die engste Verbindung aufweist. Innerhalb der objektiven Anknüpfung ist zwischen dem Güter- und Personenluftbeförderungsvertrag zu unterscheiden.

a) Güterbeförderungsverträge

In einem Luftbeförderungsvertrag über Frachtgut schuldet der Beförderer den Transport des Frachtguts an einen konkret vereinbarten Bestimmungsort zu einem vereinbarten Zeitpunkt[333]. Es handelt sich deshalb um einen Güterbeförderungsvertrag[334]. Für Güterbeförderungsverträge legt zunächst Art. 28 Abs. 4 EGBGB das anwendbare Recht fest. Haben die Parteien im Luftbeförderungsvertrag keine Rechtswahl getroffen, vermutet Art. 28 Abs. 4 EGBGB die engste Verbindung des Vertrages mit Recht des Staates, in dem der Beförderer seine Hauptniederlassung hat. Die Vermutungswirkung tritt allerdings nur dann ein, wenn sich in diesem Staat auch der Verladeort oder der Entladeort oder die Hauptniederlassung des Absenders befindet. Im Zuge der Liberalisierung innerhalb der EU werden indes immer mehr Binnenlufttransporte auch von ausländischen Luftfrachtführern durchgeführt werden[335]. Da in diesen Fällen der Verlade- oder Entladeort nicht in dem Land liegen, wo sich die Hauptniederlassung des Beförderers befindet, entfaltet Art. 28 Abs. 4 EGBGB seine Vermutungswirkung nicht. Auch werden die Hauptniederlassung von Beförderer und Absender eher selten in ein und demselben Staat liegen. Die praktische Relevanz der Vorschrift ist daher zweifelhaft.

Wenn die Vermutungswirkung von Art. 28 Abs. 4 EGBGB nicht eingreift, muß das anwendbare Recht anhand von Art. 28 Abs. 1 EGBGB ermittelt wer-

---

[333] BGH v. 21.12.1973 – IV ZR 158/72, BGHZ 62, S. 71 (75); *Ruhwedel*, Luftbeförderungsvertrag, S. 243, Rn. 214; *Böckstiegel*, NJW 1974, S. 1017 (1021).

[334] Vgl. *Basedow*, Transportvertrag, S. 34; MünchKomm-*Martiny*, Art. 28 EGBGB, Rn. 60.

[335] Dazu *Jestaedt/Hohenstatt*, EuZW 1992, S. 115 ff; *Schmid*, EuZW 1991, S. 19 (22).

den[336]. Da Art. 28 Abs. 4 EGBGB *lex specialis* zu Art. 28 Abs. 2 EGBGB ist[337], darf nicht auf Art. 28 Abs. 2 EGBGB zurückgegriffen werden. Anhaltspunkte für eine engste Verbindung können z.B. der Bestimmungsort[338], die Hauptniederlassung[339] des Beförderers und die in Art. 28 WA genannten Wahlgerichtsstände sein, d.h. die Hauptbetriebsleitung des Luftfrachtführers, der Geschäftsstelle, die den Vertrag abgeschlossen hat und der Bestimmungsort.

Auch Art. 28 Abs. 4 EGBGB unterliegt dem Vorbehalt der engsten Verbindung in Art. 28 Abs. 5 EGBGB. Sind die Tatbestandsvoraussetzungen von Art. 28 Abs. 4 EGBGB erfüllt, kann sich ausnahmsweise aus der Gesamtheit der Umstände eine engere Verbindung zu einem anderen Staat ergeben. Die Ausnahmeklausel in Art. 28 Abs. 5 EGBGB ist allerdings generell nur vorsichtig einzusetzen[340].

b) Charterverträge

Chartervereinbarungen prägen vielfach die Luftbeförderungsverträge. Art. 28 Abs. 4 S. 2 EGBGB normiert eine Sonderregel für die Anknüpfung von Charterverträgen[341]. Die Vorschrift stellt Charterverträge für eine einzige Reise, die in der Hauptsache der Güterbeförderung dienen, den Güterbeförderungsverträgen gleich. Auf Reisecharterverträge[342] ist daher das Recht vom Sitz der Hauptniederlassung des Beförderers anwendbar, sofern sich in diesem Staat auch der Verladeort oder der Entladeort oder die Hauptniederlasung des Absenders befindet. Sind die Voraussetzungen von Art. 28 Abs. 4 EGBGB nicht erfüllt, ist

---

[336] *Junker,* IPR, Rn. 358; MünchKomm-*Martiny*, Art. 28 EGBGB, Rn. 182; Reithmann/Martiny-*van Dieken*, Internationales Vertragsrecht, Rn. 1203.

[337] *Giuliano/Lagarde,* BT-Drucks. 10/503, S. 33 (53 f.); Denkschr. EVÜ BT-Drucks. 10/503, S. 21 (25).

[338] BGH v. 30.3.1976 – VI ZR 143/74, NJW 1976, S. 1581 = IPRspr 1976 Nr. 2; BGH v. 21.12.1973 – IV ZR 158/72, BGHZ 62, S. 71 (75); Giemulla/Schmid-*Giemulla*, Einl WA, Rn. 22; *Schleicher/Reymann/Abraham,* Recht der Luftfahrt I, S. 255.

[339] LG München v. 15.7.1975 – 18 O 461/73, ZLW 1977, S. 155 (156) = IPRspr 1977 Nr. 31a; AG Köln v. 27.11.1980 – 124 (115) C 3029/79, IPRspr 1980 Nr. 48; *Riese,* Luftrecht, S. 396.

[340] *Junker,* IPR, Rn. 368; *Kreuzer,* FS Zajtay (1982), S. 295 (323 f.); *Mankowski,* TranspR 1993, S. 213 (222); *Schnelle,* Die objektive Anknüpfung von Darlehensverträgen im deutschen und amerikanischen IPR, S. 95.

[341] Hiermit ist die Transportcharter als „klassische" Chartervereinbarung gemeint (MünchKomm-*Martiny,* Art. 28 EGBGB, Rn. 182; Reithmann/Martiny-*van Dieken,* Internationales Vertragsrecht, Rn. 1203). Siehe hierzu S. 80 ff.

[342] Vgl. *Scheuch,* Luftbeförderungs- und Charterverträge unter besonderer Berücksichtigung des IPR, S. 16; *Schleicher/Reymann/Abraham,* Recht der Luftfahrt I, S. 265.

das anwendbare Recht mittels der für Art. 28 Abs. 1 EGBGB entwickelten Kriterien zu bestimmen. Die engste Verbindung wird dann häufig zum Recht der Niederlassung des Vercharterers führen[343].

Fraglich ist, ob Zeitcharterverträge[344] ebenfalls nach Art. 28 Abs. 4 S. 2 EGBGB anzuknüpfen sind[345]. Zwar steht auch bei Zeitcharterverträgen der Beförderungszweck im Vordergrund, andererseits stellt Art. 28 Abs. 4 S. 2 EGBGB nur Reisecharterverträge explizit den Güterbeförderungsverträgen gleich. Dem ist *e contrario* zu entnehmen, daß Zeitcharterverträge nicht von Art. 28 Abs. 4 S. 2 EGBGB erfaßt sind[346]. Für Zeitcharterverträge gilt vielmehr Art. 28 Abs. 2 EGBGB[347]. Da der Vercharterer die charakteristische Leistung erbringt, richtet sich das Chartervertragsstatut nach dem Recht der Hauptniederlassung des Vercharterers oder einer anderen Niederlassung, die nach dem Vertrag die charakteristische Leistung zu erbringen hat.

c) Personenbeförderungsverträge

Für Personenbeförderungsverträge existiert keine besondere Vermutung. Deshalb ist für die Anknüpfung von Luftbeförderungsverträgen über Personentransport Art. 28 Abs. 2 EGBGB ausschlaggebend. Auch die Gepäckbeförderung unterliegt dem Statut des Personenbeförderungsvertrages. Für die Gepäckbeförderung wird kein besonderer Vertag abgeschlossen; der Personenbeförderungsvertrag umfaßt die Gepäckbeförderung[348]. Da der Transport das Vertragsverhältnis im Luftbeförderungsvertrag charakterisiert, ist das Recht der Hauptniederlassung des Luftfrachtführers maßgeblich[349]. Wenn die Parteien die Beförderung durch eine andere Niederlassung vereinbart haben, ist das Recht dieser

---

343 MünchKomm-*Martiny*, Art. 28 EGBGB, Rn. 182; Reithmann/Martiny-*van Dieken*, Internationales Vertragsrecht, Rn. 1203.

344 Zeitcharterverträge sind Charterverträge, die sich über einen bestimmten Zeitraum erstrecken (*Scheuch*, Luftbeförderungs- und Charterverträge unter besonderer Berücksichtigung des IPR, S. 16; *Schleicher/Reymann/Abraham*, Recht der Luftfahrt I, S. 265).

345 Siehe dazu Staudinger-*Magnus*, Art. 28 EGBGB, Rn. 465.

346 *Giuliano/Lagarde*, BT-Drucks. 10/503, S. 33 (54); MünchKomm-*Martiny*, Art. 28 EGBGB, Rn. 64; Reithmann/Martiny-*van Dieken*, Internationales Vertragsrecht, Rn. 1203; Soergel-*von Hoffmann*, Art. 28 EGBGB, Rn. 87.

347 MünchKomm-*Martiny*, Art. 28 EGBGB, Rn. 182; Reithmann/Martiny-*van Dieken*, Internationales Vertragsrecht, Rn. 1203; Soergel-*von Hoffmann*, Art. 28 EGBGB, Rn. 88.

348 *Schwenk*, Luftverkehrsrecht, S. 645.

349 MünchKomm-*Martiny*, Art. 28 EGBGB, Rn. 178a; Reithmann/Martiny-*van Dieken*, Internationales Vertragsrecht, Rn. 1203; Soergel-*von Hoffmann*, Art. 28 EGBGB, Rn. 408; Staudinger-*Magnus*, Art. 28 EGBGB, Rn. 456.

Niederlassung maßgeblich. Fraglich ist, ob Geschäftsstellen von Fluggesellschaften, die Flugscheine verkaufen, eine „andere Niederlassung" sein können, wie z.B. Makler, Kommissionäre und IATA-Agenturen. Definiert ist „andere Niederlassung" i.S.v. Art. 28 Abs. 2 EGBGB als eine Einrichtung von gewisser Dauer, die mit einem räumlichen und persönlichen Substrat ausgestattet ist[350]; sie muß abhängig vom Haupthaus sein und insbesondere eine gewisse geschäftliche Selbständigkeit besitzen[351]. Den beschriebenen Geschäftsstellen von Fluggesellschaften fehlt es an der geschäftlichen Selbständigkeit und der Abhängigkeit zum Haupthaus: Sie stellen keine „andere Niederlassung" i.S.v. Art. 28 Abs. 2 EGBGB dar[352]. Durch den Verkauf der Flugscheine nehmen sie außerdem keinen Einfluß auf die Beförderungsleistung[353]; sie kommen darum als Erbringer der charakteristischen Leistung des Beförderungsvertrages nicht in Betracht. Führt eine Privatperson die Beförderung aus, ist das Recht ihres gewöhnlichen Aufenthaltes gem. Art. 28 Abs. 2 EGBGB entscheidend.

Bei der Buchung von Hin- und Rückflug liegen Abflugs- und Bestimmungsort häufig in ein- und demselben Staat; in dieser Konstellation liegt es nahe, das Recht dieses Staates über Art. 28 Abs. 5 EGBGB zur Anwendung gelangen zu lassen[354]. Wenn Hin- und Rückflug Teil einer Pauschalreise sind, findet Art. 29 EGBGB Anwendung[355]. Sind die Voraussetzungen von Art. 29 Abs. 1 EGBGB erfüllt, bestimmt das Recht des Staates das objektive Vetragsstatut, in dem der Verbraucher seinen gewöhnlichen Aufenthalt hat.

---

350 MünchKomm-*Martiny*, Art. 28 EGBGB, Rn. 46; Soergel-*von Hoffmann*, Art. 28 EGBGB, Rn. 67.

351 *Von Bar*, IPR II, Rn. 511; MünchKomm-*Martiny*, Art. 28 EGBGB, Rn. 48; Soergel-*von Hoffmann*, Art. 28 EGBGB, Rn. 67.

352 MünchKomm-*Martiny*, Art. 28 EGBGB, Rn. 178; Reithmann/Martiny-*van Dieken*, Internationales Vertragsrecht, Rn. 1203; *Scheuch*, Luftbeförderungs- und Charterverträge unter besonderer Berücksichtigung des IPR, S. 50; Soergel-*von Hoffmann*, Art. 28 EGBGB, Rn. 408; Staudinger-*Magnus*, Art. 28 EGBGB, Rn. 456.

353 *Ruhwedel*, Luftbeförderungsvertrag (2. Auflage), S. 41.

354 MünchKomm-*Martiny*, Art. 28 EGBGB, Rn. 178a; Reithmann/Martiny-*van Dieken*, Internationales Vertragsrecht, Rn. 1203; Ruhwedel, Luftbeförderungsvertrag, S. 165 f., Rn. 65; Soergel-*von Hoffmann*, Art. 28 EGBGB, Rn. 408; Staudinger-*Magnus*, Art. 30, Rn. 457.

355 *Junker*, IPR, Rn. 368; Soergel-*von Hoffmann*, Art. 28 EGBGB, Rn. 408; Staudinger-*Magnus*, Art. 28 EGBGB, Rn. 459.

3. Die Beförderungsbedingungen

Die Beförderungsbedingungen nehmen maßgeblich Einfluß auf die Ausgestaltung des Luftbeförderungsvertrages[356]. Die IATA hat sich zur Aufgabe gemacht, die Vereinheitlichung der Beförderungsbedingungen weltweit voranzutreiben. Zur Verwirklichung dieses Ziels strebt die IATA danach, einheitliche und für alle Mitglieder verbindliche Beförderungsbedingungen auszuarbeiten[357]. Die ABB-Flugpassage der Deutschen Lufthansa[358] und die ABB-Fracht der Deutschen Lufthansa[359] stimmen mit den von der IATA empfohlenen Beförderungsbedingungen bis auf redaktionelle Änderungen wortwörtlich überein[360]. Da die ABB-Flugpassage oder ABB-Fracht keine Rechtswahlklausel enthalten[361], gibt ihre Verwendung keinen Hinweis auf das anwendbare Recht. Die IATA-Beförderungsbedingungen sind keine Rechtsnormen, sondern materielle Regelungen in Form von AGB[362]. Damit die IATA-Beförderungsbedingungen ihre Wirksamkeit in Form der Beförderungsbedingungen des Luftfahrtunternehmens entfalten, müssen folgende Voraussetzungen vorliegen:

- Zunächst muß der vertragliche Luftfrachtführer die IATA-Beförderungsbedingungen unterzeichnet haben[363].
- Der Luftfrachtführer muß weiterhin die nach §§ 21 Abs. 1, 21 a Abs. 1 LuftVG erforderliche Genehmigung eingeholt haben, um die IATA-Beförderungsbedingungen wirksam in seine AGB miteinbeziehen zu können[364].

---

356 Siehe S. 51 ff.

357 *Böckstiegel* NJW 1974, S. 1017, 1018; *Kehrberger* TranspR 1996, S. 131, 132.

358 Abgedruckt bei *Ruhwedel,* Luftbeförderungsvertrag, S. 49.

359 Abgedruckt bei *Ruhwedel,* Luftbeförderungsvertrag, S. 93.

360 Vgl. BGH v. 20.1.1983 – VII ZR 105/81, IPRax 1984, S. 316; Reithmann/Martiny-*van Dieken*, Internationales Vertragsrecht, Rn. 1202; *Ruhwedel,* Luftbeförderungsvertrag, S. 49, 93.

361 BGH v. 30.3.1976 – VI ZR 143/74, NJW 1976, S. 1581 (1582) = IPRspr 1976 Nr. 2; *Böckstiegel,* NJW 1974, S. 1017 (1019); *Gran*, TranspR 1999, S. 173 (177); *Rudolf,* ZLW 1971, S. 153 (163 f.); *Scheuch*, Luftbeförderungs- und Charterverträge unter besonderer Berücksichtigung des IPR, S. 37.

362 BGH v. 20.1.1983 – VII ZR 105/81, IPRax 1984, S. 316 (317); *Böckstiegel,* NJW 1974, S. 1017 (1019); *Ruhwedel;* TranspR 1997, S. 1 (3): *Specht*, Die IATA, S. 49.

363 BGH v. 20.1.1983 - VII ZR 105/81, NJW 1983, S. 1322 (1323).

364 *Schwenk*, Luftverkehrsrecht, S. 471 f.

- Schließlich muß er die AGB wirksam in den jeweiligen Beförderungsvertrag einbezogen haben[365]

Teilweise wird in Frage gestellt, ob die IATA-Beförderungsbedingungen der Kontrolle nach dem AGBG überhaupt unterfallen können[366], da die IATA-Beförderungsbedingungen weltweit verwendet werden. Die Kontrolle durch das AGBG und das Streben nach Rechtseinheitlichkeit stehen im Widerspruch zueinander. Die Kontrolle der Beförderungsbedingungen durch das AGBG sei ein unzulässiger Eingriff in die Vertragsfreiheit des internationalen Handels[367], zumal die IATA-Beförderungsbedingungen teilweise Regelungen des WA wiederholen. Das WA sei als internationales Recht der Kontrolle durch das inländische Recht entzogen.

Soweit die Beförderungsbedingungen die Regelungen des WA lediglich wiedergeben, ist dieser Kritik stattzugeben. Das WA als zwingendes Recht[368] gewährt Schadensersatz gem. Art. 24 WA nur unter den in dem Abkommen genannten Beschränkungen und Voraussetzungen[369], das bestimmt aber auch § 8 AGBG[370]. Da die Beförderungsbedingungen inländischer und ausländischer Unternehmen gleichermaßen genehmigungsbedürftig sind[371], wenn sie den Fluglinienverkehr von und nach der Bundesrepublik Deutschland betreffen[372], sind Wettbewerbsnachteile nicht zu befürchten[373]. Schließlich geht das inländische Interesse an einem wirksamen und unbeschränkten Verbraucherschutz dem

---

365 *Ruhwedel*, Luftbeförderungsvertrag, S. 205, Rn. 139; *Lindacher*, Anm. zu BGH v. 20.01.1983 - VII ZR 105/81, IPRax 1984, S. 301 (302).

366 Kritisch zur Kontrolle der Beförderungsbedingungen durch das AGBG: *Rudolf*, ZLW 1969, S. 90 (93); *Stoll*, FS Kegel (1983), S. 623 (639).

367 Vgl. *Stoll*, FS Kegel (1983), S. 623 (639).

368 Art. 32 WA.

369 *Eisenbarth*, Die Vereinbarkeitder IATA-Beförderungsbedingungen mit dem AGBG, S. 154 ff., *Schleicher/Reymann/Abraham*, Recht der Luftfahrt I, S. 277; *Stoll*, FS Kegel (1983), S. 623, 639 Fn. 50.

370 Teilweise wird allerdings angenommen, daß auch die deklaratorischen Klauseln der IATA-Beförderungsbedingungen nicht schlechthin kontrollfest gegenüber dem AGBG seien (BGH v. 20.1.1983 - VII ZR 105/81, NJW 1983, S. 1322 [1323]; Ulmer/Brandner/Hensen-*Ulmer*; § 23, Rn. 40, 40 a; Wolf/Horn/Lindacher-*Horn*, § 23, Rn. 205). Diese Ansicht verkennt allerdings den zwingenden Charakter des Internationalen Einheitsrechts (*Gran*, TranspR 1999, S. 173 [180]; MünchKomm-*Basedow*, § 12 AGBG, Rn. 12; *Lindacher*, Anm. zu BGH v. 20.01.1983 - VII ZR 105/81, IPRax 1984, S. 301 [302]; Staudinger-*Schlosser*, § 12 AGBG, Rn. 5).

371 Vgl. §§ 21, 21 a LuftVG.

372 §§ 21 Abs. 1, 21a Abs. 1 LuftVG.

373 *Lindacher*, Anm. zu BGH v. 20.01.1983 - VII ZR 105/81, IPRax 1984, S. 301 (302).

Streben nach internationaler Rechtsvereinheitlichung vor[374]. Die internationale Verbreitung macht AGB deshalb nicht kontrollfest. Die IATA-Beförderungsbedingungen sind aus diesen Gründen als AGB grundsätzlich der Kontrolle durch das AGBG unterworfen[375], soweit deutsches Recht anwendbar ist.

Das deutsche Recht findet Anwendung, wenn es Vertragsstatut ist. Sind die AGB nach § 2 AGBG wirksam in den Vertrag einbezogen worden, richtet sich die Inhaltskontrolle der AGB nach §§ 9 bis 11 AGBG[376]. Unterliegt der Luftbeförderungsvertrag ausländischem Recht, greift der gemeinschaftsrechtliche Verbraucherschutz unter den Voraussetzungen von Art. 29a EGBGB ein. Weist der Vertrag einen engen Zusammenhang[377] mit dem Gebiet eines Mitgliedsstaates der EU oder eines Vertragsstaates des Abkommens über den EWR auf, müssen die in diesem Gebiet zur Umsetzung der Verbraucherschutzrichtlinien[378] erlassenen Bestimmungen angewendet werden. Unterschiede ergeben sich bei der Frachtgutbeförderun durch Spediteure. Wenn der Vertragspartner des Luftfrachtführers ein Unternehmer ist, findet gem. § 24 AGBG eine Inhaltskontrolle der AGB über die Generalklausel in § 9 AGBG statt. Bei der Frachtgutbeförderung unter Geltung eines ausländischen Rechts findet das AGBG deshalb regelmäßig eingeschränkte Anwendung.

4. Reichweite des Vertragsstatuts

Art. 31, 32 EGBGB bestimmen den Anwendungsbereich für das Vertragsstatut. Das Vertragsstatut soll immer dann maßgeblich sein , wenn keine besonderen Regelungen die Anknüpfung einer bestimmten Materie festlegen[379]. Gem.

---

374 BGH v. 21.1.1983 - VII ZR 105/81, IPRax 1984, S. 316 (317); *Lindacher,* Anm.zu BGH v. 21.1.1983 - VII ZR 105/81, IPRax 1984, S. 301 (302).

375 BGH v. 21.1.1983 VII ZR 105/81, IPRax 1984, S. 316; OLG Köln v. 20.2.1981 – 6 U 151/80, ZIP 1981, S. 390; *Böckstiegel,* NJW 1974, S. 1017 (1019); *Lindacher,* Anm. zu BGH v. 21.1.1983 VII ZR 105/81, IPRax 1984, S. 301; *Löwe/von Westphalen/Trinkner*, vor §§ 8-11 AGBGB, Rn. 43; *Specht*, Die IATA, S. 42; *Ulmer/Brandner/Hensen*, Anh. §§ 9-11 AGBG, Rn. 484.

376 Siehe dazu MünchKommHGB-*Kronke,* Art. 11 WA 1955, Rn. 7 ff.; *Schmid,* Charterflug, S. 33 f. Kritisch zur Einbeziehung bei Pauschalreiseverträgen: *Gansfort,* TranspR 1989, S. 131. Das IATA-Intercarrier Agreement verlangt explizit, daß seine Regelungen in den Vertrag miteinbezogen werden müssen, um ihre Wirkung zu entfalten (*Ruhwedel,* TranspR 1998, S. 13 [15]; *Saenger,* NJW 2000, S. 169 [171]).

377 Vgl. Art. 29 a Abs. 2 EGBGB.

378 Vgl. Art. 29 a Abs. 4 EGBGB.

379 MünchKomm-*Spellenberg*, Art. 32 EGBGB, Rn. 2. So regelt Art. 11 EGBGB das Formstatut und die Anknüpfung der Geschäftsfähigkeit bestimmt Art. 7 EGBGB.

Art. 31 EGBGB regelt das hypothetische Vertragstatut das Zustandekommen, die Wirksamkeit eines Vertrages oder einer seiner Bestimmungen; die Norm legt das Recht zu Grunde, dem der Vertrag bei einem wirksamen Vertragsschluß unterliegen würde[380]. Art. 32 EGBGB benennt den Anwendungsbereich des Vertragsstatuts beispielhaft; Art. 32 EGBGB zählt die Auslegung des Vertrages, die Erfüllung, die Folgen der Nichterfüllung, die Arten des Erlöschens der Schuldnerpflichten und die Folgen der Nichtigkeit des Vertrages auf[381]. Das Vertragsstatut bestimmt ferner, daß die Abtretung gem. Art. 33 Abs. 2 EGBGB dem Forderungsstatut als Vertragstatut unterliegt. Das Grundgeschäft der Abtretung untersteht dagegen gem. Art. 33 Abs. 1 EGBGB seiner eigenen Rechtsordnung. Bei der Legalzession gilt gem. Art. 33 EGBGB das Recht, das das Verhältnis des zur Zahlung verpflichteten Dritten und dem Gläubiger regelt; das Statut des Zessionsgrundes ist maßgeblich. Begrenzt wird das Vertragstatut gem. Art. 34 EGBGB durch inländische Eingriffsnormen und durch den *ordre public* in Art. 6 EGBGB.

5. Zusammenfassung

Zusammenfassend ist im Hinblick auf das Vertragsstatut des Luftbeförderungsvertrages festzuhalten:

- Eine vorherige Rechtswahl nach Art. 27 EGBGB kann im Bereich der Luftbeförderungsverträge nur für die vom WA ungeregelten Bereiche vorgenommen werden.
- Das objektive Vertragsstatut von Luftbeförderungsverträgen über Frachtgut richtet sich nach Art. 28 Abs. 4 EGBGB. Art, 28 Abs. 4 EGBGB weist auf das Recht der Hauptniederlassung des Beförderers. Sind die Voraussetzungen der Vorschrift nicht erfüllt, muß die engste Verbindung anhand von Art. 28 Abs. 1 EGBGB ermittelt werden. Es wird dann häufig das Recht der Niederlassung des Vercharterers zur Anwendung gelangen.
- Reisecharterverträge, die in der Hauptsache der Güterbeförderung dienen, stellt Art. 28 Abs. 4 S. 2 EGBGB den Güterbeförderungsverträgen gleich. Daher richtet sich das objektive Vertragsstatut grundsätzlich nach dem Sitz der Hauptniederlassung des Beförderers. Liegen die Voraussetzungen der Norm nicht vor, richtet sich das objektive Vertragsstatut nach Art. 28 Abs. 1 EGBGB.
- Personenbeförderungsverträge einschließlich der Gepäckbeförderung werden nach Art. 28 Abs. 2 EGBGB angeknüpft. Grundsätzlich bestimmt das Recht der Hauptniederlassung des Luftfrachtführers das objektive Vertragsstatut.

---

[380] Zu der Problematik der Anknüpfung der cic siehe *von Bar*, IPR II, Rn. 558.

[381] Siehe im einzelnen *Junker*, IPR, Rn. 391.

- Die IATA-Beförderungsbedingungen sind AGB. Sie enthalten keine Rechtswahlklausel und geben daher auch keinen Hinweis auf das anwendbare Recht.

V. Das auf Luftcharterverträge anwendbare Recht

Im Bereich der Flugzeugverwendungsverträge gibt es im Gegensatz zur Schifffahrt keine einheitliche Verwendung des Terminus Charter. Unter dem Begriff der Flugzeugcharter werden verschiedene Formen der Gebrauchsüberlassung von Flugzeugen verstanden[382]. Es gibt Verträge über bare-hull charter, Mietcharter und Transportcharter. Bei der Anknüpfung von Luftcharterverträgen kommt es jeweils auf die Ausgestaltung des Vertrages an[383]. Es hängt von der Vereinbarung der Parteien ist ab, ob ein Beförderungs- oder ein Mietvertrag vorliegt. Schuldet der Vercharterer dem Charterer die Beförderung von Personen oder Fracht, handelt es sich um einen Beförderungsvertrag[384]. Der Beförderungsvertrag wird zunächst von den einheitsrechtlichen Bestimmungen des Warschauer Systems geregelt. Im nationalen IPR bestimmt grundsätzlich Art. 28 Abs. 4 EGBGB das auf den Beförderungsvertrag anwendbare Recht. Ist der Vercharterer dem Charterer nur zur Verfügungstellung des Luftfahrzeugs verpflichtet, liegt ein Mietvertrag vor[385]. Für einen Mietvertrag bestimmt Art. 28 Abs. 2 EGBGB das maßgebliche Statut[386]. Im übrigen muß bei der Anknüpfung zwischen den Verträgen des Charterers mit dem Vercharterer und den Luftbeförderungsverträgen mit den Passagieren differenziert werden[387].

1. Bare-hull charter

In einem Vertrag über eine bare-hull charter verpflichtet sich der Vercharterer dem Charterer gegenüber, ihm das Flugzeug zum Gebrauch ohne Besatzung zu überlassen[388]. Es handelt sich dabei also um eine Flugzeugmiete[389] oder auch *dry*

---

[382] *Scheuch*, Luftbeförderungs- und Charterverträge unter besonderer Berücksichtigung des IPR, S. 16; *Schwenk*, BB 1970, S. 282 (283).

[383] *Schwenk*, Luftverkehrsrecht, S. 622; Soergel-*von Hoffmann*, Art. 28 EGBGB, Rn. 409.

[384] Siehe S. 61 ff.

[385] MünchKomm-*Martiny*, Art. 28 EGBGB, Rn. 129.

[386] Vgl. *von Bar*, IPR II, Rn. 496; Soergel-*von Hofmann*, Art. 28 EGBGB, Rn. 162.

[387] MünchKomm-*Martiny*, Art. 28 EGBGB, Rn. 179; Reithmann/Martiny-*Martiny*, Internationales Vertragsrecht, Rn. 1203.

[388] *Scheuch*, Luftbeförderungs- und Charterverträge unter besonderer Berücksichtigung des IPR, S. 17; *Schleicher/Reymann/Abraham*, Recht der Luftfahrt I, S. 263.

lease[390]. Da der Vercharterer mit dem Charterer keinen Beförderungsvertrag abschließt, finden weder das WA und seine Zusatzabkommen noch die IATA-Beförderungsbedingungen auf dieses Vertragsverhältnis Anwendung[391]. Das objektive Vertragsstatut richtet sich hier nach Art. 28 Abs. 2 EGBGB[392]. Es gilt das Recht der Niederlassung des Vermieters oder einer anderen Niederlassung, wenn er von dort aus die charakteristische Leistung erbringt. Auf die Beförderungsverträge zwischen dem Charterer und den Passagieren bzw. den Befrachtern ist das WA grundsätzlich anwendbar; ansonsten richtet sich das objektive Vertragsstatut in dieser Parteibeziehung nach Art. 28 Abs. 4 und Abs. 2 EGBGB[393].

2. Mietcharter

Die Mietcharter wird dann als Vertragstyp gewählt, wenn der Charterer selbst als Beförderer auftreten möchte[394]. In einem Mietchartervertrag[395] verpflichtet sich der Vercharterer gegenüber dem Charterer, diesem das Flugzeug mit Besatzung zu überlassen[396]. Der Mietchartervertrag weist also gleichzeitig Elemente eines Miet- sowie eines Dienstverschaffungsvertrages auf: Die Verschaffung des Flugzeugs gegen Entgelt ist eine Miete, während die Verpflichtung des Vercharterers, dem Charterer die Besatzung zu stellen, eine Dienstverschaffung ist[397].

Da zwischen Vercharterer und Charterer regelmäßig kein Beförderungsvertrag besteht, kommen weder das WA und seine Zusatzabkommen noch die

---

389 *Schwenk,* Luftverkehrsrecht, S. 420; *Guldimann,* Internationales Lufttransportrecht, Art. 1 WA, Rn. 7.

390 *Schwenk,* BB 1970, S. 282 (283).

391 *Guldimann,* Internationales Lufttransportrecht, Art. 1 WA, Rn. 7; *Riese,* Luftrecht, S. 408; *Schleicher/Reymann/Abraham,* Recht der Luftfahrt I, S. 267; *Scheuch,* Luftbeförderungs- und Charterverträge unter besonderer Berücksichtigung des IPR, S. 20.

392 MünchKomm-*Martiny,* Art. 28 EGBGB, Rn. 180; Reithmann/Martiny-*van Dieken,* Internationales Vertragsrecht, Rn. 1203; Soergel-*von Hoffmann,* Art. 28 EGBGB, Rn. 411.

393 Siehe S. 70 ff.

394 *Scheuch,* Luftbeförderungs- und Charterverträge unter besonderer Berücksichtigung des IPR, S. 20.

395 Im Gegensatz zur Flugzeugmiete und der *dry lease* stimmen *wet lease* und Mietcharter nicht überein, denn bei der *wet lease* bleibt die sog. *operation control* (Haltereigenschaft) beim *lessor* (Vermieter) (*Schwenk,* BB 1970, S. 282 [283]).

396 *Schwenk,* BB 1970, S. 282 (283); Staudinger-*Magnus,* Art. 28 EGBGB, Rn. 466.

397 *Schleicher/Reymann/Abraham,* Recht der Luftfahrt I, S. 267, Anm. 21; *Schwenk,* BB 1970, S. 282 (283); *Shawcross/Beaument,* Air Law I, S. 600.

IATA-Beförderungsbedingungen zum Tragen[398]. Das auf den Mietchartervertrag anwendbare Recht richtet sich im deutschen Recht nach Art. 28 Abs. 2 EGBGB[399]. Maßgeblich für den Mietchartervertrag ist damit das Recht der Hauptniederlassung des Vercharterers oder einer anderen Niederlassung, wenn sie die charakteristische Leistung erbringen soll. Die Beförderungsverträge des Charterers mit den Passagieren bzw. Befrachtern unterfallen dem WA, sofern dessen Anwendungsbereich eröffnet ist[400]; andernfalls ist das anwendbare Recht gem. Art. 28 Abs. 4 oder Abs. 2 EGBGB zu bestimmen. Führt der Vercharterer die Beförderung selbst aus, unterliegt auch er den Regelungen des WA[401].

3. Transportcharter

Der Transportchartervertrag ist ein Chartervertrag im eigentlichen Sinn. In einem „echten" Chartervertrag verspricht der Eigentümer oder Halter des Flugzeugs einem Dritten gegenüber, ihm das Flugzeug oder einen Teil davon (Splitcharter) mit Besatzung und Ausrüstung gegen ein Entgelt zu überlassen[402]. Der Vercharterer verpflichtet sich außerdem in einer Globalvereinbarung mit dem Charterer, die Beförderung der einzelnen Passagiere bzw. der Fracht durchzuführen[403]. Aus dieser Abmachung hat der Fluggast bzw. Befrachter einen Anspruch auf Beförderung direkt gegen den Vercharterer[404]. Zwischen Vercharterer, Charterer und Fluggast bzw. Befrachter entsteht ein rechtliches Dreiecks-

---

398 *Scheuch*, Luftbeförderungs- und Charterverträge unter besonderer Berücksichtigung des IPR, S. 22; Soergel-*von Hoffmann*, Art. 28 EGBGB, Rn. 411.

399 MünchKomm-*Martiny*, Art. 28 EGBGB, Rn. 181; Reithmann/Martiny-*van Dieken*, Internationales Vertragsrecht, Rn. 1203; Soergel-*von Hoffmann*, Art. 28 EGBGB, Rn. 411; Staudinger-*Magnus*, Art. 28 EGBGB, Rn. 466.

400 *Scheuch*, Luftbeförderungs- und Charterverträge unter besonderer Berücksichtigung des IPR, S. 22; Soergel-*von Hoffmann*, Art. 28 EGBGB, Rn. 411.

401 Art. I b, Art. II ZAG.

402 *Gimbel*, Beitrag zu den privatrechtlichen und öffentlich-rechtlichen Problemen des Charterverkehrs, S. 197 ff.; *Riese*, Luftrecht, S. 267, Anm. 21; *Scheuch*, Luftbeförderungs- und Charterverträge unter besonderer Berücksichtigung des IPR, S. 16; *Schleicher/Reymann/Abraham*, Recht der Luftfahrt I, S. 408.

403 *Gimbel*, Beitrag zu den privatrechtlichen und öffentlich-rechtlichen Problemen des Charterverkehrs, S. 107 ff.; *Scheuch*, Luftbeförderungs- und Charterverträge unter besonderer Berücksichtigung des IPR, S. 23; *Schwenk*, BB 1970, S. 282 (284).

404 BGH v. 24.6.1969 – VI ZR 45/67, ZLW 1970, S. 199 (204). Der Anspruch der Passagiere wird teils aus Stellvertretung, Vertrag zugunsten Dritter oder Erfüllungsgehilfenschaft hergeleitet, *Schwenk*, Luftverkehrsrecht, S. 622; *Scheuch*, Luftbeförderungs- und Charterverträge unter besonderer Berücksichtigung des IPR, S. 24.

verhältnis[405]. Als Abgrenzungskriterium zur Mietcharter wird auf die Zuordnung der Besatzung abgestellt. Bleibt sie unter der Befehlsgewalt und operativen Kontrolle des Vercharterers, dann liegt ein Transportchartervertrag vor; gehen die Befehlsgewalt und die operative Kontrolle auf den Charterer über, handelt es sich um einen Mietchartervertrag[406].

a) Das Verhältnis Vercharterer/Charterer

Da der Vercharterer dem Charterer neben der Überlassung des Flugzeugs und der Dienste der Besatzung auch den Beförderungserfolg schuldet, sind das WA und seine Zusatzabkommen anwendbar, wenn ihre übrigen Voraussetzungen vorliegen[407]. Dies gilt aber nur, wenn der Luftfrachtführer die Möglichkeit hat, die Beförderungsdokumente auszustellen[408], da das Unterlassen dieser Pflicht die Aufhebung der Haftungsbeschränkung nach dem Abkommen bewirkt[409].

Findet das WA keine Anwendung, ist auf das nationale IPR zurückzugreifen. Art. 28 Abs. 4 S. 2 EGBGB als Sonderregel für die Anknüpfung von „echten" Charterverträgen[410], stellt Reisecharterverträge für eine einzige Reise, die in

---

405 *Schmid,* TranspR 1983, S. 113 ff.; *Schwenk,* Luftverkehrsrecht, S. 622; ders. BB 1970, S. 282 (284).

406 *Schweickhardt,* ZLW 1964, S. 9 (10); *Frings,* Internationaler Luftbeförderungsvertrag, 11; *Reber,* Beitrag zur Frage der Miet- und Charterverträge im Luftrecht, S. 114 ff.; *Schmidt-Räntsch,* FS Riese (1964), S. 479 (493).

407 *Coquoz,* Droit Privé International Aérien, S. 91 f; *Riese,* Luftrecht, S. 408; *Ruckriegel,* Der luftrechtliche Chartervertrag, S. 21, 35; *Schmidt-Räntsch,* FS Riese (1964), S. 479 (493); *Schleicher/Reymann/Abraham,* Recht der Luftfahrt I, S. 268. A.A.: Einige wollen das WA nur zur Anwendung kommen lassen, wenn der Charterer auch selbst die Transportkapazität des Flugzeugs nutzen will (*Goedhuis,* Convention de Varsovie, S. 95; ders. National Airlegislation and the Warsaw Convention, S. 134; *Grönfors,* Air Charter and the Warsaw Convention, S. 90). Andere stellen darauf ab, daß der Vercharterer dem Charterer die Produktionskraft des Flugzeugs schulde, deren bloßer Ausfluß die Beförderung sei (*Schweickhardt,* ZLW 1964, S. 9 [25]; *Scheuch,* Luftbeförderungs- und Charterverträge unter besonderer Berücksichtigung des IPR, S. 24 f.; *Gimbel,* Beitrag zu den privatrechtlichen und öffentlich-rechtlichen Problemen des Charterverkehrs, S. 119 ff.). Diese Meinungen verkennen jedoch, daß der Vercharterer dem Charterer den Transporterfolg schuldet.

408 Vgl. Art. 3 bis 5 WA.

409 Vgl. Art. 3 Abs. 2, Art. 4 Abs. 2 S. 2, Art. 9 WA. *Goedhuis,* National Airlegislation and the Warsaw Convention, S. 135; *Grönfors,* Air Charter and the Warsaw Convention, S. 78; *Riese,* Luftrecht, S. 408; *Ruckriegel,* Der luftrechtliche Chartervertrag, S. 36.

410 MünchKomm-*Martiny,* Art. 28 EGBGB, Rn. 182; Reithmann/Martiny-*van Dieken,* Internationales Vertragsrecht, Rn. 1203; Soergel-*von Hofmann,* Art. 28 EGBGB, Rn. 87.

der Hauptsache der Güterbeförderung dienen, Güterbeförderungsverträgen gleich. Das auf Reisecharterverträge anwendbare Recht richtet sich also grundsätzlich nach Art. 28 Abs. 4 EGBGB. Liegen die Voraussetzungen von Art. 28 Abs. 4 EGBGB nicht vor, muß die engste Verbindung anhand von Art. 28 Abs. 1 EGBGB ermittelt werden[411]. Zeitcharterverträge werden nach Art. 28 Abs. 2 EGBGB angeknüpft[412]. Für Transportcharterverträge, die eine Personenbeförderung zum Gegenstand haben, ist Art. 28 Abs. 2 EGBGB die einschlägige Kollisionsnorm[413].

b) Das Verhältnis Vercharterer/Fluggast

Der Charterer schließt den Chartervertrag üblicherweise im eigenen Namen und im Namen der Passagiere bzw. des Befrachters mit dem Vercharterer[414]. Aus dieser Klausel wird der Anspruch des Fluggastes auf die Beförderung abgeleitet[415]. Ob der Charterer den Beförderungsvertrag als Vertreter des Vercharterers i.S.v. § 164 BGB[416] abgeschlossen hat oder der Vertrag als Vertrag zugunsten Dritter i.S.v. § 328 BGB[417] ausgestaltet ist, hängt von den Umständen des Einzelfalls ab[418]. Der Vercharterer ist in diesen Fällen vertraglicher Luftfrachtführer[419] und unterfällt der Haftung des WA[420]. Tritt der Charterer als Beförderer auf, ist der Vercharterer in der Regel nur sein Erfüllungsgehilfe i.S.v. § 278 BGB[421]. Das schließt die Haftung des Vercharterers als ausführenden Luftfracht-

---

411 Siehe S. 70 f.

412 Siehe S. 71 f.

413 Siehe S. 72 f.

414 Vgl. dazu *Schwenk*, BB 1970, S. 282 (284); ders. Luftverkehrsrecht, S. 623.

415 *Scheuch*, Luftbeförderungs- und Charterverträge unter besonderer Berücksichtigung des IPR, S. 26.

416 S. dazu *Gimbel*, Beitrag zu den privatrechtlichen und öffentlich-rechtlichen Problemen des Charterverkehrs, S. 114; *Schweickhardt*, ZLW 1964, S. 9 (13 f.).

417 BGH v. 17.1.1985 - VII ZR 63/84, ZLW 1985, S. 357.

418 Vgl. BGH v. 26.6.1980 – VII ZR 210/79, BGHZ 77, S. 310 (313); BGH v. 21.12.1973 – IV ZR 158/72, BGHZ 62, S. 71 (77); BGH v. 25.6.1970 – VII ZR 165/68, BGHZ 54, S. 194 (196); *Guldimann*, Internationales Lufttransportrecht, Art. 1 WA, Rn. 8.

419 Art. I b ZAG.

420 Art. II ZAG.

421 Vgl. MünchKommHGB-*Kronke*, Art. 1 WA 1955, Rn. 32; *Schleicher/Reymann/Abraham*, Recht der Luftfahrt I, S. 267.

führer im übrigen nicht aus[422]. Als ausführender Luftfrachtführer i.S.v. Art. I c ZAG haftet er dem Fluggast bzw. Befrachter nach den Regeln des WA[423].

c) Das Verhältnis Charterer/Fluggast

Ob das WA im Verhältnis von Charterer zu Fluggast Anwendung findet oder ob das nationale IPR ausschließlich zur Ermittlung des anwenbaren Rechts berufen ist, hängt von der Ausgestaltung des Vertrages zwischen Charterer und Fluggast bzw. Befrachter ab[424]. Verpflichtet sich der Charterer zu einer Beförderung im eigenen Namen, ist er vertraglicher Luftfrachtführer[425] i.S.v. Art. I b ZAG und haftet dem Fluggast bzw. Befrachter gem. Art. II ZAG nach den Regeln des WA[426]. Er bedient sich des Vercharterers, also des ausführenden Luftfrachtführers[427], lediglich als Erfüllungsgehilfen[428]. Die Tätigkeit des Charterers kann sich auch darauf beschränken, den Beförderungsvertrag zwischen dem Vercharterer und dem Fluggast bzw. dem Befrachter zu vermitteln[429]. Dann haben er und der Fluggast bzw. Befrachter nur einen Geschäftsbesorgungsvertrag geschlossen[430]. Das darauf anwendbare Recht bestimmt Art. 28 Abs. 2 EGBGB. Die Rechtsbe-

---

422 Vgl. BGH v. 17.1.1985 - VII ZR 63/84, ZLW 1985, S. 357 (358).

423 Art. II ZAG.

424 *Scheuch*, Luftbeförderungs- und Charterverträge unter besonderer Berücksichtigung des IPR, S. 26.

425 *Riese*, ZLW 1962, S. 1 (7); *Scheuch*, Luftbeförderungs- und Charterverträge unter besonderer Berücksichtigung des IPR, S. 28 ff. *Schwenk*, BB 1970, S. 282 (284); Soergel-*von Hoffmann*, Art. 28 EGBGB, Rn. 182.

426 Im anglo-amerikanischen Rechtskreis wurde der ausführende Luftfrachtführer als Luftfrachtführer i.S.d. WA betrachtet (*Scheuch*, Luftbeförderungs- und Charterverträge unter besonderer Berücksichtigung des IPR, S. 28; *Urwantschky*, Flugzeugunfälle mit Auslandsberührung und Auflockerung des Deliktsstatuts, S. 72). Nach der kontinentaleuropäischen Rechtsauffassung hingegen ist seit jeher derjenige als Luftfrachtführer i.S.d. WA anzusehen, der sich im eigenen Namen dazu verpflichtet, eine Beförderung durchzuführen (*Schleicher/Reymann/Abraham*, Recht der Luftfahrt I, S. 273; *Riese*, Luftrecht, S. 406). Daran besteht seit dem Abschluß des ZAG kein Zweifel mehr (vgl. MünchKomm-*Martiny*, Art. 28 EGBGB, Rn. 182; Reithmann/Martiny-*van Dieken*, Internationales Vertragsrecht, Rn. 1203; *Scheuch*, Luftbeförderungs- und Charterverträge unter besonderer Berücksichtigung des IPR, S. 28 f.).

427 Vgl. Art. I c ZAG.

428 Giemulla/Schmid-*Giemulla*, Art. 1 WA, Rn. 30; MünchKommHGB-*Kronke*, Art. 1 WA 1955, Rn. 32.

429 BGH v. 18.10.1973 – VII ZR 247/72, BGHZ 61, S. 275 (278); BGH v. 24.6.1969 – IV ZR 45/67, BGHZ 52, S. 194 (198).

430 *Schwenk*, Luftverkehrsrecht, S. 624; Soergel-*von Hoffmann*, Art. 28 EGBGB, Rn. 414.

ziehung zwischen Charterer und Fluggast ist regelmäßig bei Reiseverträgen zwischen Reiseveranstalter und Reisendem zu untersuchen. Ob der Charterer nur Vermittler oder auch Beförderer ist, beurteilt sich anhand seines Auftretens gegenüber dem Abnehmer[431]. Die Rechtsprechung tendiert dazu, den Abschluß eines Beförderungsvertrages anzunehmen[432]. Bei Pauschalreisen verpflichtet § 651 a BGB den Reiseleiter dazu, dem Reisenden eine Gesamtheit von Reiseleistungen zu erbringen. Dazu gehört bei einer Pauschalreise auch die Luftbeförderung. Überwiegend ist daher auf die Beziehung von Charterer zu Fluggast das WA anwendbar.

4. Zusammenfassung

Bei bare-hull Charter- und Mietcharterverträgen findet das WA nur auf das Verhältnis zwischen Charterer und Fluggast Anwendung. Das auf den Vertrag zwischen Vercharterer und Charterer anwendbare Recht bestimmt Art. 28 Abs. 2 EGBGB. Es gilt daher das Recht der Hauptniederlassung des Vercharterers, der die charakteristische Leistung erbringt, sofern nicht eine engere Beziehung zu einer anderen Rechtsordnung nach Art. 28 Abs. 5 EGBGB besteht.

Beim Transportchartervertrag muß zwischen den Beziehungen vom Vercharterer zum Charterer, vom Vercharterer zum Fluggast sowie vom Charterer zum Fluggast differenziert werden: Das Verhältnis von Vercharterer und Charterer bestimmt grundsätzlich das WA. Auch zwischen Vercharterer und Fluggast gelten die Regeln des WA. Ob das WA im Verhältnis von Charterer zu Fluggast Anwendung findet oder ob anhand des nationalen IPR das anwendbare Recht zu ermitteln ist, hängt von der Ausgestaltung des jeweiligen Vertrages ab.

VI. Haftung nach dem LuftVG, der EG-VO 2027/97 und dem HGB

Im internen deutschen Recht regeln das Luftverkehrsgesetz[433] und das HGB Teilgebiete der Haftung aus dem Luftbeförderungsvertrag. Im Bereich der Personenschäden werden Regeln des LuftVG teilweise durch die EG-VO 2027/97 verdrängt.

---

431 BGH v. 7.5.1981 – VII ZR 107/80, BGHZ 80, S. 280 (283).

432 Vgl. z.B. BGH v. 26.6.1980 – VII ZR 210/79, BGHZ 77, S. 310 (313); BGH v. 21.12.1973 – IV ZR 158/72, BGHZ 62, S. 71 (77); BGH v. 24.6.1969 – IV ZR 45/67, BGHZ 52, S. 194 (198).

433 Siehe die Neufassung v. 14.01.1981 in BGBl. 1981 I, S. 61; letzte Änderung am 25.8.1998 in BGBl. 1998 I, S. 2432.

1. LuftVG unter Einfluß der EG-VO 2027/97

Das LuftVG normiert eine Verschuldenshaftung mit umgekehrter Beweislast[434]. Die Haftung des Luftfrachtführers ist in den §§ 44 bis 49a LuftVG bei innerdeutschen Flügen zwingend festgeschrieben[435]. Auch sind die Vorschriften des LuftVG maßgeblich, wenn das deutsche Recht Vertragsstatut ist[436]. Darüber hinaus finden die §§ 44 bis 49a LuftVG über Art. 27 Abs. 3 EGBGB Anwendung oder werden als international zwingende Normen über Art. 34 EGBGB auch bei ausländischem Vertragsstatut durchgesetzt[437]. § 51 LuftVG bestimmt ausdrücklich, daß bei einer internationalen Luftbeförderung die einschlägigen Übereinkommen des internationalen Luftprivatrechts Anwendung finden. § 51 LuftVG ist keine Rechtsfolgen, sondern eine Voraussetzungsverweisung[438]. § 51 LuftVG befreit daher nicht davon, die Anwendungsvoraussetzungen des Abkommens zu prüfen[439]. Das LuftVG unterscheidet sich nur unwesentlich von den staatsvertraglichen Regelungen. Vielmehr sind die §§ 44 bis 52 LuftVG dem WA weitgehend angepaßt.

Mit der EG-VO 2027/97 sollen die Haftungsunterschiede zwischen nationalen und internationalen Flügen aufgehoben werden[440], da die Luftfahrtunternehmen in der EU sowohl innerstaatliche wie auch grenzüberschreitende Flüge innerhalb der Union uneingeschränkt durchführen können, nachdem die Art. 3 EG-VO 2408/92[441] am 1.04.1997 die verkehrsrechtlichen Beschränkungen in der Union aufgehoben hat. Die EG-VO 2027/97 gilt daher sowohl für internationale wie auch nationale Flüge. Die EG-VO 2027/97 verdrängt einige Regelungen des LuftVG im Bereich der Personenschäden[442]. Die Luftfahrtunternehmen müssen sich gem. Art. 3 Abs. 1

---

434 *Urwantschky*, Flugzeugunfälle mit Auslandsberührung und Auflockerung des Deliktsstatuts, S. 90.

435 § 49 Abs. 2 LuftVG.

436 MünchKommHGB-*Kronke*, Art. 1 WA 1955, Rn. 25; *Schwenk*, ZLW 1970, S. 125 (126).

437 Vgl. *Basedow*, ZHR 1992, S. 413 (439); Soergel-*von Hoffmann*, Art. 28 EGBGB, Rn. 415.

438 LG Offenburg v. 14.01.1986 – 1 S 356/84, TranspR 1986, S. 151 m. Anm. *Moser; Giemulla/Schmid*-Giemulla, § 51 LuftVG, Rn. 2; MünchKommHGB-*Kronke*, Art. 1 WA 1955, Rn. 10.

439 *Böckstiegel*, JbIntR 17 (1974), S. 307 (311 ff.); *Ruhwedel*, Luftbeförderungsvertrag, S. 167, Rn. 67.

440 Begründung Nr. 4, ABl. EG v. 24.08.1992 Nr. L 240, S. 8 = TranspR 1998, S. 41.

441 Verordnung über den Zugang von Luftfahrtunternehmen der Gemeinschaft zu Strecken des innergemeinschaftlichen Flugverkehrs vom 23. Juli 1992 (ABl. EG ebenda = TranspR ebenda).

442 *Gansfort*, ZLW 1998, S. 263 (268); *Giemulla/Schmid*, NZV 1998, S. 225 (225).

EG-VO 2027/97 in seinen Beförderungsbedingungen dazu verpflichten, die Haftungsgrenze in Höhe von 320.000 DM[443] entgegen § 46 Abs. 1 LuftVG nicht geltend zu machen. Außerdem müssen die Luftfahrtunternehmen bis zu einer Schadenssumme von 100.000 SZR[444] darauf verzichten, den Entlastungsbeweis nach § 45 LuftVG zu führen[445].

2. HGB

Ausgenommen von den Haftungsregeln des LuftVG sind neuerdings Frachtschäden[446]. Das Transportrechtsreformgesetz vom 25.6.1998[447] unterstellt in § 407 Abs. 3 Nr. 1 HGB neben dem Landfrachttransport auch den Luftfrachttransport den §§ 407 bis 450 HGB. Die Regelungen des HGB finden bei internationalen Flügen zum einen bei deutschem Vertragsstatut Anwendung[448]. Zum anderen gelten die Haftungsgrenzen des HGB gegenüber Verbrauchern zwingend[449] und können über Art. 27 Abs. 3 EGBGB oder Art. 34 EGBGB auch bei ausländischem Vertragsstatut durchgesetzt werden. Der Luftfrachtführer haftet gem. § 423 HGB nunmehr nicht nur für Verlust oder Schädigungen am Frachtgut, sondern auch für Schäden, die durch eine Überschreitung der Lieferfrist entstanden sind. Die Haftungsgrenze für Frachtschäden ist im Vergleich zum LuftVG (und zum WA) gesenkt worden[450]; für Verspätungsschäden begrenzt § 431 Abs. 3 HGB die Haftung auf den Betrag des dreifachen Beförderungsentgelts[451].

---

443 Das entspricht 164.102, 56 Euro.

444 Das entspricht etwa 128.205 Euro.

445 Vgl. Art. 3 Abs. 2 EG-VO 2027/97.

446 Näher dazu *Ruhwedel*, TranspR 1999, S. 369 ff.

447 BGBl. 1998 I, 1588; in Kraft getreten am 1.7.1998.

448 *Ruhwedel*, TranspR 1998, S. 369 (371); *Zapp*, TranspR 2000, S. 239 (240).

449 § 414 Abs. 4 Abs. 4 HGB.

450 Von 34, 62 Euro je Kilogramm auf 10, 25 Euro.

451 Weiterhin kann der Luftfrachführer gem. § 425 HGB im Gegensatz zum LuftVG (und dem WA) gegenüber gewerblich tätigen Absendern einen Haftungsausschluß oder eine Haftungseinschränkung vereinbaren (siehe dazu *Ramming*, TranspR 2001, S. 53 ff.).

Zweiter Teil. Das Deliktsstatut der zivilen Verkehrsluftfahrt

Das Deliktsstatut in der zivilen Verkehrsluftfahrt wird in erster Linie von nationalem IPR geprägt. Rechtsvereinheitlichende Abkommen sind allerdings in folgenden Bereichen entwickelt worden:
- Für Flugzeugzusammenstöße wurde im Jahre 1964 der Entwurf von Montreal ausgearbeitet; der Entwurf wurde in der folgenden Zeit jedoch nicht weiter verfolgt.
- Zur Regelung von Bodenschäden durch Luftfahrzeuge ist das Römer Haftungsabkommen entwickelt worden; es hat aber nie eine wesentliche Bedeutung erlangen können.

Darüber hinaus haben die Haftungsgrenzen der die Haftung aus dem Beförderungsvertrag regelnden Abkommen WA[452] und MA[453] Einfluß auf die deliktische Haftung des Beförderers gegenüber dem Passagier und Befrachter.

Zunächst behandelt dieser Teil der Arbeit die neuen Regelungen des 1999 reformierten Internationalen Deliktsrechts in § 3. Im Anschluß daran erläutern die §§ 4 bis 8 in diesem Teil anhand einzelner Fallgruppen die Besonderheiten des Internationalen Deliktsrechts bei Flugzeugunglücken; es wird dabei diskutiert, wie diese besonderen Umstände nach der IPR-Reform von 1999 Berücksichtigung finden können. Die Fallgruppen, nach denen dieser Teil der Arbeit das Deliktsstatut untersucht, orientieren sich an der durch die von den oben angesprochenen Abkommen vorgenommene Unterteilung. § 4 der Arbeit erörtert das Deliktsstatut bei *Flugzeugzusammenstößen*. Der Paragraph behandelt das Statut verschiedener Ansprüche, die beim Zusammenstoß von Flugzeug A mit dem Flugzeug B entstehen: Zum einen geht es um die Ansprüche, die der Luftfahrtgesellschaft A gegen die Luftfahrtgesellschaft B erwachsen, und zum anderen um die Ansprüche der Passagiere und der Befrachter des Flugzeugs A gegen die Luftfahrtgesellschaft B (und *vice versa*)[454]. Das Deliktsstatut bei *Flugzeugabstürzen* durch Luftfahrzeuge legt § 5 dar. Hier geht es um das Statut der Ansprüche, die ein Drittgeschädigter auf der Erde gegen die Luftfahrtgesellschaft, gegen die Besatzung oder einen Passagier hat. In einer weiteren Fallgruppe handelt § 6 die Fallgruppe das Deliktsstatut der an Bord eines Luftfahrzeugs begangenen Delikte (*Borddelikte*) ab. Bei Borddelikten ist das anwendbare Recht auf die Ansprüche im Verhältnis von Passagier (oder Befrachter) gegen Passagier, Passagier (oder Befrachter) gegen die Besatzung und von der Fluggesellschaft gegen einen Passagier zu betrachten. § 7 der Arbeit setzt sich mit dem *Einfluß*

---

452 Siehe dazu S. 47 ff.

453 Siehe dazu S. 55 ff.

454 Die Ansprüche der Passagiere und Befrachter gegen die eigene Fluggesellschaft werden erst in § 7, S. 123 ff. behandelt.

des WA bzw. des MA bei Ansprüchen des Passagiers bzw. des Befrachters gegen den Luftfrachtführer auseinander. Dieser Paragraph geht auf die Ansprüche der Passagiere und der Befrachter gegen den eigenen Luftfrachtführer ein. Schließlich geht dieser Teil der Arbeit in § 8 auf das Deliktsstatut bei der *ungerechtfertigten Sicherungsbeschlagnahme* von Flugzeugen ein. § 8 untersucht das Statut der Ansprüche des Eigentümers des Luftfahrzeugs gegen den Gläubiger.

§ 3 Artikel 40 ff. EGBGB

Das Internationale Deliktsrecht im EGBGB hat einen bedeutenden Einfluß auf die Ermittlung des Deliktsstatuts der zivilen Verkehrsluftfahrt. Deshalb wird an dieser Stelle zunächst die Neuregelung des deutschen Internationalen Deliktsrechts dargestellt.

I. Die IPR-Reform von 1999

Am 1.06.1999 ist das Gesetz zum Internationalen Privatrecht für außervertragliche Schuldverhältnisse und für Sachen vom 21.05.1999 in Kraft getreten[455]. Die Kollisionsregeln für außervertragliche Schuldverhältnisse finden sich in den Art. 38 bis 42 EGBGB. Die Anknüpfungsmomente für das Sachenrecht regeln die Art. 43 bis 46 EGBGB.

1. Entstehungsgeschichte

Die Entstehungsgeschichte des Gesetzes beginnt mit dem Vorentwurf eines EWG-Übereinkommens über das auf vertragliche und außervertragliche Schuldverhältnisse anwendbare Recht von 1972[456]. Nachdem das Übereinkommen auf Wunsch Großbritanniens und Nordirlands auf vertragliche Schuldverhältnisse begrenzt wurde, bat der Bundesjustizminister Ende 1980 den Deutschen Rat für Internationales Privatrecht, einen Gesetzentwurf zum Recht der außervertraglichen Schuldverhältnisse und zum Sachenrecht zu erarbeiten[457]. Auf der Grundlage der aus dieser Initiative entstandenen Gutachten[458] erstellte das Bundesjustizminsterium zuerst 1984 und dann 1993 - in überarbeiteter Form

---

455 BGBl. 1999, S. 1026 = IPRax 1999, S. 285.

456 Text in RabelsZ 38 (1974), S. 211.

457 BegrRegE, BR-Drucks. 759/98, S. 10 = BT-Drucks. 14/343, S. 7.

458 Vorschläge und Gutachten zur Reform des Internationalen Sachenrechts, vorgelegt von Lauterbach 1972; Vorschläge und Gutachten zur Reform des deutschen Internationalen Privatrechts der außervertraglichen Schuldverhältnisse, vorgelegt von E. von Caemmerer, 1983; „Vorschläge und Gutachten zur Reform des deutschen Internationalen Sachenrechts und Immaterialgüterrechts," vorgelegt von Henrich 1991.

- zwei Referentenentwürfe[459]. Diese Bemühungen führten im Jahre 1998 zu einem Regierungsentwurf[460], der nunmehr mit wenigen redaktionellen Änderungen Gesetz geworden ist[461].

Im Hinblick auf die Bestrebungen in der EU, ein Übereinkommen zur Anknüpfung außervertraglicher Schuldverhältnisse zu erstellen[462], erscheint es erstaunlich, daß der deutsche Gesetzgeber die Kodifikation des IPR im Bereich der außervertraglichen Schuldverhältnisse noch selbst vorgenommen hat. Dem Gesetz wird keine lange Lebensdauer beschieden sein, da die Bestrebungen der EU, ein einheitliches IPR der außervertraglichen Schuldverhältnisse auf der europäischen Ebene zu schaffen, durch das Harmonisierungsgebot in Art. 65 lit. b EGV verstärkt werden[463]. Andererseits hat der deutsche Gesetzgeber aufgrund der IPR-Reform nun eine Vorbildfunktion und wird dadurch einen verstärkten Einfluß auf die Diskussion über die europäische Regelung nehmen[464].

2. Einführung in die Neuregelung

Das Internationale Deliktsrecht ist nun in den Art. 40 bis 42 EGBGB geregelt. Die Novellierung im EGBGB orientiert sich dabei an der alten Rechtslage[465]. Hauptanknüpfungspunkt für unerlaubte Handlungen ist nach der alten Rechtslage das Recht des Tatortes gewesen. Danach unterliegen Ansprüche aus Delikt grundsätzlich dem Recht des Staates, in dem sich die Tat ereignet hat (*lex loci delicti commissi*)[466]. Für grenzüberschreitende Delikte sog. Distanzdelikte konnte der Verletzte seine Ansprüche wahlweise entweder aus dem Recht des

---

459 Abgedruckt bei Staudinger-*von Hoffman*, Art. 38 EGBGB, Rn. 6.

460 BegrRegE, BR-Drucks. 759/98 = BT-Drucks. 14/343.

461 Mit dem Gesetz zum Internationalen Privatrecht für außervertragliche Schuldverhältnisse und für Sachen vom 21.05.1999 ist das IPR nahezu vollständig kodifiziert (*Junker*, RIW 2000, S. 241 [242]; *Spickhoff*, NJW 1999, S. 2209). Es bestehen lediglich noch Lücken im Bereich des Internationalen Gesellschaftrsrechts und der Stellvertretung (*Spickhoff*, NJW 1999, S. 2209).

462 Siehe dazu: Regelungsvorschlag der *Groupe européen de droit international privé*, IPRax 1999, S. 286; Aktionsplan des Rates und der Kommission zur bestmöglichen Umsetzung der Bestimmungen des Amsterdamer Vertrages über den Aufbau eines Raums der Freiheit, der Sicherheit und des Rechts, IPRax 1999, S. 288 = ABl. EG 1999, C 19, 1 ff.; *Jayme*, IPRax 1998, S. 140; ders. IPRax 1999, S. 298.

463 *Junker*, RIW 2000, S. 241 (242); *Spickhoff*, NJW 1999, S. 2209 (2214 f.). Vgl. dazu näher S. 100 f.

464 *Spickhoff*, IPRax 2000, S. 1.

465 BegrRegE, 759/98, S. 9 = BT-Drucks. 14/343, S. 6; *A. Staudinger*, DB 1999, S. 1589 (1591); Staudinger-*von Hoffmann*, Art. 38 EGBGB, Rn. 7.

466 BGH v. 8.3.1983 - VI ZR 116/81, BGHZ 87, S. 95 (98); BGH v. 23.6.1964 - IV ZR 180/63, NJW 1964, S. 2012; *Junker*, IPR, Rn. 438; *Raape*, IPR, S. 571.

Handlungsortes oder aus dem Recht des Erfolgsortes herleiten, da die unerlaubte Handlung am Tatort - also an beiden Orten - begangen worden ist (Ubiquitätsregel)[467]. Der Handlungsort ist der Ort, an dem der Ersatzpflichtige die für den Eintritt der Rechtsgutverletzung maßgebliche Ursache gesetzt hat[468]. Der Erfolgsort ist der Ort, an dem ein dort geschütztes Rechtsgut verletzt wird[469]. Nach dem Günstigkeitsprinzip ist das für den Verletzten vorteilhaftere Recht anzuwenden[470]. In bestimmten Fällen konnte vom Tatortrecht abgewichen werden: insbesondere bei einem gemeinsamen gewöhnlichen Aufenthalt von Schädiger und Geschädigtem (in Anlehnung an § 1 RechtsanwendungsVO von 1942[471])[472], bei einer besonderen Rechtsbeziehung zwischen Täter und Opfer[473] und bei einer nachträglichen Rechtswahl[474]. Nach der speziellen Vorbehaltsklausel in Art. 38 EGBGB a.F. (die sog. Inländerschutzklausel) konnten aus einer im Ausland begangenen unerlaubten Handlung gegen einen Deutschen nicht weitergehende Ansprüche geltend gemacht werden, als nach den deutschen Gesetzen begründet waren[475].

---

[467] BGH v. 17.3.1981 - VI ZR 286/78, NJW 1981, S. 1606; *K. Müller*, JZ 1986, S. 212 (213 f.); *Kegel*, IPR (7. Auflage), § 18 IV 1a aa; Palandt-*Heldrich* (58. Auflage), Art. 38 EGBGB, Rn. 3; *von Bar*, IPR II, Rn. 667.

[468] BGH v. 21.12.1965 - VI ZR 294/55, BGHZ 23, S. 65 (68); *von Bar*, IPR II, Rn. 661; Staudinger-*von Hoffmann* Art. 38 EGBGB, Rn. 114, 115.

[469] BGH v. 23.6.1964 - IV ZR 180/63, NJW 1964, S. 2012; Palandt-*Heldrich* (58. Auflage), Art. 38 EGBGB, Rn. 5; Soergel-*Lüderitz*, Art. 38 EGBGB, Rn. 11.

[470] BGH ebenda; Palandt-*Heldrich* (58. Auflage), Art. 38 EGBGB, Rn. 3.

[471] RGBl. 1942 I, S. 706. Die Rechtsanwendungsverordnung von 1942 ist mit dem Inkrafttreten der IPR-Reform am 1.06.1999 aufgehoben worden (BGBl. 1999 I, S. 1027).

[472] BGH v. 8.3.1983 - VI ZR 116/81, BGHZ 87, S. 95 (98 ff.); Rn. 6 - 137; BGH v. 23.11.1971 - VI ZR 97/70, BGHZ 57, S. 265 (268); *Kropholler*, RabelsZ 33 (1969), S. 601 (623 f.); *K. Müller*, JZ 1986, S. 212 (218).

[473] *Kropholler*, RabelsZ 33 (1969), S. 601 (625 ff.); *Mansel*, ZVglRWiss 86 (1987), S. 1 (15); *Stoll*, IPRax 1989, S. 89 (90); ablehnend *von Bar*, IPR II, Rn. 561.

[474] BGH v. 24.9.1986 - VIII ZR 320/85, BGHZ 98, S. 263 (274); BGH v. 6.11.1973 - VI ZR 199/71, NJW 1974, S. 410; *Flessner*, RabelsZ 34 (1970), S. 547 (568 f.); *Junker*, IPR, Rn. 452; *Mansel*, ZVglRWiss 86 (1987), S. 1 (10 ff.).

[475] Die Inländerschutzklausel verstößt gegen das Diskriminierungsverbot in Art. 6 Abs. 1 EGV und bedarf daher der europarechtskonformen Auslegung (*Junker*, IPR, Rn. 460; Staudinger-*von Hoffmann*, Art. 38 EGBGB, Rn. 245; *Sonnenberger*, ZVglRwiss 95 [1996], S. 3 [16 f.]; *W.-H. Roth*, RabelsZ 55 [1990], S. 623 [642]).

a) Artikel 40 bis 42 EGBGB im Überblick

Die Neukodifikation des Internationalen Deliktsrechts enthält zwei Regelanknüpfungen: zum einen die Tatortregel in Art. 40 Abs. 1 EGBGB und zum anderen das Recht des gemeinsamen gewöhnlichen Aufenthaltes in Art. 40 Abs. 2 EGBGB[476]. Die Tatortregel des Art. 40 Abs. 1 EGBGB bildet das Grundprinzip[477]. Bei Distanzdelikten wird nach wie vor an der Ubiquitätsregel festgehalten. Im Unterschied zur früheren Rechtslage löst allerdings ein Optionsrecht des Geschädigten für das Erfolgsortsrecht das Günstigkeitsprinzip ab. Das Recht des gemeinsamen gewöhnlichen Aufenthaltes verdrängt nun als Sonderregel das Tatortrecht in Art. 40 Abs. 2 EGBGB[478]. Art. 40 Abs. 3 EGBGB ersetzt die Inländerschutzklausel in Art. 38 EGBGB a.F. durch einen speziellen *ordre public*-Vorbehalt[479]. Art. 40 Abs. 4 EGBGB behandelt den Direktanspruch gegen den Haftpflichtversicherer. Eine bestehende rechtliche Sonderbeziehung zwischen den Beteiligten, z. B. ein Vertrag, verdrängt das Tatortrecht oder das Recht des gemeinsamen gewöhnlichen Aufenthaltes[480]. Art. 41 EGBGB sieht für diesen Fall eine akzessorische Anknüpfung an das Statut der Sonderbeziehung vor. Eine nachträglich getroffene Rechtswahl ist gem. Art. 42 EGBGB gegenüber den anderen Regelungen vorrangig[481]. Wie die kurze Darstellung bereits zeigt, hat der Gesetzgeber die neuen Regelungen auf der Grundregel des deutschen IPR aufgebaut: Das anwendbare Recht ist nach dem Prinzip der engsten Verbindung zu ermitteln[482].

Eine besondere Regelung zur Rück- und Weiterverweisung (*Renvoi*) enthält die Neuregelung nicht. Die Gesetzesbegründung verweist vielmehr auf die allgemeine Regelung in Art. 4 Abs. 1, 2 EGBGB[483]. Es gilt der Grundsatz der Gesamtverweisung[484]. Auf eine Übergangsvorschrift speziell für das Internatio-

---

476 *Von Hoffmann*, IPR, § 11, Rn. 18; *Junker*, RIW 2000, S. 241 (246); ders. JZ 2000, S. 477.

477 *St. Lorenz*, NJW 1999, S. 2215 (2216); *Pfeiffer*, NJW 1999, S. 3674; *Spickhoff*, NJW 1999, S. 2209 (2213); *A. Staudinger*, DB 1999, S. 1589 (1591); *Wagner*, IPRax 1998, S. 429 (432).

478 BegrRegE, BR-Drucks. 759/98, S. 21 = BT-Drucks. 14/343, S. 12; *Junker*, RIW 2000, S. 241 (246); ders. JZ 2000, S. 477 (479).

479 *Spickhoff*, NJW 1999, S. 2209 (2213); *A. Staudinger*, DB 1999, S. 1589 (1591).

480 BegrRegE, BR-Drucks. 759/98, S. 14 = BT Drucks. 14/343, S. 8; *Junker*, RIW 2000, S. 241 (246); ders. JZ 2000, S. 477 (483).

481 BegrRegE, BR-Drucks. 759/98, S. 33 = BT-Drucks. 14/343, S. 14; *von Hoffmann*, IPR, § 11, Rn. 18; *Wagner*, IPRax 1998, S. 429 (434).

482 *Junker*, RIW 2000, S. 241 (243). Dieses Prinzip ist auf das Savignysche Bild vom Sitz des Rechtsverhältnissses zurückzuführen (*Junker*, IPR, Rn. 82 f.).

483 BegrRegE, BR-Drucks. 759/98, S. 14 = BT-Drucks. 14/343, S. 8.

484 Art. 4 Abs. 1 S. 1 EGBGB.

nale Deliktsrecht hat der Gesetzgeber bewußt verzichtet[485]. Die Grundsätze des Art. 220 Abs. 1 EGBGB gelten entsprechend, wenn entschieden werden muß, ob auf einen Fall das alte oder das neue Kollisionsrecht anzuwenden ist.

b) Prüfungsreihenfolge

Der Neuregelung des Deliktsrechts liegt ein dreistufiges Prüfungsschema zugrunde. Zuerst ist zu fragen, ob eine nachträgliche Rechtswahl nach Art. 42 EGBGB vorgenommen worden ist, denn eine nachträgliche Rechtswahl geht allen anderen Anknüpfungen vor[486]. Haben die Parteien keine Rechtswahl getroffen, ist in einem zweiten Schritt zu untersuchen, welche der beiden Regelanknüpfungen in Art. 40 EGBGB einschlägig ist[487]. Da an den gemeinsamen gewöhnlichen Aufenthalt[488] vorrangig anzuknüpfen ist[489], ist das Tatortrecht[490] nur maßgeblich, wenn die Parteien keinen gemeinsamen gewöhnlichen Aufenthalt haben. Drittens ist zu prüfen, ob abweichend von der Regelanknüpfung in Art. 40 Abs. 1 oder Abs. 2 EGBGB eine engere Beziehung zu dem Recht eines anderen Staates besteht[491].

3. Nachträgliche Rechtswahl (Art. 42 EGBGB)

Art. 42 EGBGB erlaubt den Parteien, das auf das Deliktsstatut anwendbare Recht nachträglich zu wählen. Art. 42 EGBGB normiert damit eine in Schrifttum[492] und Rechtsprechung[493] schon lange anerkannte Regel. Die Parteien müs-

---

485 BegrRegE, BR-Drucks. 759/98, S. 13 = BT-Drucks. 14/343, S. 7; Erman-*Hohloch*, Art. 40 EGBGB, Rn. 19.

486 BegrRegE, BR-Drucks. 759/98, S. 33 = BT-Drucks. 14/343, S. 14; Erman-*Hohloch*, Art. 40 EGBGB, Rn. 15; *von Hoffmann*, IPR, § 11, Rn. 18; *Junker*, JZ 2000, S. 477; ders. RIW 2000, S. 241 (246); *Spichkhoff* NJW 1999, S. 2209 (2213).

487 *Von Hoffmann*, IPR, § 11, Rn. 18; *Junker*, JZ 2000, S. 477; ders. RIW, S. 241 (246); Palandt-*Heldrich* Art. 40 EGBGB, Rn. 5.

488 Art. 40 Abs. 2 EGBGB.

489 Siehe S. 92 f.

490 Art. 40 Abs. 1 EGBGB.

491 Palandt-*Heldrich*, Art. 38 EGBGB, Rn. 6; *Spickhoff*, NJW 1999, S. 2209 (2213); *Staudinger*, DB 1999, S. 1589 (1593).

492 *Beitzke*, RdC 1965 II, S. 64 (72 f.); *Deutsch*, Vorschläge und Gutachten zur Reform des deutschen Internationalen Privatrechts der außervertraglichen Schuldverhältnisse, vorgelegt von E. von Caemmerer, S. 202 (226); Erman-*Hohloch* (9. Auflage), Art. 38 EGBGB, Rn. 32; *Flessner*, RabelsZ 34 (1970), S. 547 (568 f.); *Hohloch*, NZV 1988, S. 161 (162 f); *Kropholler*, RabelsZ 33 (1969), S. 601 (639 ff.); *Firsching/von Hoffmann* (5. Auflage), IPR, § 11, Rn. 40.

sen dazu - ausdrücklich oder stillschweigend[494] - eine vertragliche Vereinbarung über das anzuwendende Recht treffen[495]. Eine Teilrechtswahl wird in der Regel nicht möglich sein, da Einzelfragen im Deliktsrecht schwerlich abgespalten werden können[496]. Die Rechtswahl darf im Hinblick auf den Schutzcharakter außervertraglicher Schuldverhältnisse und aus praktischen Erwägungen erst nachträglich erfolgen[497]. Die Rechtswahl geht dem objektiven Deliktsstatut aus Art. 40 Abs. 1, Abs. 2, Art. 41 EGBGB vor[498]. Sie kann daher einen Statutenwechsel bewirken[499]. Rechte Dritter bleiben durch die Rechtswahl mit Rücksicht auf das Verkehrsinteresse jedoch unberührt[500]. Einer Rechtswahl nach Art. 42 EGBGB ist eine Sachnormverweisung[501]; ein *Renvoi* ist gem. Art. 4 Abs. 2 EGBGB ausgeschlossen. Art. 42 EGBGB sieht im Gegensatz zur Regelung im Schuldvertragsrecht in Art. 27 Abs. 4 EGBGB keine besondere Vorschrift für das Zustandekommen und die Wirksamkeit des Rechtswahlvertrages vor. Daher entscheidet das Recht der *lex fori* über diese Rechtsfragen[502].

4. Regelanknüpfungen (Art. 40 Abs. 1, Abs. 2 EGBGB)

Haben die Parteien keine nachträgliche Rechtswahl getroffen, ist zu prüfen, welche der beiden Regelanknüpfungen in Art. 40 EGBGB einschlägig ist. Hatten der Ersatzpflichtige und der Geschädigte zur Zeit des Haftungsereignisses ihren gewöhnlichen Aufenthalt in demselben Staat, so ist das Recht dieses Staates anzuwenden[503]. Fehlt es an einem gemeinsamen gewöhnlichen Aufenthalt, gilt das

---

493 BGH v. 22.12.1987 - VI ZR 6/87, NJW-RR 1988, S. 534 = IPRax 1988, S. 306; BGH v. 17.3.1981 - VI ZR 286/78, NJW 1981, S. 1606 = IPRax 1982, S. 13 m. Anm. *Kreuzer*, 1; BGH v. 24.9.1986 - VIII ZR 320/85, BGHZ 98, S. 263 (274) = NJW 1987, S. 592 (594).

494 BegrRegE, BR-Drucks. 759/98, S. 33 = BT-Drucks. 14/343, S. 14; *von Hein*, NJW 1999, S. 3175; *Junker*, JZ 2000, S. 477 (478).

495 *Junker*, JZ 2000, S. 477 (478); Palandt-*Heldrich*, Art. 42 EGBGB, Rn. 1.

496 *Von Hein*, NJW 1999, S. 3175; Palandt-*Heldrich*, Art. 42 EGBGB, Rn. 1.

497 Erman-*Hohloch*, Art. 42 EGBGB, Rn. 8; *Junker*, JZ 2000, S. 477 (478); *Spickhoff*, IPRax 2000, S. 1 (2); *Wagner*, IPRax 1998, S. 429 (434).

498 Siehe S. 92 f.

499 *Junker*, JZ 2000, S. 477 (479); Palandt-*Heldrich*, Art. 42 EGBGB, Rn. 1.

500 Art. 42 S. 2 EGBGB. Siehe hierzu BegrRegE, BR/Drucks. 759/98, S. 33 = BT-Drucks. 14/343, S. 14; *Wagner*, IPRax 1998, S. 429 (434).

501 BegrRegE, BR-Drucks. 759/98, S. 14 = BT-Drucks. 14/343, S. 8; *Junker*, RIW 2000, S. 241 (242); Palandt-*Heldrich*, Vorb v EGBGB, Art. 38, Rn. 3.

502 *Junker*, JZ 2000, S. 477 (478); Palandt-*Heldrich*, Art. 42 EGBGB, Rn. 1.

503 Art. 40 Abs. 2 EGBGB.

Recht des Staates, in dem der Ersatzpflichtige gehandelt hat, sofern der Geschädigte nicht für das Erfolgsortsrecht optiert[504].

a) Gemeinsamer gewöhnlicher Aufenthalt (Art. 40 Abs. 2 EGBGB)

Haben Schädiger und Geschädigter zur Zeit des haftungsbegründenden Ereignisses einen gemeinsamen gewöhnlichen Aufenthalt, kommt gem. Art. 40 Abs. 2 EGBGB das Recht dieses Staates zur Anwendung. Art. 40 Abs. 2 EGBGB schränkt das Tatortprinzip von vornherein durch das Recht des gemeinsamen gewöhnlichen Aufenthaltes ein[505]. Hierdurch läßt der Gesetzgeber die gegenüber dem Handlungs- und Erfolgsortsrecht vergleichsweise nähere und passendere Rechtsordnung zur Anwendung kommen[506]. Der Gesetzgeber wollte mit Art. 40 Abs. 2 EGBGB der besonderen Bedeutung des gemeinsamen gewöhnlichen Aufenthaltes bei der Anknüpfung des Deliktsstatuts von Verkehrsunfällen im Ausland gerecht werden[507]. Haben Schädiger und Geschädigter einen gemeinsamen gewöhnlichen Aufenthalt, wird die Schadensabwicklung um ein Vielfaches vereinfacht, wenn an das Recht des gemeinsamen gewöhnlichen Aufenthaltes angeknüpft wird. Art. 40 Abs. 2 EGBGB schließt an die lange Entwicklung in der Rechtsprechung zu Verkehrsunfällen im Ausland an; dort hat der gemeinsame gewöhnliche Aufenthalt von Schädiger und Geschädigtem eine stetige Aufwertung erfahren. Die Rechtsprechung knüpfte ursprünglich nur an den gemeinsamen gewöhnlichen Aufenthaltsort an, wenn dieses Merkmal verstärkende Faktoren wie soziale Kontakte im Aufenthaltsland[508] oder die Zulassung der an einem Verkehrsunfall beteiligten Kraftfahrzeuge im gemeinsamen Aufenthaltsland[509] zusätzlich vorlagen. Art. 40 Abs. 2 EGBGB verzichtet im Gegensatz dazu auf weitere Merkmale[510]. Die Vorschrift zeichnet sich damit durch besondere Rechtsklarheit aus und bringt einen Gewinn an Rechtssicherheit mit sich[511].

Der gewöhnliche Aufenthalt befindet sich in dem Land, in dem eine Person ihren Daseinsmittelpunkt hat, d.h. an dem Ort, wo der Schwerpunkt der fa-

---

504 Art. 40 Abs. 1 EGBGB.

505 *Von Hoffmann*, IPRax 1996, S. 1 (5 f.); *Spickhoff*, IPRax 2000, S. 1 (3); *Wagner*, IPRax 1998, S. 429 (433).

506 BegrRegE, 759/98, S. 26 = BT-Drucks. 14/343, S. 12; *Wagner*, IPRax 1998, S. 429 (433).

507 *Von Hoffmann*, IPR, § 11, Rn. 37; *Junker*, JZ 2000, S. 477 (480).

508 BGH v. 13.3.1984 - VI ZR 23/32, BGHZ 90, S. 294 (300 f.) = JZ 1984, S. 669 m. Anm. *von Bar* = NJW 1984, S. 2032 = IPRax 1985, S. 104 m. Aufs. *W. Lorenz*, S. 85.

509 BGH v. 8.1.1985 - VI ZR 22/83 BGHZ 93, S. 214 (218 ff.) = JZ 1985, S. 441 m. Anm. *W. Lorenz* = NJW 1985, S. 1285 = IPRax 1986, S. 108 m. Aufs. *von Hoffmann*, S. 90.

510 Die Rechtsanwendungsverordnung von 1942 wurde aufgehoben (BGBl. 1999 I, S. 1027).

511 *Junker*, JZ 2000, S. 477 (479).

miliären und beruflichen Bindungen einer Person liegt[512]. Bei juristischen Personen wird an Stelle des gewöhnlichen Aufenthaltes der Sitz der Hauptverwaltung oder der beteiligten Niederlassung herangezogen[513]. Die Anknüpfung an den gemeinsamen gewöhnlichen Aufenthalt steht allerdings unter dem Vorbehalt einer wesentlich engeren Verbindung nach Art. 41 EGBGB[514].

b) Tatortregel (Art. 40 Abs. 1 EGBGB)

Haben Schädiger und Geschädigter keinen gemeinsamen gewöhnlichen Aufenthalt, unterstellt Art. 40 Abs. 1 EGBGB das Deliktsstatut dem Tatortrecht (*lex loci delicti commissi*)[515]. Unterscheiden sich Handlungs- und Erfolgsort, existieren weiterhin mehrere Tatorte, da das Ubiquitätsprinzip fortgilt [516]. Grundsätzlich ist bei Distanzdelikten nun aber das Recht des Handlungsortes maßgeblich[517]. Der Handlungsort ist der Ort, an dem der Ersatzpflichtige die für den Eintritt der Rechtsgutverletzung maßgebliche Ursache gesetzt hat[518]. Der Verletzte kann das Erfolgsortsrecht allerdings als Deliktsstatut wählen[519]. Unter Erfolgsort ist der Ort zu verstehen, an dem ein dort geschütztes Rechtsgut verletzt wird[520]. Das Optionsrecht kann der Verletzte aber nur bis zum Ende des frühen ersten Termins[521] oder am Ende des schriftlichen Vorverfahrens[522] geltend machen[523]. Eine generelle Hinweispflicht des Gerichts auf das Optionsrecht besteht nicht[524]. Das Optionsrecht ist keine prozessuale Handlung, sondern eine beschränkte einseitige kollisionsrechtliche Rechtswahl, die der Verletzte dem

---

512 BGH v. 3.2.1993 - XII ZR 93/90, NJW 1975, S. 1068; BGH v. 5.2.1975 - IV ZR 103/73, NJW 1993, S. 2047 (2048); näher dazu *Baetge*, Der gewöhnliche Aufenthalt im IPR, 1994.

513 Art. 40 Abs. 2 S. 2 EGBGB.

514 BegrRegE, BR-Drucks. 759/98, S. 14 = BT-Drucks. 14/343, S. 8; Erman-*Hohloch*, Art. 40 EGBGB, Rn. 41; *Junker*, JZ 2000, S. 477 (481); Palandt-*Heldrich*, Art. 40 EGBGB, Rn. 6; *Spickhoff*, IPRax 2000, S. 1 (2).

515 BegrRegE, BR-Drucks. 759/98, S. 25 = BT-Drucks. 14/343, S. 11; Palandt-*Heldrich*, Art. 40 EGBGB, Rn. 3.

516 Erman-*Hohloch*, Art. 40 EGBGB, Rn. 26; *Spickhoff*, IPRax 2000, S. 1 (3).

517 Art. 40 Abs. 1 S. 1 EGBGB.

518 Siehe S. 89 ff.

519 Art. 40 Abs. 1 S. 2 EGBGB.

520 Siehe S. 89 ff.

521 § 275 ZPO.

522 § 276 ZPO.

523 Art. 40 Abs. 1 S. 3 EGBGB.

524 BegrRegE, BR-Drucks. 759/98, S. 26 = BT-Drucks. 14/343, S. 11.

Schädiger gegenüber erklären muß[525]. Deshalb muß bei Ausübung des Optionsrechts eine Ausnahme vom Grundsatz der Gesamtverweisung[526] gemacht werden; die Ausübung des Optionsrechts nach Art. 40 Abs. 1 S. 3 EGBGB ist eine Sachnormverweisung[527].

Entscheidender Unterschied zur alten Rechtslage ist der Ersatz des Günstigkeitsprinzips durch das Optionsrecht des Verletzten[528]. Diese Änderung bezweckt eine Entlastung der Gerichte. Bislang mußte das Gericht von Amts wegen das für das Opfer günstigere Recht ermitteln und war gegebenenfalls gezwungen, zwei oder noch mehr Rechtsordnungen zu prüfen[529]. Die Neuregelung soll den Richter davor bewahren, das ausländische Recht ermitteln zu müssen. Ob die Gerichte durch die Neuregelung tatsächlich von der Prüfung ausländischen Rechts befreit werden, ist zu bezweifeln[530]. Das Günstigkeitsprinzip erlaubte dem Gericht, zunächst das deutsche Recht daraufhin zu untersuchen, ob es dem Geschädigten die eingeklagten Ansprüche in voller Höhe gewährt[531]. Nur bei einem negativen Ergebnis mußte der Richter das ausländische Recht befragen. Nach neuem Recht erübrigt sich die Ermittlung des ausländischen Rechts nur, wenn Deutschland Handlungsort war; der Erfolgseintritt auf deutschem Hoheitsgebiet führt nur zur Anwendung des deutschen Rechts, wenn der Verletzte sein Optionsrecht nach Art. 40 Abs. 1 S. 3 EGBGB ausübt.

5. Ausweichklausel (Art. 41 EGBGB)

Die Regelanknüpfungen nach Art. 40 Abs. 2, 1 EGBGB stehen unter dem Vorbehalt der engeren Verbindung in Art. 41 EGBGB. Das Recht des gemeinsamen gewöhnlichen Aufenthaltes[532] oder das Tatortrecht[533] können im Einzelfall verdrängt werden, wenn die Gesamtheit der Umstände auf eine wesentlich engere

---

525 *Von Hein*, NJW 1999, S. 3174 (3175); *Junker*, RIW 2000, S. 241 (247); ders. JZ 2000, S. 477 (482); Palandt-*Heldrich*, Art. 40, Rn. 4; *Pfeiffer*, NJW 1999, S. 3674 (3676); *Spickhoff*, IPRax 2000, S. 1 (6); *A. Staudinger*, DB 1999, S. 1589 (1591); A.A.: *St. Lorenz*, NJW 1999, S. 2215 (2217); Erman-*Hohloch*, Art. 42 EGBGB, Rn. 28.

526 Art. 4 Abs. 2 EGBGB.

527 Erman-*Hohloch*, Art. 40 EGBGB, Rn. 13; *von Hein*, NJW 1999, S. 3174 (3175); *Junker*, RIW 2000, S. 241 (242).

528 *Junker*, RIW 2000, S. 241 (247), ders. JZ 2000, S. 477 (481); Palandt-*Heldrich*, Art. 40 EGBGB, Rn. 4; *A. Staudinger*, DB 1999, S. 1589 (1591).

529 BegrRegE, BR-Drucks. 759/98, S. 25 = BT-Drucks. 14/343, S. 11.

530 *Von Hofmann*, IPRax 1996, S. 1 (5); *Junker*, RIW 2000, S. 241 (247); *Pfeiffer*, NJW 1999, S. 3674 (3575 f.); *Wagner*, IPRax 1998, S. 429 (433).

531 *Von Bar*, IPR II, Rn. 669; *Junker*, IPR, Rn. 444.

532 Art. 40 Abs. 2 EGBGB.

533 Art. 40 Abs. 1 EGBGB.

Verbindung zu einem anderen Staat hinweist[534]. Indem der Gesetzgeber die Regelanknüpfungen in Art. 40 EGBGB durch die Ausweichklausel in Art. 41 EGBGB ergänzt hat, hat er ein flexibles Anknüpfungssystem geschaffen[535]. Einerseits gewährleisten die Regelanknüpfungen in Art. 40 EGBGB das notwendige Maß an Rechtssicherheit, andererseits ermöglicht die Ausweichklausel des Art. 41 EGBGB, auch im Einzelfall eine gerechte Lösung zu finden. Die Ausweichklausel in Art. 41 EGBGB unterteilt sich in die Regelbeispiele nach Art. 41 Abs. 2 EGBGB und die Generalklausel in Art. 41 Abs. 1 EGBGB.

a) Artikel 41 Abs. 2 Nr. 1 EGBGB

Der Gesetzgeber hat in Art. 41 Abs. 2 Nr. 1 EGBGB Regelbeispiele für eine engere Verbindung formuliert. Die Regelbeispiele sollen eine Gefährdung der Rechtssicherheit verhindern[536]. Nach Art. 41 Abs. 2 Nr. 1 EGBGB kann sich eine wesentlich engere Verbindung aus einer besonderen rechtlichen oder tatsächlichen Beziehung zwischen den Beteiligten im Zusammenhang mit dem Schuldverhältnis ergeben (akzessorische Anknüpfung). Als rechtliche Beziehung kommt insbesondere ein Vertrag in Betracht. Bei tatsächlichen Beziehungen ist z.B. an Gefälligkeitsfahrten oder Reisegruppen zu denken. Hier kann der gemeinsame Ausgangspunkt eine engere Verbindung als der Tatort begründen[537]. Mit Hilfe der akzessorischen Anknüpfung soll der gesamte Lebenssachverhalt einer einheitlichen Rechtsordnung unterstellt werden, wenn er auf der Verletzung gleichgelagerter Verhaltenspflichten beruht[538].

Wenn das Delikt akzessorisch angeknüpft wird, ist ein *Renvoi* regelmäßig ausgeschlossen[539]. Andernfalls würde das mit der akzessorischen Anknüpfung angestrebte Ziel, zusammenhängende Rechtsfragen nach einer Rechtsordnung zu beurteilen, unterlaufen. Die Anknüpfung nach Art. 41 Abs. 2 Nr. 1 EGBGB ist aus diesem Grund stets eine Sachnormverweisung.

---

534 Art. 41 Abs. 1 EGBGB.

535 BegrRegE, BR-Drucks. 759/98, S. 21 = BT-Drucks. 14/343, S. 10; *Junker*, JZ 2000, S. 477 (483); Palandt-*Heldrich*, Art. 41 EGBGB, Rn. 1.

536 *Von Hoffmann*, IPR, § 11, Rn. 39. Das Regelbeispiel in Art. 41 Abs. 2 Nr. 2 EGBGB gilt nur für Art. 38 Abs. 2 und 3 EGBGB (Ungerechtfertigte Bereicherung) und Art. 39 EGBGB (Geschäftsführung ohne Auftrag).

537 *Deutsch*, Vorschläge und Gutachten zur Reform des deutschen Internationalen Privatrechts der außervertraglichen Schuldverhältnisse, vorgelegt von E. von Caemmerer, S. 202 (215, 221); *von Hoffmann*, IPRax 1986, S. 1 (6); *Spickhoff*, IPRax 2000, S. 1 (2).

538 *Von Hoffmann*, IPR, § 11, Rn. 40; *Junker*, IPR, Rn. 451; ders. JZ 2000, S. 477 (483); Palandt-*Heldrich*, Art. 40 EGBGB, Rn. 6.

539 BegrRegE, BR-Drucks. 759/98, S. 14 = BT-Drucks. 14/343, S. 8; *Junker*, RIW 2000, S. 241 (242); ders. JZ 2000, S. 477 (484); *Spickhoff*, NJW 1999, S. 2204 (2212).

b) Artikel 41 Abs. 1 EGBGB

Art. 41 Abs. 1 EGBGB ist als Generalklausel formuliert[540]. Damit Art. 41 Abs. 1 EGBGB das nach den Art. 40 Abs. 1, 2 EGBGB anwendbare Recht verdrängen kann, muß eine wesentlich engere Verbindung zu einer anderen Rechtsordnung bestehen. Die Gesamtheit der Umstände muß auf eine wesentlich engere Verbindung zu einer anderen Rechtsordnung hindeuten. Auf Art. 41 Abs. 1 EGBGB darf nur zurückgegriffen werden, wenn die Regelbeispiele in Art. 41 Abs. 2 Nr. 1 EGBGB nicht einschlägig sind. Wie die Parallelvorschriften in Art. 28 Abs. 5 und Art. 30 Abs. 2 Nr. 2 S. 2 a.E. EGBGB zeigen, ist auch Art. 41 EGBGB als Ausnahmeklausel zu verstehen. Da der Rechtssicherheit im deutschen IPR ein hoher Stellenwert eingeräumt wird, ist die Ausnahmeklausel nur vorsichtig anzuwenden[541]. Ein *Renvoi* widerspricht im Fall der Anknüpfung nach Art. 41 Abs. 1 EGBGB dem Sinn der Verweisung[542], da das Deliktsstatut nach einer Betrachtung sämtlicher Umstände ermittelt wird. Die Anknüpfung nach Art. 41 Abs. 1 EGBGB ist darum eine Sachnormverweisung[543].

6. Direktanspruch gegen den Haftpflichtversicherer (Art. 40 Abs. 4 EGBGB)

Art. 40 Abs. 4 EGBGB bringt eine Neuerung zugunsten des Verletzten mit sich: Die Vorschrift normiert eine Alternativanknüpfung für den Direktanspruch des Verletzten gegen die Versicherung[544]. Der Verletzte kann für diesen Anspruch entweder das Deliktsstatut oder das auf den Versicherungsvertrag anwendbare Recht wählen. Wird akzessorisch an den Versicherungsvertrag angeknüpft, handelt es sich um eine Sachnormverweisung[545]. Bei der Anknüpfung nach dem Deliktsstatut bleibt es beim Grundsatz der Gesamtverweisung.

---

540 *Junker*, JZ 2000, S. 477 (485); Palandt-*Heldrich*, Art. 41 EGBGB, Rn. 3.

541 BegrRegE, BR-Drucks. 759/98, S. 30 = BT-Drucks. 14/343, S. 13; *Junker*, JZ 2000, S. 477 (484); Palandt-*Heldrich*, Art. 41 EGBGB, Rn. 3.

542 Vgl. Art. 4 Abs. 1 EGBGB.

543 Erman-*Hohloch*, Art. 40 EGBGB, Rn. 15; *von Hoffmann*, IPR, § 11 Rn. 61; *Junker*, JZ 2000, S. 477 (484 f.); Palandt-*Heldrich*, Art. 41 EGBGB, Rn. 2.

544 Erman-*Hohloch*, Art. 40 EGBGB, Rn. 79; *Spickhoff*, NJW 1999, S. 2209 (2212); *A. Staudinger*, DB 1999, S. 1589 (1592); *Wagner*, IPRax 1998, S. 429 (434).

545 Erman-*Hohloch*, Art. 41 EGBGB, Rn. 1; *Junker*, JZ 2000, S. 477 (486); Palandt-*Heldrich*, Art. 40 EGBGB, Rn. 22.

7. Anspruchsbeschränkungen (Art. 40 Abs. 3 EGBGB)

Art. 40 Abs. 3 EGBGB ersetzt die Inländerschutzklausel aus Art. 38 EGBGB a.F.[546] Art. 40 Abs. 3 EGBGB ist ein spezieller *ordre public*-Vorbehalt; er konkretisiert die allgemeine *ordre public*-Regelung in Art. 6 EGBGB im Bereich des Deliktsrechts[547]. Art. 40 Abs. 3 EGBGB schließt zum einen die Geltendmachung von Schadensersatzansprüchen aus, soweit sie wesentlich höher sind als zur angemessenen Entschädigung des Verletzten erforderlich ist. Zum anderen nimmt die Vorschrift Ansprüche aus, soweit sie offensichtlich einem anderen Zweck als der Entschädigung des Opfers dienen. Damit hatte der Gesetzgeber insbesondere (aber nicht ausschließlich) den mehrfachen Schadensersatz (*multiple damages*) und den Strafschadensersatz (*punitive damages*) nach US-amerikanischem Recht im Auge[548]. Art. 40 Abs. 3 Nr. 3 EGBGB betont den Vorrang verbindlicher staatsvertraglicher Regelungen für die Bundesrepublik Deutschland gegenüber dem Begehren nach Schadensersatz. Art. 40 Abs. 3 Nr. 3 EGBGB ist eine weitergehende Regelung als Art. 3 Abs. 2 EGBGB (Vorrang der Staatsverträge vor nationalem IPR), da diese Norm nunmehr ermöglicht, haftungsrechtliche Vorschriften aus Abkommen zu berücksichtigen, wenngleich der ausländische Staat das Abkommen nicht ratifizert hat. Art. 40 Abs. 3 Nr. 3 EGBGB verleiht solchen haftungsrechtlichen Regelungen damit die Wirkung einer *loi uniforme*[549]. Im übrigen versperrt Art. 40 Abs. 3 EGBGB nicht den Rückgriff auf die allgemeine *ordre public*-Klausel in Art. 6 EGBGB[550]. Art. 40 Abs. 3 EGBGB möchte die Ansprüche nur ausschließen, soweit sie nach den Wertungen des deutschen Rechts offensichtlich unangemessen sind oder wesentlich weiter gehen. Eine Beschränkung auf das deutsche Schadensersatzrecht soll damit allerdings nicht zum Ausdruck gebracht werden[551].

---

[546] Siehe S. 89 ff.

[547] *Von Hoffman*, IPR, § 11, Rn. 59; *Junker*, RIW 2000, S. 241 (249); *Spickhoff*, NJW 1999, S. 2209 (2213).

[548] BegrRegE, BR-Drucks. 759/98, S. 23 = BT-Drucks. 14/343, S. 12; Erman-*Hohloch*, Art. 40 EGBGB, Rn. 74.

[549] A.A.: *Spickhoff* hält Art. 40 Abs. 3 Nr. 3 EGBGB für eine überflüssige Wiederholung der in Art. 3 Abs. 2 EGBGB getroffenen Regelung (NJW 1999, S. 2209 [2213]).

[550] *Junker*, RIW 2000, S. 241 (249).

[551] BegrRegE, BR-Drucks. 759/98, S. 29 = BT-Drucks. 14/343, S. 12; Erman-*Hohloch*, Art. 40 EGBGB, Rn. 72; A.A.: Palandt-*Heldrich*, Art. 40 EGBGB, Rn. 21.

8. Umfang des Deliktsstatuts

Der Umfang des Deliktsstatuts hat keine gesonderte Regelung erfahren. Wie nach der alten Rechtslage beurteilen sich nach dem Deliktsstatut die Haftungsvoraussetzungen wie Deliktsfähigkeit, Rechtswidrigkeit, Verschulden und Kausalität[552]. Das Deliktsstatut bestimmt weiterhin das anwendbare Recht hinsichtlich der Haftung für Verrichtungsgehilfen[553]. Darüber hinaus unterfällt dem Deliktsstatut auch die Gefährdungshaftung[554].

II. Neueste Entwicklungen auf europäischer Ebene

Auf der Tagung der Europäischen Gruppe für Internationales Privatrecht vom 25. bis 27.09.1999 in Luxemburg hat die Arbeitsgruppe den Entwurf zu einem EU-Übereinkommen über das IPR der außervertraglichen Schuldverhältnisse beschlossen[555]. Mit diesem sog. Rom II Übereinkommen wurde eine vereinheitlichte europäische Lösung auf dem Gebiet des Internationalen Deliktsrechts in Aussicht gestellt.

Die Struktur dieses Entwurfs ist an die des Art. 4 EVÜ[556] angelehnt: Generalklausel, Vermutung, Ausweichklausel[557]. Die Art. 3 bis 6 des Rom II-Entwurfs regeln das Internationale Deliktsrecht. Mit Art. 3, 1. Rom II-Entwurf statuiert der Entwurf das Prinzip der engsten Verbindung in Form einer Generalklausel. Die engste Verbindung wird vorrangig beim gemeinsamen gewöhnlichen Aufenthalt von Schädiger und Geschädigtem vermutet[558]. Nur falls kein gemeinsamer gewöhnlicher Aufenthalt beider Parteien vorliegt, ist das Recht des Handlungsortes einschlägig[559]. Die Vermutungen stehen unter dem Vorbehalt einer engeren Verbindung[560]. Eine solche engere Verbindung kann sich insbesondere aus einem bestehenden Vertragsverhältnis ergeben

---

552 *Von Hoffmann*, IPR, § 11, Rn. 57; *Junker*, JZ 2000, S. 477 (486).

553 BAG v. 30.10.1963 – 1 AZR 468/62, BAGE 15, S. 79 (80); Palandt-*Heldrich*, Art. 40 EGBGB, Rn. 16.

554 BegrRegE, BR-Drucks. 759/98, S. 24 = BT-Drucks. 14/343, S. 11.

555 Abgedruckt in IPRax 1999, S. 286 (französische Originalfassung); NILR 1998, S. 465 (englische Übersetzung). S. dazu *Jayme*, IPRax 1999, S. 298; *Polak/Veerle*, NJB 2000, S. 573 (576).

556 Mangels Rechtswahl anzuwendendes Recht über das auf vertragliche Schuldverhältnisse anzuwendende Recht.

557 *Jayme*, IPRax 1999, S. 298; ders. IPRax 1998, S. 140 (141).

558 Art. 3, 2. Rom II-Entwurf.

559 Art. 3, 3. Rom II-Entwurf.

560 Art. 3, 4. Rom II-Entwurf.

(akzessorische Anknüpfung)[561]. Für Verletzungen des Persönlichkeitsrechts, Wettbewerbsverstöße und Umweltverschmutzungen stellt Art. 4 Rom II-Entwurf spezielle Vermutungen auf: Es wird an den Erfolgsort angeknüpft. Die Rechtswahl wird erst in den allgemeinen Vorschriften in Art. 8 Rom II-Entwurf geregelt; sie geht dem objektiven Deliktsstatut vor. Beim Direktanspruch gegen den Versicherer (*action directe*)[562] gilt eine Alternativanknüpfung: Wird nach dem Deliktsstatut nicht der volle Anspruch gewährt, wird akzessorisch an den Versicherungsvertrag angeknüpft.

Die Vorschriften der Art. 40 bis 42 EGBGB und des Entwurfs in diesem Rechtsgebiet ähneln sich sehr. Der Rom II-Entwurf ist detaillierter als die Regelungen im EGBGB, da der Rom II-Entwurf in Art. 4 für bestimmte Deliktstypen spezielle Regelungen vorsieht. Im Gegensatz zur deutschen IPR-Reform von 1999 legt das Abkommen den Anwendungsbereich (Art. 5 Rom II-Entwurf) genau fest und trifft Regelungen über die Anwendung örtlicher Verkehrs- und Sicherungsvorschriften. Außerdem schließt der Rom II-Entwurf den *Renvoi* in Art. 13 aus. Wenn der Rom II-Entwurf in Kraft tritt, werden sich im Bereich des Internationalen Deliktsrechts kaum Änderungen ergeben.

---

[561] Art. 3, 5. Rom II-Entwurf.

[562] Art. 6 Rom II-Entwurf.

§ 4 Flugzeugzusammenstöße

Wenn zwei Flugzeuge zusammenstoßen, entsteht eine Vielzahl von Anspruchsgruppen. Hat Flugzeug B den Zusammenstoß mit Flugzeug A verschuldet, ist zunächst an die Ansprüche der Passagieren, ihrer Hinterbliebenen und den Befrachtern des Flugzeugs A gegen die Luftfahrtgesellschaft[563] des Flugzeugs B zu denken[564]. Darüber hinaus hat die Luftfahrtgesellschaft A[565] gegen die Luftfahrtgesellschaft B einen Anspruch auf Schadensersatz[566]. Sobald das neue Sichheitssystems TCAS (*Traffic Allert and Collision Avoidance System*)[567] weltweit eingeführt ist, werden Flugzeugzusammenstöße nahezu ausgeschlossen sein. Noch ereignen sich Flugzeugzusammenstöße in kleinerem und in größerem Umfang:

- Am 25. Mai 2000 stießen auf dem Pariser Flughafen Charles de Gaulle ein Transportflugzeug und eine Passagiermaschine zusammen, wobei der Copilot des Transportflugzeuges getötet worden ist[568].
- Bei einem Flugzeugzusammenstoß in Peru 400 km von Lima entfernt starben 12 Menschen[569].
- Bei einem Flugzeugzusammenstoß über der Bretagne am 30.7.1998 starben insgesamt 15 Insassen[570].
- Am 13.11.1996 starben beim Zusammenstoß einer saudischen und einer kasachischen Maschine bei Neu Delhi 335 Passagiere sowie die Crew[571].

Zunächst stellt dieser Paragraph der Arbeit dar, inwieweit internationale Abkommen die sich ergebenden Rechtsprobleme bei Luftfahrzeugzusammenstößen lösen. Im Anschluß daran werden die Besonderheiten des IPR bei Flug-

---

563 Es kommen auch Ansprüche gegen die Besatzung in Betracht, grundsätzlich haftet der Luftfrachtführer aber nach dem WA auch für seine Leute (Art. 25 Abs. 2 WA).

564 Diese Ansprüche können auch in der umgekehrten Fallkonstellation entstehen.

565 Als Eigentümer, Halter oder Charterer.

566 Außerdem kommen Ansprüche der Passagiere bzw. ihrer Hinterbliebenen und der Befrachter des Flugzeugs B gegen die Fluggesellschaft B in Betracht; diese Ansprüche werden jedoch erst in § 8 behandelt. Denkbar sind ferner Ansprüche des Vercharterers von Flugzeug B gegen den Charterer oder Ansprüche der Luftfahrtgesellschaft B gegen einen Passagier oder einen Befrachter, wenn sie die maßgebliche Ursache für den Unfall gesetzt haben; die Anknüpfung dieser Ansprüche erläutert § 7 der Arbeit.

567 TCAS informiert den Piloten darüber sobald sich ein anderes Flugzeug innerhalb eines vorgeählten Bereichs nähert und gibt dem Piloten Anweisungen über mögliche Ausweichmanöver.

568 www.wochenspiegel.de/archiv 2000/05/25/aktuell/meldungen/paris.

569 www.mathematik.uni-ulm.de/germnews/1997/08312200.html#7.

570 www.br-online.de/news/aktuell 980730/20 2001.html#.

571 www.mainz-online.de/old/96 11/13/topnews/absturz.html.

zeugunfällen insbesondere im Hinblick auf den gemeinsamen gewöhnlichen Aufenthalt und den Tatort aufgezeigt.

I. Versuch der Rechtsvereinheitlichung: Der Entwurf von Montreal von 1964

Die *ICAO* (*International Civil Aviation Organization*)[572] hat 1964 den Entwurf eines Übereinkommens über die Haftung aus Zusammenstößen von Flugzeugen ausgearbeitet; der Entwurf trat aber nicht in Kraft[573]. Die ICAO hat sich seit 1947 damit beschäftigt, ein Abkommen über Flugzeugzusammenstöße zu erarbeiten[574]. Sie knüpfte dabei an die Ausarbeitungen ihrer Vorgängerin der *CITEJA* (*Comité International Technique d`Experts Juridiques Aériens*)[575] an, die das Problem der Flugzeugzusammenstöße schon mehrfach erörtert hatte[576]. Auf der Tagung in Montreal 1964 wurde als Beratungsergebnis der Abkommensentwurf über die Haftung bei Zusammenstößen in der Luft erzielt.

1. Der Abkommensentwurf

Das Abkommen gilt für Schäden, die durch einen Zusammenstoß oder eine Behinderung von Luftfahrzeugen hervorgerufen werden[577]. Der Anwendungsbereich des Abkommens ist allerdings sehr beschränkt. Es ist nur dann anwendbar, wenn sich der Zusammenstoß oder die Behinderung in dem Hoheitsgebiet eines Vertragsstaates ereignet und zumindest eines der beteiligten Flugzeuge in einem anderen Vertragsstaat eingetragen ist[578]. Bei einem Zusammenstoß oder einer Behinderung über hoheitsfreiem Gebiet müssen beide Flugzeuge in verschiedenen Vertragsstaaten registriert sein, damit das Abkommen eingreift[579]. Subjekte

---

572 Die ICAO ist Nachfolgeorganisation der CITEJA. Die ICAO wurde 1944 in Chicago von 54 Staaten gegründet. Die ICAO ist eine öffentlich-rechtliche Organisation der Vertragsstaaten; sie wurde 1947 der UNO als Sondereinrichtung angegliedert (*Erler*, Rechtsfragen der ICAO, S. 13 f., 38 ff.).

573 Abgedruckt in ZLW 1965, S. 150; dazu *Schmidt-Räntsch*, ZLW 1965, S. 141; *Werro*, Haftung aus Zusammenstoß von Flugzeugen, S. 147 ff.

574 *Faller*, ZLW 1981, S. 3 (7); *Werro*, Haftung aus Zusammenstoß von Flugzeugen, S. 157.

575 Die CITEJA hat das Ziel, das Privatrecht in der internationalen Luftfahrt zu kodifizieren und zu vereinheitlichen. Sie wurde 1925 von den Teilnehmern der ersten Luftprivatrechtskonferenz gegründet (*Erler*, Rechtsfragen der ICAO, S. 13).

576 *Mankiewicz*, JALC 1964, S. 375; *Riese*, ArchfLR 1934, S. 217 ff.; ders. ArchfLR 1937, S. 40 (42 ff.).

577 Art. 1 Abs. 1 Abkommensentwurf von Montreal 1964 (AM 1964).

578 Art. 1 Abs. 1 a AM 1964.

579 Art. 1 Abs. 1 b AM 1964.

der Haftpflicht sind der Halter[580], der Pilot bei Verschulden[581] und der Eigentümer im Falle eines Verschuldens[582]. Der Entwurf regelt zum einen die Rechtsbeziehungen zwischen dem Fluggast und dem Absender von Frachtgut zu dem Halter des anderen Flugzeugs - gegebenenfalls auch gegen seine Leute oder gegen den Eigentümer - geregelt werden[583]. Zum anderen erfaßt der Entwurf die Ansprüche vom Halter des einen Flugzeugs gegen den Halter des anderen Flugzeugs.

Der Abkommensentwurf hält am Prinzip der Verschuldenshaftung fest[584]. Besteht ein Beförderungsvertrag, trifft den Halter für Personen oder Sachen die umgekehrte Beweislast[585]. Nur für Schäden am anderen Flugzeug und für Schäden an Personen und Sachen, die nicht aufgrund eines Beförderungsvertrages transportiert werden, gilt die reine Verschuldenshaftung[586]. Haftet der Halter ohne Nachweis eines Verschuldens nach Art. 5 des Entwurfs, gelten die gleichen Haftungsbeschränkungen wie im WA[587]. Bei Vorsatz oder Leichtfertigkeit gilt die summenmäßige Haftungsbeschränkung hingegen nicht[588]. Bei der reinen Verschuldenshaftung nach Art. 4 des Entwurfs sind die Ersatzansprüche auf den Wert zur Zeit des Zusammenstoßes, die Wiederherstellungs- oder die Ersatzkosten beschränkt, je nachdem, welcher Betrag der geringste ist[589].

2. Kritik am Entwurf

Die Regelungen im Abkommen waren umfangreicher Kritik ausgesetzt. Insbesondere wurde bemängelt, daß der Geltungsbereich des Abkommens zu beschränkt und die Haftungshöchstsummen zu niedrig seien[590]. Diese Schwächen erkannte die Delegation bereits am Ende der Sitzung. Sie sah den Entwurf deshalb als noch nicht endgültig an und hielt ihn für eine Staatenkonferenz noch nicht geeignet[591]. Das Abkommen wurde später nicht weiter behandelt[592].

---

580 Art. 4 AM 1964.

581 Art. 12 Abs. 1 AM 1964.

582 Art. 12 Abs. 2 AM 1964.

583 *Schmidt-Räntsch*, ZLW 1965, S. 141 (143).

584 *Lukoschek*, Das anwendbare Recht bei Flugzeugunglücken, S. 24.

585 Art. 5 AM 1964.

586 Art. 4 AM 1964.

587 Art. 10 Abs. 1 c - e AM 1964. S. zu den Haftungsbeschränkungen im WA siehe S.131 ff.

588 Art. 11 AM 1964.

589 Art. 10 Abs. 1 a AM 1964.

590 umfassend dazu *Werro*, Haftung aus Zusammenstoß von Flugzeugen, S. 168 ff.

591 *Schmidt-Räntsch*, ZLW 1966, S. 141 (143); *Werro*, Haftung aus Zusammenstoß von Flugzeugen, S. 163.

II. Nationales IPR

Da kein spezielles Internationales Abkommen besteht, muß das auf Flugzeugzusammenstöße anwendbare Recht anhand des nationalen IPR ermittelt werden. Die Art. 40 - 42 EGBGB regeln das Internationale Deliktsrecht. Von einer besonderen Kollisionsnorm für Flugzeugzusammenstöße hat der Gesetzgeber ausdrücklich abgesehen[593]. Im folgenden wird untersucht, wie die Art. 40 - 42 EGBGB auf Flugzeugzusammenstöße anzuwenden sind.

1. Rechtswahl (Art. 42 EGBGB)

Art. 42 EGBGB erlaubt den Parteien, eine nachträgliche Rechtswahl des Deliktsstatuts. Diese Norm findet eine uneingeschränkte Anwendung bei Flugzeugabstürzen. Die Rechtswahl geht den übrigen Anknüpfungsmomenten in Art. 40 f. EGBGB vor. Bei Flugzeugzusammenstößen hat das von den Parteien gewählte Recht Priorität.

2. Der gemeinsame gewöhnlichen Aufenthalt (Art. 40 Abs. 2 EGBGB)

Fehlt es an einer Rechtswahl, muß das anwendbare Recht anhand von Art. 40 Abs. 1 und Abs. 2 EGBGB bestimmt werden. Da das Recht des gemeinsamen Aufenthaltes das Tatortrecht verdrängt, kommt es vorrangig darauf an, ob die Parteien einen gemeinsamen gewöhnlichen Aufenthalt haben[594]; für juristische Personen ist dabei der Ort der Hauptverwaltung bzw. der betroffenen Niederlassung ausschlaggebend. Wie bereits ausgeführt, geht es hier zum einen um die Ansprüche der Passagiere, ihrer Hinterbliebenen und der Befrachter[595] des Flugzeugs A gegen die Luftfahrtgesellschaft des Flugzeugs B. Zum anderen handelt es sich um die Ansprüche der Luftfahrtgesellschaft A gegen die Luftfahrtgesellschaft B. Befinden sich der gewöhnliche Aufenthalt der Passagiere aus Flugzeug A und der Ort der Hauptverwaltung[596] der Luftverkehrsgesellschaft B in demselben Staat, ist das Recht dieses Staates anwendbar. Im Verhältnis der Luftfahrtgesellschaften zueinander gilt: Liegen der Ort der Hauptverwaltung der Luftverkehrsgesellschaft A und der Ort der Hauptverwaltung von Luftfahrtgesellschaft B in ein und demselben Staat, ist das Recht dieses Staates maßgeblich.

---

592 *Faller*, ZLW 1981, S. 3 (7); Staudinger-*von Hoffmann*, Art. 38 EGBGB, Rn. 370.

593 BegrRegE, BR-Drucks.759/98, S. 23 f. = BT-Drucks. 14/343, S. 11.

594 Siehe S. 94 ff.

595 Die Hinterbliebenen und die Befrachter werden im folgenden nicht mehr ausdrücklich erwähnt.

596 Im folgenden wird nur noch von der Hauptverwaltung gesprochen, die beteiligte Niederlassung ist aber miterfaßt.

Diese Ergebnisse stehen jedoch unter dem Vorbehalt der engeren Verbindung in Art. 41 EGBGB[597].

a) Das Problem des Massenverkehrsunfalls

Ein Flugzeugzusammenstoß ist in der Regel ein Massenverkehrsunfall; es werden meist eine Vielzahl von Menschen getötet und ein erheblicher Sachschaden angerichtet. Die Regelanknüpfungen gem. Art. 40 Abs. 2 EGBGB an den gemeinsamen gewöhnlichen Aufenthalt wirft im Zusammenhang mit Massenverkehrsunfällen Probleme auf. Bei internationalen Flügen sind in der Regel Passagiere „aus aller Herren Länder“ an Bord. Es ist deshalb durchaus möglich, daß das objektive Statut der Ansprüche auseinanderfällt[598], obgleich sie auf demselben Sachverhalt beruhen. Zu diesem unerwünschten Ergebnis kommt es dann, wenn der gewöhnliche Aufenthalt nur eines Teils der geschädigten Passagiere aus Flugzeug A in demselben Staat liegt, wo sich der Ort der Hauptverwaltung der Luftfahrtgesellschaft des schädigenden Flugzeugs B befindet; in diesem Anspruchsverhältnis ist gem. Art. 40 Abs. 2 EGBGB das Recht des gemeinsamen gewöhnlichen Aufenthaltes bzw. des Ortes der Hauptverwaltung anwendbar. Für die deliktischen Ansprüche der anderen Passagiere gilt gem. Art. 40 Abs. 1 S. 1 EGBGB das Handlungsortrecht als Tatortrecht.

Die unterschiedliche Anknüpfung der deliktischen Ansprüche führt zum einen zu einer komplizierten Schadensabwicklung; zum anderen sprechen Gerechtigkeitserwägungen gegen eine unterschiedliche Anknüpfung von Massenverkehrsunfällen. Die verschiedenen Rechtsordnungen kennen große Unterschiede in der Gewährung von Schadensersatzansprüchen; insbesondere die Höhe betreffend. Man denke nur an die eklatanten Abweichungen des deutschen Schadensresatzrechts von dem der Bundesstaaten der USA. Außerdem vermag eine personenbezogene Anknüpfung eine unterschiedliche Behandlung von deliktischen Schadensersatzansprüchen nicht zu begründen[599]. Um eine einheitliche Anknüpfung sämtlicher Schadensersatzansprüche zu erreichen, ist in einer derartigen Situation die Ausweichklausel in Art. 41 Abs. 1 EGBGB heranzuziehen. Die nur bei einem Teil der Betroffenen einschlägige Anknüpfung an den gemeinsamen gewöhnlichen Aufenthalt bzw. den Ort der Hauptverwaltung gem. Art. 40 EGBGB, wird durch die wesentlich engere Verbindung zum Tatortrecht verdrängt[600].

---

[597] Siehe S. 110 ff.

[598] Das gilt nicht, wenn der Schädiger seinen gewöhnlichen Aufenthalt am Handlungsort hat.

[599] *E. Lorenz*, ebenda.

[600] Siehe S. 110 ff.

b) Zusammenfassung

Die Ansprüche der Luftfahrtgesellschaft des geschädigten Luftfahrzeugs A gegen die Luftfahrtgesellschaft B werden gem. Art. 40 Abs. 2 EGBGB angeknüpft, wenn die Orte der Hauptverwaltungen der Luftfahrtgesellschaften in demselben Staat liegen. Für die Ansprüche der Passagiere aus dem Luftfahrzeug A gegen die Luftfahrtgesellschaft B ist eine Anknüpfung gem. Art. 40 Abs. 2 EGBGB denkbar, wenn sich der gewöhnliche Aufenthalt der Passagiere und der Ort der Hauptverwaltung der schädigenden Luftfahrtgesellschaft B in demselben Staat befinden. Meist wird sich aber ein Massenverkehrsunfall ereignet haben: Nur für einen Teil der Betroffenen ist die Anknüpfung an den gemeinsamen gewöhnlichen Aufenthalt bzw. den Ort der Hauptverwaltung gem. Art. 40 EGBGB einschlägig, während sich die Anknüpfung der Ansprüche des übrigen Teils der Betroffenen gem. Art. 40 Abs. 1 EGBGB nach dem Tatortrecht richtet. Da aus Zweckmäßigkeits- und Gerechtigkeitserwägungen Massenunfälle einheitlich anzuknüpfen sind[601], verdrängt die Ausweichklausel in Art. 41 Abs. 1 EGBGB die Anknüpfung an den gemeinsamen gewöhnlichen Aufenthalt bzw. den Ort der Hauptverwaltung gem. Art. 40 Abs. 2 EGBGB zugunsten der Tatortanknüpfung .

3. Tatortanknüpfung (Art. 40 Abs. 1 EGBGB)

Liegen die Tatbestandsvoraussetzungen von Art. 40 Abs. 2 EGBGB nicht vor, muß gem. Art. 40 Abs. 1 EGBGB generell an das Tatortrecht angeknüpft werden.

Der Gesetzgeber hat zwar ausdrücklich auf die Einführung einer besonderen Kollisionsnorm für Flugzeugzusammenstöße verzichtet. Der Gesetzgeber hat aber an Unterscheidung zwischen Zusammenstößen außerhalb und innerhalb des Hoheitsbereiches eines Staates wie nach alter Rechtslage[602] festgehalten[603]. Die

---

[601] Empfehlungen, BR-Drucks. 759/98, S. 2; 62. DJT, NJW 1999, S. 108 (118); *E. Lorenz*, Vorschläge und Gutachten zur Reform des deutschen Internationalen Privatrechts der außervertraglichen Schuldverhältnisse, vorgelegt von E. von Caemmerer, S. 440 (447); *Urwantschky*, Flugzeugunfälle mit Auslandsberührung und Auflockerung des Deliktsstatuts, S. 137; *Wagner*, IPRax 1999, S. 210 (211).

[602] Nach der alten Rechtslage wurde bei internationalen Flügen zwischen Zusammmenstößen über hoheitsfreiem Gebiet und über Hoheitsgebiet unterschieden (*Beitzke*, RdC 1965 III, S. 63 [141]; *Giemulla*, ZLW 1980, S. 119 [119 f., 122]; *E. Lorenz*, Vorschläge und Gutachten zur Reform des deutschen Internationalen Privatrechts der außervertraglichen Schuldverhältnisse, vorgelegt von E. von Caemmerer, S. 440 [445 f.]; MünchKomm-*Kreuzer*, Art. 38 EGBGB, Rn. 183; *Rabel*, Conflict of Laws II, S. 346; Staudinger-*von Hoffmann*, Art. 38 EGBGB, Rn. 371 f. A.A.: *Lukoschek*, Das anwendbare Recht bei Flugzeugunglücken, S. 119 ff.; *Frings*, ZLW 1977, S. 8 [18 – 22]): Während bei Flugzeugzu-

Anknüpfung an das Recht des überflogenen Staates begründet sich über Art. 1 Chicagoer Abkommen sowie aus allgemeinen völkerrechtlichen Grundsätzen[604]: Ein Flugzeug unterliegt dem Recht des überflogenen Staates, da ein Staat über sein Hoheitsgebiet die ausschließliche Lufthoheit besitzt. Eine gesonderte Anknüpfung wird in der Gesetzesbegründung für Zusammenstöße über hoheitsfreiem Gebiet dargelegt. Die Gesetzesbegründung verweist auf die im *Casablanca*-Urteil des Reichsgerichts vom 12. November 1932[605] entwickelten Grundsätze zu einem Schiffszusammenstoß in hoheitsfreien Gewässern[606]. In verkürzter Form lag dem Urteil folgender Sachverhalt zugrunde: Der deutsche Dampfer „Casablanca" war gesunken, nachdem er in hoheitsfreien Gewässern vom englischen Motorschiff „Henry Stanley" gerammt worden war. Zur Frage nach dem anwendbaren Recht übertrug das Gericht die Tatortregel auf Schiffszusammenstöße in hoheitsfreiem Gebiet. Das Gericht führte aus[607]:

„Werden in einem solchen Fall [einer unerlaubten Handlung] die Handlungen des Täters in dem einen Rechtsgebiet begangen, wirkt sich der schadenbringende Erfolg aber in einem anderen Rechtsgebiet aus, so gelten im Rechtssinn die beiden in Betracht kommenden Orte als Begehungsorte. Dasselbe hat für Schiffe verschiedener Nationalität auf hoher See zu gelten, da ein Schiff auf hoher See als Bestandteil seines Heimatstaates anzusehen ist und Handlungen, die auf einem solchen Schiff begangen werden, der gleichen rechtlichen Beurteilung unterliegen wie Handlungen in seinem Heimatstaat".

---

sammenstößen über hoheitsfreiem Gebiet nach überwiegender Ansicht das Registerortsrecht maßgeblich sein sollte (*Giemulla*, ZLW 1980, S. 119 [125]; *E. Lorenz*, Vorschläge und Gutachten zur Reform des deutschen Internationalen Privatrechts der außervertraglichen Schuldverhältnisse, vorgelegt von E. von Caemmerer, S. 440 [453]; *Lukoschek*, Das anwendbare Recht bei Flugzeugunglücken, S. 120 f., 139; *Schwenk*, ZLW 1970, S. 125 [126]; Staudinger-*von Hoffmann*, Art. 38 EGBGB, Rn. 372. Für das Recht der *lex fori*: *Binder*, RabelsZ 20 [1955], S. 401 [493]; *E. Lorenz*, Vorschläge und Gutachten zur Reform des deutschen Internationalen Privatrechts der außervertraglichen Schuldverhältnisse, vorgelegt von E. von Caemmerer, S. 440 [454 ff.]; *Ruhwedel*, Rechtsstellung des Flugkommandanten im zivilen Luftverkehr, S. 182 f.), knüpfte man bei Flugzeugzusammenstößen über Hoheitsgebiet an das Recht des überflogenen Staates an (*Beitzke*, RdC 1965 III, S. 63 [141]; *Binder*, RabelsZ 20 [1955], S. 401 [493]; *Giemulla*, ZLW 1980, S. 119 [119 f.]; *Rabel*, Conflict of Laws II, S. 346; Staudinger-*von Hoffmann*, Art. 38 EGBGB, Rn. 371. A.A.: *Lukoschek*, Das anwendbare Recht bei Flugzeugunglücken, S. 119 ff.; *Frings*, ZLW 1977, S. 8 [18 – 22]).

603 BegrRegE, BR-Drucks.759/98, S. 23 f. = BT-Drucks. 14/343, S. 11.

604 *Riese*, Luftrecht, S. 71 ff.; *Strupp/Schlochauer*, Wörterbuch des Völkerrechts II, S. 443.

605 RG v. 12.11.1932 (I 68/32), RGZ 138, S. 243.

606 BegrRegE, BR-Drucks. 759/98, S. 23 = BT-Drucks. 14/343, S. 14.

607 RG v. 12.11.1932 (I 68/32), RGZ 138, S. 243 (246).

Wie bei Schiffszusammenstößen soll bei Flugzeugzusammenstößen demzufolge als Tatortrecht das Registerortsrecht[608] des schädigenden oder des geschädigten Flugzeugs Anwendung finden, wenn sich das Luftfahrzeug in hoheitsfreiem Gebiet befindet.

Da gem. Art. 40 Abs. 1 S. 1 EGBGB grundsätzlich das Recht des Handlungsortes anwendbar ist, gilt bei Flugzeugzusammenstößen zunächst das Recht des schädigenden Flugzeugs. Mit der grundsätzlichen Anknüpfung an das Recht des schädigenden Flugzeugs richtet sich das Deliktsstatut nach der Rechtsordnung, auf die sich die schädigende Luftfahrtgesellschaft im vorhinein einstellen konnte, um ihr Verhalten danach auszurichten; sie kennt das Registerortsrecht des Flugzeugs vor Flugantritt. Der Anspruchsgegner haftet nur dann, wenn er nach seinem Recht Schädiger ist[609]. Nur wenn der Geschädigte für das Erfolgsortsrecht optiert, ist das Recht des geschädigten Flugzeugs maßgeblich[610]. Die Passagiere und Befrachter des anderen Flugzeugs nehmen durch die Wahl des jeweiligen Flugzeugs dessen Recht in Kauf und stellen dadurch eine besondere Verbindung zu dieser Rechtsordnung her[611]. Mit der Option für das Erfolgsortsrecht eröffnet sich für die geschädigten Passagiere und Befrachter die Möglichkeit, das Recht zu wählen, auf dessen Schutz sie vertraut haben[612]. Allerdings stehen diese rechtstheoretischen Vorteile vor den Problemen der Praxis; vielfach wird nicht zu ermitteln sein, welches Flugzeug den Zusammenstoß tatsächlich verursacht hat.

---

[608] Das Registerortsrecht eines Flugzeugs bestimmt seine Staatsangehörigkeit (Art. 17 Chicagoer Abkommen). Das Registerortsrecht entspricht regelmäßig der Flagge des Luftfahrzeugs, vgl. § 2 Abs. 5 LuftVG. Vielfach ist deshalb anstatt von Registerortsrecht von Flaggenrecht die Rede, wenn die Anknüpfung von Luftfahrzeuzusammenstößen diskutiert wird. Der Staatsangehörigkeit von Luftfahrzeugen kommt die gleiche Bedeutung wie der Staatsangehörigkeit von Schiffen zu (*Schwenk*, Luftverkehrsrecht, S. 267). Schiffe sind früher als schwimmende Gebietsteile eines Staates angesehen worden (RG v. 12.11.1932 - I 68/32, RGZ 138, S. 243 [246]). heute vergleicht man ihre Staatsangehörigkeit mit der Staatsangehörigkeit einer natürlichen Person: Sie ist Ausfluß staatlicher Hoheitsgewalt (*Makarov*, FS Kraus, S. 215 (216); *Strupp/Schlochauer*, Wörterbuch des Völkerrechts II, S. 443).

[609] *E. Lorenz*, Vorschläge und Gutachten zur Reform des deutschen Internationalen Privatrechts der außervertraglichen Schuldverhältnisse, vorgelegt von E. von Caemmerer, S. 440 (453).

[610] Art. 40 Abs. 1 S. 2 EGBGB.

[611] *E. Lorenz*, Vorschläge und Gutachten zur Reform des deutschen Internationalen Privatrechts der außervertraglichen Schuldverhältnisse, vorgelegt von E. von Caemmerer, S. 440 (461).

[612] Vgl. *E. Lorenz*, Vorschläge und Gutachten zur Reform des deutschen Internationalen Privatrechts der außervertraglichen Schuldverhältnisse, vorgelegt von E. von Caemmerer, S. 440 (453); *Lukoschek*, Das anwendbare Recht bei Flugzeugunglücken, S. 120.

Bei Flugzeugzusammenstößen gilt gem. Art. 40 Abs. 1 EGBGB das Tatortrecht. Bei Zusammenstößen über hoheitsfreiem Gebiet bestimmt sich der Tatort nach dem Registerortsrecht des schädigenden oder des geschädigten Flugzeugs: Grundsätzlich gilt als Handlungsortsrecht das Recht des schädigenden Flugzeuges; nur bei einer Option des Geschädigten für das Erfolgsortsrecht ist das Recht des geschädigten Flugzeugs maßgeblich.

4. Engere Verbindung (Art. 41 EGBGB)

Besteht mit einem anderen Staat eine wesentlich engere Verbindung, als sich aus der Anknüpfung nach Art. 40 Abs. 1 und 2 EGBGB ergibt, ist gem. Art. 41 Abs. 1 EGBGB das Recht dieses Staates maßgeblich. Die Frage nach der engsten Verbindung stellt sich, wenn das objektive Statut der Ansprüche der Passagiere beim Massenverkehrsunfall auseinanderfällt: Nur ein Teil der Passagiere aus dem geschädigten Flugzeug A hat ihren gewöhnlichen Aufenthalt in dem Staat der Hauptverwaltung der Luftfahrtgesellschaft des schädigenden Flugzeugs B; das anwendbare Recht auf die Ansprüche der übrigen Passagiere ist hingegen nach dem sich davon unterscheidenden Tatortrecht zu bestimmen.

a) Artikel 41 Abs. 2 Nr. 1 EGBGB

Eine wesentlich engere Verbindung kann insbesondere kraft vertragsakzessorischer Anknüpfung begründet werden[613]. In diesem Paragraphen werden zum einen die Ansprüche der Passagiere des geschädigten Flugzeugs gegen die Luftfahrtgesellschaft des schädigenden Flugzeugs untersucht, d.h. die Ansprüche der Passagiere des Flugzeugs A gegen die Luftfahrtgesellschaft B und zum anderen die Ansprüche der geschädigten Luftfahrtgesellschaft A gegen die schädigende Luftfahrtgesellschaft B. Vertragliche Verknüpfungen werden in dieser Verbindung nur in Ausnahmefällen bestehen. Ein Schuldverhältnis liegt regelmäßig nur in dem Verhältnis der Passagiere zu der Luftverkehrsgesellschaft vor, mit der sie den Luftbeförderungsvertrag geschlossen haben. Die Ausführungen zur Anknüpfung dieser Ansprüche erfolgen jedoch erst in § 7[614]. Bei Flugzeugzusammenstößen kommt es innerhalb der hier untersuchten deliktsrechtlichen Beziehungen wohl kaum zu einer akzessorischen Anknüpfung gem. Art. 41 Abs. 2 Nr. 1 EGBGB.

Eine Beziehung tatsächlicher Art, die bei der Entstehung des Anspruchs aus unerlaubter Handlung bereits besteht und eine wesentlich engere Verbindung zu einer Rechtsordnung begründet wird selten zu finden sein. Ein Merkmal, das beide Flugzeuge gleichermaßen betrifft, ist etwa ein gemeinsamer

---

[613] Art. 41 Abs. 2 Nr. 1 EGBGB.

[614] Siehe S. 124 ff.

flugs- oder Bestimmungsort der Flugzeuge; es handelt sich dabei um eine nur sehr schwache Verknüpfung zu einer Rechtsordnung. Finden ein oder mehrere Zwischenstopps während des Fluges statt, fällt dieses Kriterium im Hinblick auf die anspruchstellenden Passagiere ohnehin weg, da die Fluggäste an verschiedenen Orten zusteigen. Eine Beziehung tatsächlicher Art i.S.v. Art. 41 Abs. 2 Nr. 1 EGBGB wird die Anknüpfungsmomente aus Art. 40 Abs. 2 EGBGB nur in Ausnahmefällen verdrängen.

b) Artikel 41 Abs. 1 EGBGB

Da mit Hilfe von Art. 41 Abs. 2 Nr. 1 EGBGB die engste Verbindung zu einer Rechtsordnung des hier untersuchten Rechtsverhältnisses der Passagiere aus dem Luftfahrzeug A gegen die Luftfahrtgesellschaft B in der Regel nicht begründet werden kann, kann nur dann von den Regelanknüpfungen in Art. 40 Abs. 1 und 2 EGBGB abgewichen werden, wenn die Voraussetzungen von Art. 41 Abs. 1 EGBGB erfüllt sind. Dazu muß die Gesamtheit der Umstände auf eine engere Verbindung zu einer anderen Rechtsordnung hindeuten, als der nach Art. 40 Abs. 1 oder 2 EGBGB ermittelten.

Eine einheitliche Anknüpfung des Massenverkehrsunfalls ist im Hinblick auf die internationalprivatrechtliche Gerechtigkeit erforderlich. Vor diesem Hingergrund verdrängt das Tatortrecht die Anknüpfung gem Art. 40 Abs. 2 EGBGB bei den Passagiere aus Luftfahrzeug A, deren gewöhnlicher Aufenthalt mit dem Ort der Hauptverwaltung der Luftfahrtgesellschaft übereinstimmt. Im Internationalen Deliktsrecht begründet die Tatortanknüpfung - wie sich schon in der vom Gesetzgeber vorgegebenen Prüfungsreihenfolge widerspiegelt - den Anknüpfungspunkt, der nach dem gemeinsamen gewöhnlichen Aufenthalt die engste Verknüpfung des Rechtsverhältnisses mit dem Sachverhalt begründet. Das Verhalten des Schädigers und die Ansprüche des Geschädigten werden nach dem Recht beurteilt, in dessen Geltungsbereich der Schaden eingetreten ist. Die Anknüpfung an den Tatort stellt daher im Hinblick auf den Gesamtsachverhalt die engste Beziehung der an einem Massenverkehrsunfall beteiligten Parteien zu einer Rechtsordnung her[615].

c) Zusammenfassung

Eine Anknüfpung gem. Art. 41 Abs. 2 Nr. 1 EGBGB wird bei Flugzeugzusammenstößen nur in Ausnahmefällen greifen. Das Tatortrecht begründet gem. Art. 41 Abs. 1 EGBGB die engste Verbindung des Sachverhalts zu einer Rechtsordnung, wenn das objektive Statut nach den Regelanknüpfungen auseinanderfällt.

---

615 Siehe Fn. ebenda.

§ 5 Flugzeugabstürze

Abstürzende Flugzeuge, aber etwa auch Fluglärm oder die Strahltriebwerks-Abgas-Ströme des Flugzeugs[616] verursachen vielfache Schäden. Flugzeugabstürze sind auch heute noch zahlreich:

- Am 25. Juli 2000 stürzte eine Concorde in der Nähe von Paris ab[617]. Dabei starben alle Bordinsassen, d.h. 100 Passagiere und neun Besatzungsmitglieder; weiterhin zerstörten herabstürzende Flugzeugtrümmer ein Hotel-Restaurant im Pariser Vorort Gonesse; vier weitere Menschen, die sich dort aufhielten, wurden in den Tod gerissen.
- Am 31.10.1996 stürzte ein Flugzeug kurz nach dem Start in São Paulo ab und raste in ein Wohnviertel der Stadt[618].
- Am 16.11.2000 ist ein Flugzeug nach dem Start vom Flughafen von Luanda in Angola in ein Wohnviertel gestürzt[619].

Die IPR-Fragen in diesem Paragraphen betreffen die Anknüpfung der Ansprüche von Drittgeschädigten auf der Erde. Je nachdem, wer den Schaden verursacht hat, richtet sich der Anspruch des Geschädigten gegen die Luftfahrtgesellschaft, gegen einen Passagier oder die Besatzung[620]. Darüber hinaus wird auf die Ansprüche der Insassen und deren Angehöriger eingegangen.

I. Ansprüche von Drittgeschädigten

Auf internationaler Ebene wurden zahlreiche, vergebliche Versuche unternommen, eine international einheitliche Regelung der Bodenschäden durch Luftfahrzeuge zu schaffen. Auf diese Bemühungen wird im folgenden näher eingegangen; dabei wird insbesondere das *Römer Haftungsabkommen* von 1952 berücksichtigt.

1. Vergebliche Versuche der Rechtsvereinheitlichung

Zu den Versuchen, ein einheitliches internationales Recht auf dem Gebiet der Haftung für Bodenschäden durch Luftfahrzeuge zu schaffen, zählt auch das 1933 in Rom ausgearbeitete Abkommen über die Haftpflicht der Luftfahrzeughalter für Drittschäden; es ist aufgrund der geringen Anzahl von Ratifikationen niemals in Kraft getreten[621]. Auch das in Brüssel erstellte Zusatzprotokoll von

---

616 Siehe weitere Beispiele bei *Kehrberger*, FS Guldimann, S. 129 (130).

617 FAZ vom 26. Juli 2000; FAZ vom 27. Juli 2000.

618 http://www.berlinonline.de/wissen/titelfotos/archiv/show/01111996a_jpg.html.

619 http://www.spiegel.de/druckversion/01588/102953,00.html.

620 Grundsätzlich haftet der Luftfrachtführer nach dem WA für seine Leute (Art. 25 Abs. 2 WA).

621 *Riese*, Luftrecht, S. 330; *A. Meyer*, Internationale Luftfahrtabkommen I, S. 246.

1938 konnte nicht dazu beitragen, mehr Staaten von einer Ratifizierung zu überzeugen[622].

a) Das Römer Haftungsabkommen

Wegen des mangelnden Erfolgs des ersten Römer Abkommens nahm sich die ICAO seit 1947 der Aufgabe an, ein „Abkommen über Schäden, die Dritten auf der Erde durch ausländische Luftfahrzeuge zugefügt werden“ zu erarbeiten. Am 7.10.1952 wurde das aus diesen Bemühungen heraus zustande gekommene *Römer Haftungsabkommen*[623] gezeichnet. Bei der Revision des Römer Haftungsabkommens[624] in Form des *Montrealer Protokolls* von 1978 sind vor allem die Haftungshöchstsummen angehoben worden.

Das Römer Haftungsabkommen regelt die Haftung für Drittschäden auf der Erde durch ein ausländisches Luftfahrzeug verursacht hat. Es geht dabei vom Grundsatz einer summenmäßig begrenzten Gefährdungshaftung aus[625]. Ferner trifft das Abkommen Regelungen über die Sicherstellung der Haftung im Ausland, den Gerichtsstand und die Vollstreckbarkeit im Ausland. Das Abkommen hat zum Ziel, einen Ausgleich zwischen dem Interesse des Geschädigten an einer angemessenen Haftung und dem Interesse des Luftfrachtführers an einer Haftungsbegrenzung zu schaffen, um die Weiterentwicklung des Lufttransportwesens zu fördern[626].

Das Abkommen findet nur Anwendung, wenn der Schaden auf dem Gebiet eines Vertragsstaates durch ein Flugzeug verursacht worden ist, das in einem Vertragsstaat registriert ist[627]. Sachlich ist das Abkommen zum einen auf Schäden anwendbar, die durch ein Luftfahrzeug verursacht worden sind, das sich im Flug befindet[628]; „im Flug befindlich“ ist ein Flugzeug, in der Zeitspanne, von der an „Motorkraft zum Zwecke des eigentlichen Abflugs angewendet wird bis zu dem Augenblick, in dem der Landungsauslauf endet“[629]. Zum anderen gilt das Abkommen für Schäden, die durch von einem Flugzeug herabstürzenden Sachen entstehen[630]. Die Beschränkung des sachlichen Anwendungsbereichs auf sich im Flug befindliche Luftfahrzeuge hat eine Ungleichbehandlung von Unfällen am Flughafen zur Folge: Die Ansprüche der Geschädigten eines

---

[622] *Kistler*, Römer Haftungsabkommen, S. 11 ff.; 106 f.

[623] Abgedruckt in ZLW 1954, S. 85.

[624] Dazu *Röbbert*, ZLW 1978, S. 310.

[625] *Rinck*, ZLW 1954, S. 85 (86); *Röbbert*, ZLW 1978, S. 310.

[626] Siehe Präambel des Abkommens.

[627] Art. 23 Abs. 1 Römer Haftungsabkommen.

[628] Art. 1 Abs. 1 Römer Haftungsabkommen.

[629] Art. 1 Abs. 2 Römer Haftungsabkommen.

[630] Art. 1 Abs. 1 Römer Haftungsabkommen.

sich im Flug befindlichen Flugzeugs unterfallen dem Römer Haftungsabkommen, die Ansprüche von Flugzeughalter, Passagieren und Ladungsbeteiligten eines am Boden stehenden Flugzugs hingegen nicht. Haben der Halter oder der berechtigte Benutzer mit dem Geschädigten eine eigenständige Haftungsregelung getroffen, ist die Anwendung des Abkommens ausgeschlossen[631].

Wenn die Anwendungsvoraussetzungen des Abkommens erfüllt sind, erwachsen dem Geschädigten Schadensersatzansprüche gegen den Halter[632]. Der Schaden muß unmittelbare Folge des Unfalls sein[633]; fehlt es an einem adäquaten Zusammenhang, ist der Anspruch ausgeschlossen[634]. Das bloße Überfliegen eines Staates kann nur Ersatzansprüche auslösen, wenn der Flug nicht in Übereinstimmung mit den jeweiligen Luftverkehrsregeln durchgeführt worden ist[635]. Inwieweit die Geschädigten Lärmschäden innerhalb des Anwendungsbereichs des Abkommens geltend machen können, ist deswegen von den Vorschriften der Luftverkehrsbehörde des durchflogenen Staates abhängig[636]. Die Haftung ist ihrer Höhe nach beschränkt[637]. Bei Sachschäden ist die Höhe des Anspruchs vom Gewicht des Flugzeugs abhängig, während die Haftungshöchstsumme für Personenschäden bei 500.000 Goldfranken[638] liegt. Im Montrealer Protokoll von 1978 liegt die Haftungshöchstgrenze für Personenschäden bei 125.000 SZR[639].

Das Abkommen trifft keine Regelung darüber, für welche Schäden Ersatz zu leisten ist. Diese Regelungslücke muß durch die Anwendung des nationalen Rechts entschieden werden. Die Meinungen darüber, ob das IPR der *lex fori*[640] oder die *lex fori*[641] dieses Problem zu lösen hat, sind geteilt. Die Regelung in Art. 20 Abs. 1 Römer Haftungsabkommen bestimmt das *forum delicti commissi* zum ausschließlichen Gerichtsstand. Daraus wird teilweise eine generelle Geltung der *lex fori* für die ungeregelten Fragen des Abkommens abgeleitet[642]. Auf diese Weise könnte einer Rechtszersplitterung entgegengewirkt werden. Andererseits weist das Abkommen ausdrücklich darauf hin, wenn das materielle na-

---

631 Art. 25 Römer Haftungsabkommen.

632 Art. 2 Römer Haftungsabkommen.

633 Art. 1 Abs. 1 S. 2, 1. HS. Römer Haftungsabkommen.

634 *Kistler*, Römer Haftungsabkommen, S. 47; *A. Meyer*, ZLW 1954, S. 42 (44); *Rinck*, ZLW 1954, S. 85 (97).

635 Art. 1 Abs. 1 S. 2 2. HS. Römer Haftungsabkommen.

636 *Rinck*, ZLW 1954, S. 85 (88).

637 Art. 11 Abs. 1, 2 Römer Haftungsabkommen.

638 Etwa 29.230, 80 Euro.

639 Etwa 160.256, 41 Euro.

640 *Riese*, ZLW 1952, S. 105 (110).

641 *Kistler*, Römer Haftungsabkommen, S. 23; *Lukoschek*, Das anwendbare Recht bei Flugzeugunglücken, S. 23 f.

642 *Lukoschek*, Das anwendbare Recht bei Flugzeugunglücken, S. 23.

tionale Recht maßgeblich sein soll - wie etwa in Art. 1 Abs. 2 2. HS Römer Haftungsabkommen. Die Erarbeiter des Abkommens erachteten die Ausfüllung seiner Regelungslücken mit Hilfe des Kollisionsrechts offensichtlich als selbstverständlich. Das IPR der *lex fori* entscheidet deshalb die Frage nach dem anzuwenden Recht der ungeregelten Bereiche des Abkommens.

b) Bedeutung des Römer Haftungsabkommens

Das Abkommen und der Reformversuch in Form des Montrealer Protokolls haben direkt keine wesentliche Bedeutung erlangen können[643]. Nur wenige Länder haben das Römer Haftungsabkommen und das Montrealer Protokoll ratifiziert. Dem Römer Haftungsabkommen gehören überwiegend lateinamerikanische und afrikanische Staaten mit wenig zivilem Luftverkehr an[644]. Die Zukunft des Abkommens stand von Anfang an unter keinem guten Stern, da die USA das Abkommen nicht unterzeichnet haben[645]. Grund für die fehlende Ratifikationsbereitschaft der USA und auch anderer Länder waren die als zu gering erachteten Haftungshöchstsummen[646]. Ein weiterer Grund, warum das Abkommen niemals eine entscheidende Bedeutung erlangen konnte, ist sein eingeschränkter räumlicher Anwendungsbereich[647]. Kumulativ müssen zwei Voraussetzungen erfüllt sein: Das am Unfall beteiligte Flugzeug muß in einem Vertragsstaat registriert sein und das Schadensereignis muß in einem Vertragsstaat eintreten. Da das Abkommen außerdem nur in wenigen Ländern in Kraft ist, kommt es nur sehr selten zur Anwendung. Die Bundesrepublik Deutschland hat das Abkommen zwar nie ratifiziert, sie hat seine Regelungen aber im LuftVG umgesetzt[648]. In ähnlicher Weise sind auch andere Länder verfahren[649]. Deshalb hat das Abkommen auf indirektem Weg doch einen relativ großen Erfolg zu verzeichnen.

---

643 Vgl. *Bodenschatz*, ZLW 1972, S. 206; *Werro*, Haftung aus Zusammenstoß von Flugzeugen, S. 124.

644 Vgl. *Rinck*, ZLW 1954, S. 85 (86), *Röbbert*, ZLW 1978, S. 310; *Werro*, Haftung aus Zusammenstoß von Flugzeugen, S. 124.

645 *Lukoschek*, Das anwendbare Recht bei Flugzeugunglücken, 19; *Rinck*, ZLW 1954, S. 85; *Röbbert*, ZLW 1978, S. 310.

646 *Guldimann*, SchwJZ 1953, S. 269, 274, Fn. 18; *Rinck*, ZLW 1954, S. 85 (86); *Röbbert*, ZLW 1978, S. 310.

647 *Beaumont*, FS Riese, S. 475 ff.; *Bodenschatz*, ZLW 1972, S. 206; *Lukoschek*, Das anwendbare Recht bei Flugzeugunglücken, S. 22.

648 Sechstes Änderungsgesetz zum LuftVG vom 24.07.1964 (BGBl. 1964 I, S. 529). Zu den heutigen Haftungshöchstsummen siehe S. 133 ff.

649 *Bodenschatz*, ZLW 1972, S. 206 (207).

2. Das nationale IPR

Da das Römer Haftungsabkommen für die Bundesrepublik Deutschland nie in Kraft getreten ist, ist das auf Bodenschäden durch Luftfahrzeuge anwendbare Recht anhand des nationalen Kollisionsrechts zu ermitteln. Eine nachträgliche Rechtswahl gem. Art. 42 EGBGB hat Priorität gegenüber den objektiven Anknüpfungsmomenten aus Art. 40 EGBGB. Haben die Parteien keine Rechtswahl vorgenommen, bestimmt der gemeinsame gewöhnliche Aufenthalt von Schädiger und Geschädigtem das Deliktsstatut[650]. Bei juristischen Personen gilt das Recht der Niederlassung[651]. Fehlt es an einem gemeinsamen gewöhnlichen Aufenthalt, ist das Recht des Tatortes maßgeblich[652].

Bei Flugzeugunfällen wird die Anknüpfung an den Tatort teilweise mit Skepsis betrachtet[653]. Die mit der Anknüpfung an den Tatort bei Flugzeugunglücken einhergehende Problematik stellt sich bei Bodenschäden durch Flugzeuge dagegen nicht. In dieser Fallgruppe treten in der Regel keine Schwierigkeiten auf, den Tatort und damit das anwendbare Recht zu bestimmen[654]. Mit dem Tatortrecht kommt ein Recht zur Anwendung, mit dessen Anwendung insbesondere der Geschädigte rechnet; er hat üblicherweise seinen gewöhnlichen Aufenthalt am Tatort. Der Luftfrachtführer kann sich insofern auf das Tatortrecht vorbereiten, da er die Flugroute im vorhinein kennt. Aus diesem Grund trägt die Tatortanknüpfung bei Bodenschäden durch Luftfahrzeuge zur Rechtssicherheit bei[655]. Für den Geschädigten kommt mit dem Tatortrecht das Recht zur Anwendung, unter dessen Schutz er steht[656]. Der Schädiger muß sich zwar mit vielen Rechtsordnungen auseinandersetzen, wenn das Luftfahrzeug auf internationalen Flügen eingesetzt wird; er kann das daraus entstehende Risiko dann aber auch versichern. Die Anwendung der *lex loci delicti*-Regel steht dementsprechend sowohl im Verkehrs- als auch im Parteiinteresse: Das maßgebliche Recht ist für beide Seiten vorherzusehen und weist die engste Beziehung zum

---

650 Art. 40 Abs. 2 EGBGB.

651 Art. 40 Abs. 2 S. 2 EGBGB.

652 Art. 40 Abs. 1 EGBGB.

653 *Binder*, RabelsZ 20 (1955), S. 401 (493); *Frings*, Der Einfluß privatrechtlicher Staatsverträge und nationaler Rechtsordnungen auf den Internationalen Luftbeförderungsvertrag, S. 104; *Lukoschek*, Das anwendbare Recht bei Flugzeugunglücken, S. 82 f.; *Shawcross/Beaumont*, Air Law I, S. 93; *Trutmann*, IPR der Deliktsobligationen, S. 176.

654 *Lukoschek*, Das anwendbare Recht bei Flugzeugunglücken, S. 131.

655 *E. Lorenz*, Vorschläge und Gutachten zur Reform des deutschen Internationalen Privatrechts der außervertraglichen Schuldverhältnisse, vorgelegt von E. von Caemmerer, S. 440 (448); *Lukoschek*, Das anwendbare Recht bei Flugzeugunglücken, S. 132.

656 *Bentivoglio*, RdC 1966 III, S. 68 (166); *E. Lorenz*, Vorschläge und Gutachten zur Reform des deutschen Internationalen Privatrechts der außervertraglichen Schuldverhältnisse, vorgelegt von E. von Caemmerer, S. 440 (448).

Unfallgeschehen auf. Bei Bodenschäden durch Luftfahrzeuge ist die Tatortanknüpfung - bei fehlender Rechtswahl und fehlendem gemeinsamen gewöhnlichen Aufenthalt - darum berechtigt. Im Wege der akzessorischen Anknüpfung kann von dem nach Art. 40 EGBGB ermittelten Recht abgewichen werden, wenn sich daraus eine wesentliche engere Verbindung zu einer anderen Rechtsordnung ergibt, vgl. Art. 41 Abs. 2 Nr. 1 EGBGB. Eine vertragsakzessorische Anknüpfung ist bei Unglücken während einer Flugschau - etwa der Flugzeugkatastrophe von Ramstein am 28.8.1988[657] - denkbar.

3. Zusammenfassung

Für Drittgeschädigte durch Luftfahrzeuge bestimmt als objektives Deliktsstatut der gemeinsame gewöhnliche Aufenthalt von Schädiger und Geschädigtem[658] das anwendbare Recht. Fehlt es daran, kommt gem. Art. 40 Abs. 2 EGBGB das Tatortrecht zur Anwendung. Eine vertragsakzessorische Anknüpfung nach Art. 41 Abs. 2 Nr. 1 EGBGB kommt beispielsweise bei einer Flugschau in Betracht.

II. Ansprüche der Insassen und Angehörigen

Die Ansprüche der Insassen werden bei Flugzeugabstürzen durch das WA geregelt; es greifen die Schadensersatzregelungen in Art. 17, 18, 19 WA, die gegebenenfalls durch die Beförderungsbedingungen abgeändert werden[659]. Besteht zwischen den Parteien kein Luftbeförderungsvertrag - etwa im Fall eines blinden Passagiers oder eines Testfluges - regelt das Internationale Deliktsrecht, welches Recht anwendbar ist[660].

Die Hinterbliebenen von getöteten Flugzeuginsassen können - das deutsche Erbstatut vorausgesetzt - die Ansprüche ihrer Angehörigen aus dem WA sowie den Beförderungsbedingungen und deliktische Ansprüche gem. § 1922 BGB geltend machen. Ist deutsches Recht auf den Luftbefördengsvertrag anwendbar, können die Hinterbliebenen teilweise auch unmittelbare Schäden, wie die Beerdigungskosten gem. § 1 DGWA i.V.m. § 35 LuftVG ersetzt verlangen. Den Anspruch eines Kindes auf Unterhalt gem. § 1615 BGB gewährleisten § 1 DGWA i.V.m. § 35 Abs. 2 LuftVG. Wenn ein Versicherungsträger oder ein Träger der Sozialhilfe eine Leistung an den anspruchsberechtigten Angehörigen

---

657 Beim Ramstein-Unglück spielen allerdings vor allem die Normen des NATO-Truppenstatuts eine Rolle. Zu den rechtlichen Problemen des Flugzeugunglücks, s. *Bittlinger/Kuhn*, NJW 1988, S. 2768 ff.

658 Art. 40 Abs. 2 EGBGB.

659 Siehe S. 51 ff.

660 Siehe S. 88 ff.

zu erbringen hat, gehen die Ansprüche des Angehörigen allerdings gem. §§ 116 Abs. 1 SGB X, 77 Abs. 2 AVG auf den Versicherungsträger oder den Träger der Sozialhilfe über.

§ 6 Borddelikte

Ein weiterer Problemkreis des Internationalen Deliktsrechts der zivilen Verkehrsluftfahrt eröffnet sich für an Bord von Flugzeugen begangenen Delikte. Insbesondere bei Flugzeugentführungen oder terroristischen Anschlägen werden deliktische Handlungen an Bord des Flugzeugs verübt. Beispielsweise kamen am 21.12.1988 bei einem Bombenanschlag auf eine Passagiermaschine über Lockerbie 259 Menschen ums Leben[661]. Aber auch bei ganz normal verlaufenden Flügen kann es zu deliktischen Handlungen an Bord des Luftfahrzeugs kommen. Ein anschauliches Beispiel lieferten zwei Passagiere auf einem Flug von Puerto Rico nach New York in einer amerikanischen Maschine[662]:

Die zwei Fluggäste hatten den Abschied mit Verwandten und Freunden unter Genuß größerer Mengen von Rum gefeiert und außerdem - zur Stärkung - noch einige Flaschen für den Flug mitgenommen. Nördlich der Bahama-Inseln brach ein Streit zwischen diesen beiden Passagieren um eine abhanden gekommene Flasche Rum aus. Der Flugzeugführer und eine Stewardeß versuchten, das aus dem Streit entstandene Handgemenge zu schlichten. Der Flugzeugführer wurde dabei in die Schulter gebissen, und die Stewardeß erhielt einige Schläge.

In der Fallgruppe der Borddelikte können deliktische Ansprüche von Passagieren oder Befrachtern gegen andere Passagiere oder die Besatzung[663] und der Luftfahrtgesellschaft gegen Passagiere oder die Besatzung entstehen.

I. Das nationale IPR

Die einzigen rechtsvereinheitlichenden Abkommen in diesem Bereich sind das WA und das MA. Diese Abkommen regeln jedoch nur die Ansprüche gegen den Luftfrachtführer; diese Ansprüche behandelt erst § 7. Das anwendbare Recht ist bei Borddelikten anhand des nationalen IPR zu bestimmen. Eine nachträgliche Rechtswahl der Parteien hat Vorrang[664]. Sollte kein gemeinsamer gewöhnlicher Aufenthalt von Schädiger und Geschädigtem vorliegen[665], ist das Tatortrecht maßgeblich[666]. Eine akzessorische Anknüpfung nach Art. 41 Abs. 2 Nr. 1 EGBGB kann die Anknüpfungen nach Art. 40 Abs. 1 und 2 EGBGB verdrängen, wenn sie eine wesentlich engere Verbindung zu einer anderen Rechtsord-

---

661 http://www.pan-american.de/Desaster/Lockerbie1.html.

662 Nach US District Court, Eastern District N.Y. v. 17.3.1950, *United States v. Cordova and Santano*, District of New York, USAvR 1950, S. 1 (auch abgedruckt in ZLW 1952, S. 84).

663 Grundsätzlich haftet der Luftfrachtführer nach dem WA für seine Leute (Art. 25 Abs. 2 WA).

664 Art. 42 EGBGB.

665 Art. 40 Abs. 2 EGBGB.

666 Art. 40 Abs. 1 EGBGB.

nung begründet. Sofern vertragliche Beziehungen zwischen Schädiger und Geschädigtem bestehen, kommt eine akzessorische Anknüpfung des Deliktsstatuts an das Vertragsstatut in Betracht. Denkbar sind Verträge zwischen Passagieren, zwischen dem Bordpersonal, aber auch im Verhältnis vom Bordpersonal zu den Passagieren, etwa bei Charterflügen von Reisegesellschaften.

1. Tatortregel

Probleme bei der Anwendung von Art. 40 ff. EGBGB ergeben sich im Zusammenhang mit der Tatortregel in Art. 40 Abs. 1 EGBGB. Zu unterscheiden sind dabei Borddelikte, die in einem Flugzeug am Boden, während eines internationalen Fluges (wie im Beispielsfall) oder während eines Inlandsfluges begangen werden. Befindet sich das Flugzeug am Boden, ist die Tatortregel unproblematisch in ihrem herkömmlichen Sinn einschlägig.

a) Internationale Flüge

Bei internationalen Flügen gestaltet sich die Anwendung der Tatortregel indes schwierig. Befindet sich das Flugzeug auf einem internationalen Flug, ist die Tatortregel ungeeignet, ein Deliktsstatut nach dem Prinzip der engsten Verbindung zu bestimmen, soweit man unter dem Tatort die Rechtsordnung des überflogenen Staates versteht: Der Tatort ist in diesem Fall rein zufällig; für Täter und Opfer ist das Deliktsstatut nicht vorherzusehen; gegebenenfalls ist der Tatort in derartigen Konstellationen auch gar nicht zu ermitteln, etwa wenn sich das Luftfahrzeug über hoheitsfreiem Gebiet befindet. Als Ersatzanknüpfung ist das Registerortsrecht des Luftfahrzeugs berufen. Die Anknüpfung an das Registerortsrecht ist sehr einfach und das anzuwendende Recht ist für beide Seiten berechenbar. Außerdem spielt sich das Geschehen in der vom Registerortsrecht geprägten Rechtssphäre des Luftfahrzeugs ab. Tatortrecht ist das Registerortsrecht des jeweiligen Flugzeugs.

b) Nationale Flüge

Bei Borddelikten, die während eines Inlandsfluges begangen worden sind, ist die Anwendung der Tatortregel unproblematisch. Beide Seiten können sich im vorhinein auf den Tatort als das Recht des überflogenen Staates einstellen.
Da der Luftraum über einem Staat diesem zugeordnet wird[667], kann es nicht zu Delikten im hoheitsfreien Raum kommen. Die Tatortanknüpfung trägt somit bei Borddelikten auf Inlandsflügen zur Rechtssicherheit bei und wahrt zudem die Parteiinteressen.

2. Engere Verbindung bei gemeingefährlichen Delikten

Ein weiterer Problemkreis eröffnet sich im Hinblick auf gemeingefährliche Delikte an Bord eines Flugzeugs, da eine Vielzahl von Menschen geschädigt wird, wie z.B. bei Flugzeugentführungen. Teilen einige der Passagiere ihren gewöhnlichen Aufenthalt mit dem Täter, andere aber nicht, kommt es zu einer Aufspaltung des objektiven Statuts. Für einen Teil der Passagiere wäre das Recht des gemeinsamen gewöhnlichen Aufenthaltes[668] maßgeblich, für den anderen Teil aber das Tatortrecht[669]. Eine solche Aufspaltung des objektiven Statuts ist mit einer personenbezogenen Anknüpfung jedoch nicht zu begründen[670]. Um eine einheitliche Anknüpfung der Ansprüche aller Passagiere zu erreichen, ist hier generell auf das Registerortsrecht als dem gemeinsamen Umweltrecht von Schädiger und Geschädigtem abzustellen. In Anbetracht der Tatumstände stellt das Registerortsrecht die engste Verbindung der Beteiligten zum Geschehen dar. Eine Anknüpfung an das Registerortsrecht rechtfertigt in einer derartigen Konstellation die Ausweichklausel in Art. 41 Abs. 1 EGBGB[671].

II. Zusammenfassung

Für Borddelikte ist bei Inlandsflügen und solange sich das Flugzeug am Boden befindet die *lex loci delicti* im herkömmlichen Sinn als Deliktsstatut im Rahmen von Art. 40 Abs. 1 EGBGB ausschlaggebend. Wird das Delikt während eines internationalen Fluges verübt, ist das Registerortsrecht des Flugzeugs als Tatortrecht maßgeblich. Ansonsten verbleibt es bei den allgemeinen Regelungen in den Art. 40 ff. EGBGB. Für gemeingefährliche Delikte gilt das Registerorts-

---

667 Art. 1 Chicagoer Abkommen.

668 Art. 40 Abs. 2 EGBGB.

669 Art. 40 Abs. 1 EGBGB.

670 Siehe S. 106 ff.

671 Siehe S. 110 ff.

recht, wenn der gewöhnliche Aufenthalt von nur einem Teil der Passagiere mit dem des Schädigers übereinstimmt. Die Anwendung des Registerortsrechts begründet dann Art. 41 Abs. 1 EGBGB.

§ 7 Die deliktische Haftung des Luftfrachtführers unter Einfluß des WA und des MA

Deliktische Ansprüche der Passagiere oder des Befrachters gegen den Beförderer entstehen vor allem bei großen Flugzeugunglücken wie Flugzeugabstürzen[672]. Aber auch bei den alltäglichen An-Bord-Unfällen kommen deliktische Ansprüche gegen den Beförderer in Betracht; dazu zählen etwa das Verabreichen verdorbener Bordverpflegung, das Verschütten heißer Getränke, *overhead bin*-Unfälle[673] und Verletzungen, die bei einem plötzlichen Luftdruckabfall oder Turbulenzen entstehen[674]. Diese Ansprüche regeln grundsätzlich das WA sowie seine Zusatzabkommen und in Zukunft das MA[675]; es handelt sich dabei aus deutscher Sicht um vertragliche Ansprüche aus dem Beförderungsvertrag[676].

Bevor § 7 klärt, wie die deliktischen Ansprüche gegen den Beförderer anzuknüpfen sind, untersucht dieser Paragraph zunächst, warum überhaupt ein deliktischer Anspruch geltend gemacht werden darf, wenn Internationales Einheitsrecht eingreift. Da die Duldung eines konkurrierenden deliktischen Anspruchs neben dem WA bzw. des MA eine Übertragung der Haftungsgrenzen aus den Abkommen nach sich zieht, stellt die Arbeit im Anschluß an die Ermittlung des Deliktsstatuts in dieser Fallgruppe die Haftungsbegrenzungen der Abkommen dar. Schließlich wird noch auf das Problem der Übertragung der Haftungsgrenzen bei Beförderungen ohne Beförderungsvertrag eingegangen.

I. Konkurrierender deliktischer Anspruch neben dem WA

Für das Internationale Deliktsrecht bleibt zum einen Raum, wenn die Abkommen nicht einschlägig sind. Zum anderen kommt eine Anwendung des Internationalen Deliktsrechts im EGBGB in Betracht, wenn ein konkurrierender deliktischer Anspruch neben dem Internationalen Einheitsrecht geltend gemacht werden soll. Das WA sowie seine Zusatzabkommen und in Zukunft das MA regeln die Ansprüche gegen den Beförderer[677]. Die Abkommen harmonisieren das

---

[672] Siehe S. 112 ff.

[673] Mit Einführung der *overhead bin* (Überkopf-Ablagefächer) in den 70er Jahren hat die Anzahl der schweren An-Bord-Unfälle zugenommen. Bei den sogenannten overhead bin-Unfällen werden Passagiere durch schwere Gegenstände verletzt, die aus den Ablagefächern oberhalb der Flugzeugsitze herabfallen (*Kehrberger*, FS Guldimann [1997], S. 129 [133]. Weitere Beispiele siehe *Kehrberger*, FS Guldimann [1997], S. 129 [137]).

[674] Siehe weitere Beispiele bei Giemulla/Schmid-*Giemulla*, Art. 17, Rn. 12 ff.; *Kehrberger*, FS Guldimann (1997), S. 129 (130).

[675] Siehe S. 47 ff.

[676] Siehe S. 63 ff.

[677] Siehe S. 47 ff.

Sachrecht des internationalen Luftbeförderungsvertrags für Personen, Reisegepäck und Güter[678]. Während im anglo-amerikanischen Raum die Ansprüche aus dem WA deliktisch eingeordnet werden, werden sie im kontinentaleuropäischen Raum hingegen meist vertraglich eingestuft[679]. Aus der Sicht des deutschen IPR sind die im WA geregelten Fragen vertraglich zu qualifizieren[680]. Eine Anwendung des Internationalen Deliktsrecht neben dem WA und dem MA ist deshalb denkbar. In Frage steht, ob es zulässig ist, sich neben dem WA und dem MA auf einen konkurrierenden deliktischen Anspruch zu berufen.

Im materiellen deutschen Recht ist eine Anspruchskonkurrenz von vertraglichen und deliktischen Ansprüchen allgemein anerkannt[681]: Vertragliche und deliktische Ansprüche stehen als eigenständige Anspruchsgrundlage selbständig nebeneinander und sind grundsätzlich in ihren Voraussetzungen und Folgen voneinander unabhängig; die vertragsrechtlichen Haftungsregelungen haben nur ausnahmsweise dann Einfluß auf den deliktischen Anspruch, wenn eine "Aufrechterhaltung der Trennung darauf hinausliefe, daß die vertraglichen Sonderbestimmungen... sonst praktisch bedeutungslos würden"[682]. Im Luftrecht besteht indes ein Meinungsstreit darüber, ob ein konkurrierender deliktischer Anspruch geltend gemacht werden darf, wenn der Anwendungsbereich des WA eröffnet ist.

1. Meinungsstand

Der Streit über die Geltendmachung eines konkurrierenden deliktischen Anspruchs entzündet sich an Art. 24 WA. Nach Art. 24 WA kann in den Fällen der Art. 17[683], 18[684] und 19 WA[685] ein Anspruch auf Schadensersatz auf welchem Rechtsgrund er auch beruht, nur unter den Voraussetzungen und Beschränkun-

---

678 Art. 1 WA und in Zukunft Art. 1 MA.

679 Siehe S. 63 ff.

680 RG v. 5.7.1939 - VI 303/38, ArchfLR 1939, S. 172 (177); KG v. 28.7.1938 - 9 U 1761.38., ArchfLR 1938, S. 295 (298); Giemulla/Schmid-*Giemulla*, Einl. WA, Rn. 20; *Mankiewicz*, RabelsZ 27 (1962/63), S. 456; (463); MünchKomm-*Kreuzer*, Art. 38 EGBGB, Rn. 185; Reithmann/Martiny-*van Dieken*, Rn. 1201.

681 BGH v. 12.12.1991 - I ZR 212/89, NJW 1992, S. 1679; BGH v. 9.11.1981 - II ZR 197/80, NJW 1982, S. 992 (993); BGH v. 23.3.1966 - Ib ZR 150/63, BGHZ 46, S. 140, 141 ff.

682 *Roll*, WM 1977, S. 1215.

683 Art. 17 WA regelt die Schadensersatzansprüche wegen Gesundheitsschädigungen des Passagiers.

684 Art. 18 WA betrifft die Schäden aus Beschädigung, Verlust oder Zerstörung von Reisegepäck und Gütern.

685 Art. 19 WA normiert eine Ersatzpflicht für Verspätungsschäden.

gen geltend gemacht werden, die im WA vorgesehen sind. Während die eine Ansicht aus Art. 24 WA ableitet, daß auch die deliktischen Ansprüche dem Haftungsregime des WA zu unterwerfen sind[686], hält die andere Ansicht andere Ansprüche als die nach dem WA durch Art. 24 WA für ausgeschlossen[687].

2. Auslegung von Art. 24 WA

Der Wortlaut von Art. 24 WA könnte für einen Ausschluß der deliktischen Ansprüche sprechen. Schadensersatzansprüche sollen nur unter den *Voraussetzungen und Beschränkungen*, die das Abkommen vorsieht, geltend gemacht werden können. Der Begriff *Voraussetzungen*[688] müßte dann zum einen die Aktivlegitimation von Absender und Empfänger umfassen [689] und zum anderen die aus der Pflichtverletzung aus dem Beförderungsvertrag entstehende Rechtsgutverletzung beinhalten[690].

Die Anspruchsberechtigung von Absender und Empfänger ist im WA aber nur teilweise geregelt[691]; diese Tatsache steht im Widerspruch dazu, unter Begriff *Voraussetzungen* die Legitimation von Absender und Empfänger zu fassen. Da Ansprüche aus dem WA in den verschiedenen Staaten unterschiedlich qualifiziert werden, können mit dem Begriff *Voraussetzungen* auch nicht nur die Rechtsgutverletzungen gemeint sein, die sich aus der Pflichtverletzung des Beförderungsvertrags ergeben. Der Wortlaut *auf welchem Rechtsgrund er* [der Anspruch] *auch beruht*[692] weist vielmehr auf die Absicht der Verfasser des Abkommens neben den vertraglichen auch die deliktischen Ansprüche berücksich-

---

686 Vgl. BGH v. 30.3.1976 - VI ZR 143/74, NJW 1976, S. 1581; BGH v. 2.4.1974 -VI ZR 23/73, NJW 1974, S. 1617 (1619); LG Berlin v. 8.6. 1973 - 5 O 435/72, ZLW 1973, S. 304 (305); *Frings*, ZLW 1977, S. 8 (11); *Guldimann*, Internationales Lufttransportrecht, Art. 24 WA, Rn. 7; *Hohloch*, Deliktsstatut, S. 228; *Hübsch*, TranspR 1996, S. 367; *Koller*, Art. 24 WA 1955, Rn. 1; *Kuhn*, ZLW 1989, S. 21 (22); *Mankiewicz*, RabelsZ 27 (1962/63), S. 456 (463); *Riese*, RabelsZ 4 (1930), S. 244 (250); *Schönwerth/Müller-Rostin*, ZLW 1993, S. 21 (24); *Schleicher/Reymann/Abraham*, Recht der Luftfahrt II, S. 363; *Schleicher/Reymann/Abraham*, Recht der Luftfahrt I, 254; *Urwantschky*, Flugzeugunfälle mit Auslandsberührung und Auflockerung des Deliktsstatuts, S. 106.

687 BGH v. 24.6.1969 - VI ZR 45/67, BGHZ 52, S. 194 (312); OLG Köln v. 20.11.1980 - 1 U 120/79, IPRspr 1981 Nr. 37 = ZLW 1982, S. 167 = TranspR 1982, S. 43; Giemulla/Schmid-*Giemulla*, Art. 24, Rn. 6; *Müller-Rostin*, TranspR 1989, S. 121 (122 f.); ders. TranspR 1995, S. 89 (93); MünchKommHGB-*Kronke*, Art. 24, Rn. 7, 10 f.; *Schönwerth*, Anm. zu BGH v. 21.12.1993 – VI ZR 103/93, ZLW 1995, S. 168 (170).

688 *Conditions* im französischen Originaltext.

689 *Müller-Rostin*, TranspR 1989, S. 1 (3); ders. TranspR 1995, S. 89 (92 f.).

690 Giemulla/Schmid-*Giemulla*, § 48 LuftVG, Rn. 4.

691 Art. 13 Abs. 3 und 30 Abs. 3 WA.

692 Im Originaltext heißt es: „à quelque titre que soit".

tigen wollten[693]. Andernfalls könnten die Haftungsgrenzen des WA durch eine unterschiedliche Qualifkation unterlaufen werden. Unter den *Voraussetzungen und Beschränkungen* sind die Vorschriften zu verstehen, welche die Haftung des Luftfrachtführers beschränken[694]. Das Begriffspaar ist als Stilmittel gewählt worden, um durch die Verbindung der Termini die Ausdruckskraft ihrer Aussage zu verstärken[695].

Die Gegner der Anspruchskonkurrenz ziehen weiterhin als Argument Parallelvorschriften in anderen Abkommen heran wie Art. 28 CMR[696], Art. 46 CIV[697], Art. 3 Visby-Rules[698], Art. 7 Hamburg-Rules[699]. Diese Normen lassen ausdrücklich auch vertagliche Ansprüche zu. Im Gegensatz zu diesen Regelungen erwähnt Art. 24 WA die außervertraglichen Ansprüche nicht[700]. Den Regelungen in den Parallelvorschriften ist aber vielmehr der Grundsatz zu entnehmen, deliktische Ansprüche regelmäßig neben dem Transportvertrag geltend

---

693 *Guldimann*, Internationales Lufttransportrecht, Art. 24 WA, Rn. 7; *Schleicher/Reymann/Abraham*, Recht der Luftfahrt II, S. 363.

694 *Guldimann*, Internationales Lufttransportrecht, Art. 24 WA, Rn. 8; *Riese*, RabelsZ 4 (1930), S. 244 (248 ff.).

695 *Guldimann*, Internationales Lufttransportrecht, Art. 24 WA, Rn. 8; *Hübsch*, TranspR 1995, S. 367 (373, Fn. 66).

696 *Übereinkommen über den Beförderungsvertrag im internationalen Straßengüterverkehr* vom 19.5.1956 (BGBl. 1962 II, S. 12). In Art. 28 CMR werden die Haftungsbegrenzungen des Abkommens auch auf außervertragliche Ansprüche übertragen.

697 *Einheitliche Rechtsvorschriften für den Vertrag über die internationale Eisenbahnbeförderung von Personen und Gepäck* (BGBl. 1985 II, S. 179 ff.). Art. 46 CIV bestimmt, daß die Haftungsbeschränkungen des Abkommens auch für sonstige Ansprüche gelten.

698 *Protocol to Amend the International Convention for the Unification of Certain Rules of Law Relating to Bills of Loading*, sog. Visby-Rules (deutsche Übersetzung abgedruckt bei Schaps/Abraham Anh. III § 663 HGB Teil C). Nach Art. 3 Visby-Rules gelten die Limitierungsvorschriften für jeden Schadensersatzanspruch aus Beschädigung oder Verlust von Gütern gegen den Unternehmer, unabhängig davon, ob der Anspruch auf Vertrag oder Delikt beruht.

699 *United Nations Convention on the Carriage of Goods by Sea*, sog. Hamburg Rules (abgedruckt im englischen Originaltext bei *Prüssmann/Rabe*, Anh. IV § 663 b HGB). Art. 7 Hamburg Rules beschränkt die Haftung gegen den Verfrachter oder seine Leute wegen Verlust, Beschädigung oder verspäteter Ablieferung der Güter aus dem Seefrachtvertrag, unabhängig davon, ob der Anspruch auf Vertrag oder Delikt gestützt wird.

700 Dieselbe Formulierung wurde in Art. 51 CIM gewählt (*Einheitliche Rechtsvorschriften für den Vertrag über die internationale Eisenbahnförderung von Gütern* [BGBl. 1985 II, S. 224]).

machen zu dürfen[701]. So schließt lediglich Art. III Abs. 4 Ölverschmutzungs-Übereinkommen konkurrierende deliktische Ansprüche explizit aus[702].

Die kürzlich - wenn auch nicht für Deutschland geltende - erfolgte Änderung des WA im Montrealer Protokoll Nr. 4 spricht außerdem für eine Anspruchskonkurrenz von vertraglichen und deliktischen Ansprüchen. In Art. 24 Abs. 2 WA (in der Fassung des Montrealer Protokolls Nr. 4) wird hinsichtlich der Schadensersatzforderungen bei der Güterbeförderung klargestellt, daß ein Anspruch auf Schadensersatz, „*auf welchem Rechtsgrund er auch beruht, sei es dieses Abkommen, ein Vertrag, eine unerlaubte Handlung oder ein sonstiger Rechtsgrund*, nur unter den Voraussetzungen und Beschränkungen dieses Abkommens geltend gemacht werden kann". In der Neufassung des Abkommens im MA ist die Streitfrage nun eindeutig beantwortet. Art. 29 MA bestimmt, daß alle Ansprüche gegen den Luftfrachtführer aus der Beförderung von Passagieren, Gepäck oder Fracht nur unter den Bedingungen und Haftungsbeschränkungen, die das MA vorsieht, geltend gemacht werden können, *unabhängig davon, ob sie aus dem Abkommen aus Vertrag oder unerlaubter Handlung hergeleitet werden.* Die Regelungen im Montrealer Protokoll Nr. 4 und im MA lassen darauf schließen, daß die Verfasser der Abkommen hiermit nur eine Klarstellung der vorherigen Rechtslage beabsichtigten.

3. Zusammenfassung

Der Wortlaut und die Entstehungsgeschichte der Norm, der Vergleich mit Parallelvorschriften sowie die Regelungen im Montrealer Protokoll Nr. 4 und dem MA sprechen für eine Anspruchskonkurrenz von vertraglichen und deliktischen Ansprüchen, wenn das WA anwendbar ist. Lehnte man eine Anspruchskonkurrenz ab, wäre im übrigen der Ersatz von immateriellen Schäden ausgeschlossen, sobald das WA anwendbar ist, da das Abkommen den Ersatz dieser Schäden nicht vorsieht[703].

Die international privatrechtlichen Regelungen des EGBGB sind nicht nur dann relevant, wenn das Internationale Einheitsrecht nicht eingreift, sondern auch wenn der Anwendungsbereich des WA eröffnet ist. Die Haftungsbegrenzungen des WA sind gem. Art. 24 WA auf den deliktischen Anspruch zu übertragen, damit das Haftungssystem des WA nicht unterlaufen wird. Wenn das

---

701 MünchKomm-*Kreuzer*, Art. 38 EGBGB, Rn. 185 a; Staudinger-*von Hoffmann*, Art. 38 EGBGB, Rn. 382.

702 *Internationales Übereinkommen über zivilrechtliche Haftung für Ölverschmutzungsschäden* vom 29.11.1969 (BGBl. 1975 II, S. 301).

703 Vgl. § 1 Abs. 1 WA-Durchführungsgesetz (RGBl. 1933 I, S. 1079); *Hohloch*, Deliktsstatut, S. 228; MünchKomm-*Kreuzer*, Art. 38 EGBGB, Rn. 185; Staudinger-*von Hoffmann* Art. 38 EGBGB, Rn. 382.

MA in Kraft tritt, ist der Streit über die Anspruchskonkurrenz obsolet, da das MA in Art. 29 MA die Anspruchskonkurrenz ausdrücklich regelt.

II. Das Deliktsstatut bei Ansprüchen gegen den Luftfrachtführer

Im folgenden wird ausgeführt, wie auf Grundlage der neuen Regelungen, das Deliktsstatut bei Ansprüchen gegen den Luftfrachtführer ermittelt werden kann.

1. Vorherige Rechtswahl des Deliktsstatuts?

Das Deliktsstatut richtet sich nach den Art. 40 ff. EGBGB. Wie bereits ausgeführt, erlaubt Art. 42 EGBGB den Parteien eine nachträgliche Rechtswahl, hinter die die anderen Anknüpfungsmomente in den Art. 40 f. EGBGB zurücktreten. Denkbar wäre auch die vorherige Vereinbarung einer Rechtswahl des Deliktsstatuts, z.B. in den AGB des Beförderungsvertrags. Stehen die Parteien in einer „schadensträchtigenden" Vertragsbeziehung zueinander - wie beim Luftbeförderungsvertrag - macht eine vorherige Vereinbarung, die Haftungsrisiken für die Beteiligten überschaubarer; die Parteien können beispielsweise das Versicherungsstatut in die Vereinbarung mit einbeziehen oder eine Schiedsgerichtsklausel berücksichtigen[704]. Der gesamte Lebenssachverhalt beurteilt sich dann nach einer einzigen Rechtsordnung. Die Gesetzesbegründung betont jedoch ausdrücklich, eine vorherige Rechtswahl sei im Hinblick auf den Schutzcharakter außervertraglicher Schuldverhältnisse und aus praktischen Erwägungen nicht zugelassen[705]. Der Gesetzgeber hat mit Art. 41 Abs. 2 Nr. 1 EGBGB allgemein und mit Art. 40 Abs. 4 EGBGB speziell für das Versicherungsstatut die Möglichkeit einer akzessorischen Anknüpfung geschaffen, um dem Bedürfnis Rechnung zu tragen, einen einheitlichen Lebenssachverhalt nach einer einzigen Rechtsordnung zu beurteilen. Die Notwendigkeit einer vorherigen Rechtswahl für die Haftung des Luftfrachtführers besteht daher nicht.

2. Objektives Deliktsstatut (Art. 40 f. EGBGB)

Haben die Parteien keine nachträgliche Rechtswahl getroffen, ist das Recht des Staates anwendbar, in dem die Parteien ihren gemeinsamen gewöhnlichen Aufenthalt haben[706]. Liegt kein gemeinsamer gewöhnlicher Aufenthalt von Schädi-

---

[704] *Beitzke*, SchwJbIntR 1979, S. 93 (112, 114); *W. Lorenz*, Vorschläge und Gutachten zur Reform des deutschen Internationalen Privatrechts der außervertraglichen Schuldverhältnisse, vorgelegt von E. von Caemmerer, S. 97 (135); MünchKomm-*Kreuzer*, Art. 38 EGBGB, Rn. 61.

[705] BegrRegE, BR-Drucks. 759/98, S. 33 f. = BT-Drucks. 14/343, S. 14. Siehe S. 92 ff.

[706] Art. 40 Abs. 1 EGBGB.

ger und Geschädigtem vor, ist das Recht des Tatortes[707] entscheidend. Grundsätzlich gilt das Recht des Handlungsortes[708]; der Verletzte hat allerdings die Möglichkeit, die Anwendung des Erfolgsortsrechts zu verlangen[709]. Bei Delikten an Bord während eines internationalen Fluges[710] ist dabei unter dem Tatortrecht das Registerortsrecht des jeweiligen Flugzeugs zu verstehen.

a) Akzessorische Anknüpfung (Art. 41 EGBGB)

Die Anknüpfung nach Art. 40 EGBGB kann verdrängt werden, wenn mit dem Recht eines Staates eine wesentlich engere Verbindung aufgrund einer besonderen rechtlichen oder tatsächlichen Beziehung zwischen den Beteiligten im Zusammenhang mit einem Schuldverhältnis besteht[711]. Als besondere rechtliche Beziehung kommen in der zivilen Verkehrsluftfahrt der Beförderungsvertrag und der Transportvertrag über Gepäck oder Fracht in Betracht[712]. Die Rechtsverletzung muß im Zusammenhang mit der Vertragserfüllung begangen worden sein[713]. Nur auf diese Weise schafft das bestehende vertragliche Rechtsverhältnis einen ausreichenden Zusammenhang zum Schadensereignis, der ein Abweichen von der Regelanknüpfung begründet. Eine tatsächliche Beziehung zwischen den Beteiligten entsteht im Bereich der zivilen Verkehrsluftfahrt durch gemeinsam angetretene Geschäfts- und Urlaubsreisen oder Gefälligkeitsflüge[714]. Hier kommt eine Anknüpfung an den Ausgangspunkt der Reise oder den Sitz des Reiseveranstalters in Betracht. Ob die daraus erwachsenden tatsächlichen Beziehungen allerdings eine engere Verbindung zum Rechtsverhältnis als die Regelanknüpfungen begründen, ist zu bezweifeln.

b) Begründung der akzessorischen Anknüpfung

Das Bedürfnis nach einer akzessorischen Anknüpfung ist zum einen aufgrund der Defizite der Tatortanknüpfung entstanden. Zum anderen verspricht man sich von einer akzessorischen Anknüpfung die einheitliche Beurteilung aller Ansprüche nach einer Rechtsordnung, soweit sie auf einem Lebenssachverhalt beru-

---

[707] Art. 40 Abs. 1 EGBGB.

[708] Art. 40 Abs. 1 S. 1 EGBGB.

[709] Art. 40 Abs. 1 S. 2, 3 EGBGB.

[710] Siehe S. 119 ff.

[711] Art. 41 Abs. 1, Abs. 2 Nr. 1 EGBGB.

[712] Zum Vertragsstatut in der zivilen Verkehrsluftfahrt siehe S. 69 ff.

[713] *Von Hoffmann*, IPR, § 11, Rn. 40; *Koch*, VersR 1999, S. 1453 (1458); Palandt-*Heldrich*, Art. 40 EGBGB, Rn. 6.

[714] Vgl. *von Hoffmann*, IPRax 1996, S. 1 (6); ders. IPR, § 11, Rn. 42; *Junker*, JZ 2000, S. 477 (484); Palandt-*Heldrich*, Art. 40 EGBGB, Rn. 6.

hen[715]. Die Begründung eines einheitlichen Statuts mit Hilfe der akzessorischen Anknüpfung hat man früher in Frage gestellt. Diese Zweifel waren aber in der Rechtslage vor der IPR-Reform 1986 begründet, als man das Vertragsstatut noch unter Zugrundelegung des hypothetischen Parteiwillens ermittelte[716]. Heute hingegen legt Art. 28 EGBGB[717] die objektive Anknüpfung des Vertragsstatuts bei fehlender Rechtswahl eindeutig fest. Art. 28 EGBGB garantiert die einheitliche Anknüpfung der vertraglichen Ansprüche.

Die akzessorische Anknüpfung ist auch deshalb der Kritik ausgesetzt, weil ein Vertrag häufig im täglichen Massenverkehr geschlossen wird. Dabei fehlt das Bewußtsein der Vertragsschließenden, eine besondere Beziehung herzustellen[718]. Art. 41 Abs. 2 Nr. 1 EGBGB ordnet allerdings nicht zwingend eine akzessorische Anknüpfung an den Vertrag an. Nach dem Wortlaut der Vorschrift *kann* sich vielmehr eine wesentlich engere Verbindung im Zusammenhang mit dem Schuldverhältnis ergeben. Eine akzessorische Anknüpfung sollte daher nur dann vorgenommen werden, wenn die Vertragsordnung auch auf den Schutz des Integritätsinteresses gerichtet ist und die unerlaubte Handlung zusätzlich mit dem Vertrag in einem engen Zusammenhang steht[719]. Eine Trennung von Vertrags- und Deliktsstatut erscheint in diesen Fällen willkürlich[720]. Bei schadensträchtigen Verträgen wie dem Luftbeförderungsvertrag regelt die Vertragsordnung die deliktischen Risiken in der Regel mit[721]; so prägen das WA und in Zukunft das MA die (vertragliche) Haftung aus dem Luftbeförderungsvertrag. Außerdem vermeidet die akzessorische Anknüpfung Qualifikationsprobleme und die Frage der Anspruchskonkurrenzen[722]. Sie macht das Deliktsstatut

---

715 *Frings*, Der Einfluß privatrechtlicher Staatsverträge und nationaler Rechtsordnungen auf den Internationalen Luftbeförderungsvertrag, S. 104; *Kropholler*, RabelsZ 33 (1969), S. 601 (631); MünchKomm-*Kreuzer*, Art. 38 EGBGB, Rn. 66; *Urwantschky*, Flugzeugunfälle mit Auslandsberührung und Auflockerung des Deliktsstatuts, S. 139 f.

716 *E. Lorenz*, Vorschläge und Gutachten zur Reform des deutschen Internationalen Privatrechts der außervertraglichen Schuldverhältnisse, vorgelegt von E. von Caemmerer, S. 440 (447); *Lukoschek*, Das anwendbare Recht bei Flugzeugunglücken, S. 86 f.

717 = Art. 5 EVÜ.

718 *Lukoschek*, Das anwendbare Recht bei Flugzeugunglücken, S. 86; *Trutmann*, IPR der Deliktsobligationen, S. 138 ff., 176 ff.

719 *Kropholler*, RabelsZ 33 (1969), S. 601 (631); MünchKomm-*Kreuzer*, Art. 38 EGBGB, Rn. 66; *Stoll*, IPRax 1989, S. 89.

720 *Kropholler*, RabelsZ 33 (1969), S. 601 (631).

721 Erman-*Hohloch*, Art. 38 EGBGB, Rn. 34 (9. Auflage); *Schlechtriem*, ZHR 133 (1970), S. 105 (110 f.).

722 *Frings*, Der Einfluß privatrechtlicher Staatsverträge und nationaler Rechtsordnungen auf den Internationalen Luftbeförderungsvertrag, S. 104; *Kropholler*, RabelsZ 33 (1969), S. 601 (632 f.); *Binder*, RabelsZ 20 (1955), S. 401 (493).

und damit auch das Transportrisiko vorhersehbar[723]. Aus diesen Gründen bewirkt die akzessorische Anknüpfung ein hohes Maß an Rechtssicherheit und steht darum sowohl im Partei- als auch im Verkehrsinteresse.

3. Zusammenfassung

Bei einer internationalen Luftbeförderung wird regelmäßig die Vermutung in Art. 41 Abs. 2 Nr. 1 EGBGB eingreifen, wenn es um den Schadensersatzanspruch der Passagiere gegen den Luftfrachtführer geht. Der deliktische Schadensersatzanspruch unterliegt aufgrund der akzessorischen Anknüpfung typischerweise dem Vertragsstatut des Luftbeförderungsvertrages[724]. Selbst wenn der Vertrag unwirksam sein sollte, ist eine akzessorische Anknüpfung möglich, da das Vertragsstatut auch einen unwirksamen Vertrag erfaßt[725].

III. Übertragung der Haftungsbeschränkungen aus WA und MA

Die Haftungsgrenzen aus dem WA und dem MA sind auf den konkurrierenden deliktischen Anspruch zu übertragen, damit das Haftungssystem der Abkommen nicht unterhöhlt wird[726]. Art. 24 WA sieht vor, daß Ansprüche auf Schadensersatz, auf welchem Rechtsgrund sie auch beruhen, nur unter den Voraussetzungen und Beschränkungen des Abkommens geltend gemacht werden dürfen. Die gleiche Regelung trifft Art. 29 MA[727]. Die Haftungsbegrenzungen des WA, des MA und der Einfluß durch das IATA-Intercarrier Agreements sowie der EG-VO 2027/97 werden im folgenden dargestellt.

1. Haftungsbeschränkungen im WA

Art. 22 WA legt Haftungshöchstsummen für Personen-, Gepäck-, Fracht- und Verspätungsschäden[728] fest. Die Haftungsbegrenzungen zusammen mit der Beweislastumkehr in Art. 20 WA sind das Ergebnis eines Kompromisses zwischen

---

723 *Kropholler*, RabelsZ 33 (1969), S. 601 (631); *Frings*, Der Einfluß privatrechtlicher Staatsverträge und nationaler Rechtsordnungen auf den Internationalen Luftbeförderungsvertrag, S. 105.

724 Siehe zum Vertragsstatut des Luftbeförderungsvertrages S. 69 ff.

725 Art. 31 EGBGB.

726 Siehe S. 125 f.

727 ...ein Anspruch auf Schadensersatz, auf welchem Rechtsgrund er auch beruht, sei es dieses Übereinkommen, ein Vertrag, eine unerlaubte Handlung oder ein sonstiger Rechtsgrund [kann] nur unter den Voraussetzungen und mit den Beschränkungen geltend gemacht werden, die in diesem Übereinkommen vorgesehen sind.

728 Art. 17 bis 19 WA.

den divergierenden Interessen von Luftfrachtführer und Passagier bzw. Befrachter: Während der Geschädigte an einem umfassenden Ersatz seines Schadens interessiert ist, möchte der Luftfrachtführer sein Haftungsrisiko kalkulieren können[729]. Die Haftungslimitierung dient dem Interesse des Luftfrachtführers an einem kalkulierbaren Haftungsrisiko. Im Gegenzug erleichtert die Beweislastumkehr dem Passagier bzw. Befrachter, seine Ansprüche durchzusetzen.

Die Haftungshöchstgrenzen unterscheiden sich nach den geschädigten Rechtsgütern[730]; sie liegen für

- Personenschäden nach dem WA 1929 bei 125 000 Poincaré-Franken[731] und bei 250.000 Poincaré-Franken[732] nach dem WA[733]
- Schäden an aufgegebenem Güter- und Reisegepäck bei 250 Poincaré-Franken[734] je Kilogramm[735]
- Schäden am Obhutsgepäck bei 5000 Poincaré-Franken[736] gegenüber dem jeweiligen Reisenden[737].

Voraussetzung für das Eingreifen der Haftungsgrenzen ist allerdings, daß die Haftung des Luftfrachtführers nicht ausgeschlossen ist. Kann sich der Luftfrachtführer gem. Art. 20 WA entlasten oder ein Mitverschulden des Geschädigten i.S.v. Art. 21 WA nachweisen, haftet er gar nicht oder nur eingeschränkt. Weiterhin dürfen keine Ausschlußgründe für die Haftung bestehen. Der Luftfrachtführer kann sich nicht auf die Haftungsgrenzen in Art. 22 WA berufen, wenn der Luftfrachtführer keinen

---

729 Giemulla/Schmid-*Giemulla*, Art. 24, Rn. 1; *Riese*, Luftrecht, S. 463 f.

730 Das WA ermächtigt in Art. 22 Abs. 5 WA dazu, die in Poincaré-Franken ausgeschriebenen Beträge, in die eigene Landeswährung umzuwandeln. In Deutschland hat man von dieser Möglichkeit in der 4. Verordnung über den Umrechnungssatz für französische Franken bei Anwendung des Ersten Abkommens zur Vereinheitlichung des Luftftprivatrechts vom 4.12.1973 (BGBl. 1973 I, S. 1815) Gebrauch gemacht. Das LG München I hat die 4. Umrechnungsverordnung für unwirksam erklärt (LG München v. 21.2.1984 - 28 O 10104/83, NJW 1984, S. 2767 = JZ 1985, S. 141 m. Anm. *Basedow*). Diese Ansicht konnte sich nicht durchsetzen und wurde umfassend widerlegt (siehe z.B. BGH v. 28.11.1978 - VI ZR 257/77, NJW 1979, S. 496 = ZLW 1979, S. 137 [139]; OLG Frankfurt 23.6.1984 - 4 U 88/85, ZLW 1986, S. 263 = NJW-RR 1987, S. 667 [668]; *Ehlers*, ZLW 1985, S. 68; *Ruhwedel*, Luftbeförderungsvertrag, S. 320, Rn. 389; *Schwenk*, Luftverkehrsrecht, S. 638 f.).

731 Art. 22 Abs. 1 WA. 125 000 Poincaré-Franken entsprechen etwa einer Summe von 13.718 Euro.

732 Entspricht etwa 27.436 Euro.

733 Art. 22 Abs. 1 WA.

734 Entspricht 27, 33 Euro. Diese Haftungshöchstgrenze bestand schon im WA.

735 Art. 22 Abs. 2 WA.

736 Entspricht 548, 72 Euro. Diese Haftungshöchstgrenze bestand schon im WA.

737 Art. 22 Abs. 3 WA.

- Flugschein[738],
- Fluggepäckschein[739] oder keinen
- Luftfrachtbrief ausgestellt hat[740].

Darüber hinaus scheidet eine Haftungsbegrenzung aus, wenn der Luftfrachtführer den Schaden vorsätzlich oder bewußt grob fahrlässig[741] verursacht hat[742].

Die Haftungsbegrenzungen des WA sind umfangreicher Kritik ausgesetzt, da sie in der heutigen Zeit keinen angemessenen Ausgleich für den erlittenen Schaden darstellen. Dies gilt insbesondere im Bereich der Personenschäden[743]. Der angestrebte Ausgleich der Interessen von Luftfrachtführer und Vertragspartnern findet nicht mehr statt; dem Vorteil des Luftfrachtführers, einem kalkulierbaren Haftungsrisiko ausgesetzt zu sein, steht keine ausreichende Entschädigung des Vertragspartners mehr gegenüber. Daher sind von Seiten der ICAO, der IATA und der EU Vorstöße unternommen worden, diesen unbefriedigenden Zustand zu beenden[744].

2. Das IATA-Intercarrier Agreement on Passenger Liability

Das IATA-Intercarrier Agreement on Passenger Liability vom 31.10.1995 ist eine Mustervorlage für die Beförderungsbedingungen der Fluggesellschaften[745]. Das IATA-Intercarrier Agreement verpflichtet den Luftfrachtführer, sich nicht auf die Haftungsbegrenzung in Art. 22 WA zu berufen und auf die Führung des Entlastungsbeweises nach Art. 21 WA bei einem Schaden bis 100.000 SZR zu verzichten. Hat eine Luftverkehrsgesellschaft das IATA-Intercarrier Agreement

---

738 Art. 3 Abs. 2 WA.

739 Art. 4 Abs. 4 WA.

740 Art. 9 WA.

741 Der BGH verlangt drei Kriterien für die unbeschränkte Haftung des Luftfrachtführers nach dem WA bei Fahrlässigkeit (BGH v. 16.2.1979 - I ZR 97/77, BGHZ 74, S. 162 = NJW 1982, S. 1218; BGH v. 12.1.1982 - VI ZR 286/80, VersR 1982, S. 369):

1. Leichtfertigkeit des Luftfrachtführers oder seiner Leute im Handeln oder Unterlassen
2. deren Bewußtsein, daß ein Schaden mit Wahrscheinlichkeit eintreten werde
3. den Beweis von Seiten des Geschädigten

Diese Kriterien haben Art. 25 WA zu einer fast „uneinnehmbaren Festung" gemacht (*Kehrberger*, FS Guldimann [1997], S. 129 [152]).

Nach dem WA von 1929 genügte noch die grobe Fahrlässigkeit vergleichbar mit § 277 BGB (BGH v. 17.4.1958 - VII ZR 96/57, BGHZ 27, S. 101 = VersR 1958, S. 401; BGH v. 10.5.1974 - I ZR 61/73 LM, WA Nr. 9 = VersR 1974, S. 766).

742 Art. 25 WA.

743 Siehr S. 47 ff.

744 Siehe S. 51 ff., 54 f.,55 ff.

745 Siehe S. 51 ff.

wirksam in seine Beförderungsbedingungen einbezogen, haftet sie im Fall eines Personenschadens unbegrenzt allerdings bei umgekehrter Beweislast. Für diejenigen Luftverkehrsgesellschaften, die das IATA-Intercarrier Agreement in ihre Beförderungsbedingungen aufgenommen haben, kommt im Bereich der Personenschäden eine Übertragung der Haftungsbegrenzungen des WA deshalb nicht in Betracht.

3. Die EG-VO 2027/97

Die EG-Verordnung 2027/97 vom 9.10.1997 über die Haftung von Luftfahrtunternehmen bei Tod und Körperverletzung eines Passagiers verpflichtet die Luftfahrtunternehmen in ihre AGB eine freiwillige Haftungserweiterung vorzunehmen[746]. Die Verordnung hebt im Ergebnis die Haftungsgrenzen des WA innerhalb der EG auf, da sich die Luftfahrtunternehmen dazu verpflichten müssen, sich nicht auf die Haftungsgrenzen im WA zu berufen[747]. Weiterhin ordnet sie eine verschuldensunabhängige Haftung der Luftfahrtunternehmen bis zu einer Summe von 100.000 SZR[748] an[749]. Die Luftfahrtunternehmen der EG-Mitgliedsstaaten können sich daher im Bereich der Personenschäden generell nicht mehr auf die Haftungsbegrenzungen des WA berufen.

4. Haftungsbeschränkungen im MA

Für die Personenschäden kennt das MA keine Haftungsbegrenzungen. In diesem Bereich existiert ein zweistufiges Haftungssystem[750]. Auf der ersten Stufe haftet der Luftfrachtführer bis zu einer Summe von 100.000 SZR[751] und verschuldensunabhängig[752]. Auf der zweiten Stufe haftet der Luftfrachtführer für weiter gehende Forderungen unbegrenzt bei vermutetem Verschulden[753]. Bei Beschädigungen am Gepäck[754] und am Frachtgut[755] haftet der Luftfrachtführer verschul-

---

746 Art. 6 EG-VO 2027/97.

747 Art. 3 Abs. 1 a EG-VO 2027/97.

748 Das sind etwa 128.205 Euro.

749 Art. 3 Abs. 2 EG-VO 2027/97.

750 *Kadletz*, VersR 2000, S. 927 (933); *Müller-Rostin*, ZLW 2000, S. 37 (43 f.).

751 Das sind etwa 128.205 Euro.

752 Art. 21 Abs. 1 MA.

753 Art. 21 Abs. 2 MA. Der Luftfrachtführer kann sich entlasten, wenn er beweisen kann, daß er den Schaden nicht verschuldet hat (Art. 21 Abs. 2 a MA) oder der Schaden von einem Dritten verursacht worden ist (Art. 21 Abs. 2 b MA).

754 Art. 17 Abs. 2 - 4 MA.

755 Art. 18 MA.

densunabhängig[756]. Für Fälle von Verspätungsschäden[757] gilt weiterhin das Prinzip der Haftung für vermutetes Verschulden. Art. 22 MA stellt hierfür folgende Begrenzungen auf:

- für Verspätungsschäden von Reisenden[758] 4140 SZR[759]
- für Schadensersatzansprüche wegen Verlust, Beschädigung oder Verspätung von Gepäck 1000 SZR[760] je Passagier[761]
- für Schadensersatzansprüche wegen Verlust, Beschädigung oder Verspätung von Fracht 17 SZR[762] je Kilogramm[763].

Der Luftfrachtführer haftet indes nicht oder nur eingeschränkt, wenn er beweisen kann, daß der Geschädigte den Schaden verschuldet oder mitverschuldet hat[764]. Bei Verspätungsschaden[765] und bei Personenschäden über 100.000 SZR kann er sich entlasten[766]. Im übrigen ist eine Haftung nach dem MA nur unter Zurechnungsgesichtspunkten ausgeschlossen:

- Bei Personenschäden über 100.000 SZR kann sich der Luftfrachtführer entlasten, wenn ihm der Nachweis gelingt, daß der Schaden ausschließlich von einem Dritten verursacht worden ist.
- Bei Frachtschäden muß er beweisen, daß der Schaden außerhalb seiner Einflußspähre stand[767].

Im Gegensatz zum WA untersagt das MA nicht, sich auf die Haftungsgrenzen des Abkommens zu berufen, wenn die Vorschriften über die Dokumentation von Gepäck, Fracht oder Passage mißachtet worden sind[768].

---

756 *Bin Cheng*, ZLW 2000, S. 484 (489); *Bollweg*, ZLW 2000, S. 439 (444); *Kadletz*, VersR 2000, S. 927 (933); *Müller-Rostin*, ZLW 2000, S. 36 (41).

757 Art. 19 MA.

758 Art. 22 Abs. 1 MA.

759 Das sind etwa 5.128, 20 Euro.

760 Das sind etwa 1179, 48 Euro.

761 Art. 22 Abs. 2 MA.

762 Das sind etwa 22, 05 Euro. Das WA hat noch 27,44 Euro je Kilogramm Fracht erstattet.

763 Art. 22 Abs. 3 MA.

764 Art. 20 MA.

765 Art. 19 MA.

766 Art. 21 a MA.

767 Art. 18 Abs. 2 MA. Der Schaden muß
- auf die Eigenart der Güter oder ein ihnen innewohnender Mangel
- mangelhafte Verpackung der Güter durch eine andere Person als den Luftfrachtführer oder seiner Leute,
- eine Kriegshandlung oder ein bewaffneter Konflikt oder
- hoheitliches Handeln in Verbindung mit der Einfuhr, Ausfuhr oder der Durchfuhr der Güter zurückzuführen sein.

Mit dem MA werden nunmehr Haftungsgrenzen eingeführt, die den heutigen Verhältnissen angemessen sind. Außerdem stellt Art. 24 MA eine ständige Aktualisierung der Haftungsgrenzen sicher. Art. 24 MA sieht alle 5 Jahre eine Überprüfung der Haftungsgrenzen vor; beträgt die Inflation mehr als 10%, erhöhen sich die Haftungsgrenzen automatisch[769].

5. Zusammenfassung

Innerhalb des Anwendungsbereichs des WA gelten die Haftungsbeschränkungen des Abkommens sowohl für vertragliche als auch für deliktische Ansprüche. Die Luftfahrtunternehmen, die das IATA-Intercarrier Agreement on Passenger Liability unterzeichnet haben, können sich jedoch im Bereich der Personenschäden nicht auf die Haftungsbegrenzungen des WA berufen. Diese Einschränkung gilt auch für die Luftfahrtunternehmen der Mitgliedstaaten der EG aufgrund der EG-VO 2027/97. Tritt das MA in Kraft, sind seine Haftungsgrenzen maßgeblich; es sieht wie das IATA-Intercarrier Agreement on Passenger Liability und die EG-VO 2027/97 eine unbegrenzte Haftung für Personenschäden vor. Gegenüber geschädigten Dritten kann sich der Luftfrachtführer nicht auf die Haftungsbeschränkungen des WA berufen[770]. Andernfalls würde der Luftbeförderungsvertrag wie ein Vertrag zu Lasten Dritter wirken.

IV. Beförderungen ohne Beförderungsvertrag

Haben die Parteien keinen Beförderungsvertrag geschlossen - etwa bei Gefälligkeitstransporten oder beim Transport eines blinden Passagiers - bestimmt sich das Deliktsstatut nach nationalem IPR[771], da das Internationale Einheitsrecht ohne Beförderungsvertrag nicht eingreift. Unklar ist, ob mit Beförderungen ohne Beförderungsvertrag die Haftungsgrenzen vom Internationalen Einheitsrechts des WA oder des MA auf das Deliktsstatut übertragen werden dürfen.

1. Deliktsstatut

Priorität hat eine Rechtswahl[772]; haben die Parteien keine Rechtswahl getroffen, gilt das Recht des gemeinsamen gewöhnlichen Aufenthaltes[773] und nachrangig

---

[768] Art. 8 MA.

[769] Zum genauen Verfahren siehe Art. 24 Abs. 2 MA.

[770] *Hübsch*, TranspR 1996, S. 367 (374 f.); *Ruhwedel*, Luftbeförderungsvertrag (2. Auflage), S. 138, 140. A.A.: BGH v. 2.4.1974 - VI ZR 23/73, NJW 1974, S. 1617 (1619); *Riese*, Luftrecht, S. 462.

[771] Siehe S. 88 ff.

[772] Art. 42 EGBGB.

das Tatortrecht[774]. Die Regelanknüpfungen können aber durch eine engere Verbindung zu einer anderen Rechtsordnung verdrängt werden[775], sei es durch eine akzessorische Anknüpfung oder eine tatsächliche Beziehung. Zu einer akzessorischen Anknüpfung wird es in dieser Situation wegen des fehlenden Luftbeförderungsvertrags wohl kaum kommen. Ein Abweichen von der Regelanknüpfung ist nur dann möglich, wenn eine tatsächliche Beziehung so stark ist, daß sie den Sitz des Rechtsverhältnisses begründet. Als tatsächliche Beziehung kommt z.B. bei einer Gefälligkeitsfahrt der gemeinsame Ausgangspunkt der Reise als engere Verbindung in Betracht[776].

2. Übertragung der Haftungsgrenzen aus dem WA

Es steht in Frage, ob mit Beförderungen ohne Beförderungsvertrag, die Haftungsgrenzen des WA auf das Deliktsstatut übertragen werden dürfen. Nach überwiegender Ansicht im Schrifttum gelten die Haftungsbeschränkungen des WA in diesen Fällen analog[777]. Der BGH teilt diese Auffassung hingegen nicht[778].

a) Ansicht des BGH

Der BGH hat bei einem Gefälligkeitsflug gegen eine analoge Anwendung der Haftungsgrenzen des WA entschieden, da er die Haftungsbeschränkungen des WA als Ausgleich für die Gefährdungshaftung des Luftfrachtührers mit umgekehrter Beweislast einordnet[779]:

„Aber auch eine entsprechende Anwendung des § 48 Abs. 1 Satz 2 LuftVG[780] kommt nicht in Betracht. Die hierin angeordnete Privilegierung des Luftfrachtführers bezüglich des Schuldmaßstabes bei einer Inanspruchnahme aus §§ 823 ff. BGB ist nicht gerechtfertigt, wenn ihn nicht gleichzeitig die strenge, wenn auch der Höhe nach begrenzte Haftung aus § 44

---

773 Art. 40 Abs. 2 EGBGB.

774 Art. 40 Abs. 1 EGBGB.

775 Art. 41 EGBGB.

776 *Deutsch*, Vorschläge und Gutachten zur Reform des deutschen Internationalen Privatrechts der außervertraglichen Schuldverhältnisse, vorgelegt von E. von Caemmerer, S. 202 (215, 221); *Spickhoff*, IPRax 2000, S. 1 (2).

777 *Kohn*, ZLW 1970, S. 241 f (245); *Riese*, Luftrecht, 407; *Schleicher/Reymann/Abraham*, Recht der Luftfahrt I, S. 259; *W. Weimar*, MDR 1968, S. 733 (734).

778 BGH, Urteil v. 27.11.1979 - VI ZR 267/78, BGHZ 76, S. 32 (34).

779 BGH, Urteil v. 27.11.1979 - VI ZR 267/78, BGHZ 76, S. 32 (34).

780 Nach § 48 Abs. 1 Satz 2 LuftVG kommen dem Luftfrachtführer die Haftungsbeschränkungen des LuftVG zugute, sofern er oder seine Leute nicht grob fahrlässig oder vorsätzlich gehandelt haben. § 48 LuftVG entspricht in etwa Art. 25 WA.

LuftVG[781] mit umgekehrter Beweislast gem. § 45 LuftVG trifft[782]. Denn die Schlechterstellung des Luftfrachtführers ist... nur die „Kehrseite" der Besserstellung des § 48 Abs. 1 Satz 2 LuftVG... Aus dem gleichen Grunde scheidet eine entsprechende Anwendung der Art. 20 - 22 des Warschauer Abkommens[783] aus."

Haben die Einwendungen des BGH ihre Berechtigung oder sind die Haftungsgrenzen des WA vielmehr analog anzuwenden? Bei einer Analogiebildung wird ein vom Gesetzgeber geregelter Tatbestand auf den Tatbestand eines vergleichbaren, aber ungeregelten Interessenkonflikts übertragen[784]. Damit ist beabsichtigt, Gleiches möglichst gleich zu behandeln, um gerechte Ergebnisse zu erzielen. Ob eine Rechtsfortbildung in Form der Analogie erlaubt ist, hängt davon ab, ob ein vergleichbarer Interessenkonflikt vorliegt.

b) Analogie zu Art. 24 WA

Die Anwendung der Haftungsgrenzen des WA gründet auf einer analogen Anwendung von Art. 24 WA[785]. Diese Vorschriften weitet - aus deutscher Sicht - die Haftungsbeschränkungen des WA auf deliktische Schadensersatzansprüche aus, die im Zusammenhang mit der Luftbeförderung geltend gemacht werden[786]. Die Verfasser des WA wollten mit Art. 24 WA eine Umgehung der Haftungsgrenzen in Art. 22 WA verhindern[787]. Die Haftungsgrenzen des WA haben die Funktion, das Haftungsrisiko für den Luftfrachtführer überschaubar zu gestalten[788]; eine „Ausgleichsfunktion" zur strengen Haftung des Abkommens, wie sie der BGH beschreibt, wollten die Verfasser des Abkommens den Haftungsgren-

---

781 § 44 LuftVG schreibt die Gefährdungshaftung für den Luftfrachtführer in Bezug auf Körperverletzungen an den Passagieren und Gepäckschäden sowie Frachtgütern fest. § 44 LuftVG entspricht inhaltlich Art. 17, 18 WA.

782 Art. 45 LuftVG statuiert eine Beweislastumkehr für die Haftung nach § 44 LuftVG; dem entspricht Art. 20 WA.

783 Zu Art. 20 WA siehe Fn. 782; Art. 21 WA betrifft das Mitverschulden des Geschädigten; Art. 22 WA regelt die Haftungsgrenzen des WA.

784 *Larenz/Canaris*, Methodenlehre der Rechtswissenschaft, S. 202 ff.; *Pawlowski*, Methodenlehre, Rn. 481.

785 Vgl. *Riese*, Luftrecht, S. 407.

786 *Böckstiegel*, JbIntR 17 (1974), S. 307 (312); *Frings*, Der Einfluß privatrechtlicher Staatsverträge und nationaler Rechtsordnungen auf den Internationalen Luftbeförderungsvertrag, S. 51 f.; ders. ZLW 1977, S. 8 (10 f.); *Guldimann*, Internationales Lufttransportrecht, Art. 24, Rn. 7; *Hohloch*, Deliktsstatut, S. 226; *Hübsch*, TranspR 1996, S. 367 ff.; *Kropholler*, Internationales Einheitsrecht, S. 175 f.; *Schleicher/Reymann/Abraham*, Recht der Luftfahrt I, S. 363.

787 Siehe S. 125 ff.

788 Siehe S. 131 ff.

zen indes nicht zukommen lassen. Sinn und Zweck der Haftungsgrenzen stehen einer Analogie demzufolge nicht entgegen.

Haben der Luftfrachtführer und der Passagier keinen Vertrag miteinander abgeschlossen und ist deutsches Recht anwendbar, haftet der Luftfrachtführer gem. § 823 BGB, wenn er den Schaden verschuldet hat. Haben die Parteien eine Luftbeförderung vertraglich vereinbart, haftet der Luftfrachtführer grundsätzlich zunächst nach dem WA[789]. Das WA statuiert eine Beweislastumkehr in Art. 20 WA; das Verschulden des Luftfrachtführers wird vermutet. Der Unterschied zwischen beiden Tatbeständen besteht demnach in der Beweislastumkehr bei der Haftung nach dem WA; beide Tatbestände basieren jedoch auf einer Verschuldenshaftung und sind insofern vergleichbar. Falls man die Haftungsgrenzen des WA auf die deliktischen Ansprüche des blinden Passagiers gegen den Luftfrachtführer nicht anwendet, haftet der Luftfrachtführer ohne Vertrag schärfer als mit Abschluß eines Beförderungsvertrages: Bei Abschluß eines Beförderungsvertrages kämen ihm die Haftungsgrenzen des WA zugute; ohne Beförderungsvertrag haftete er hingegen unbegrenzt. Dabei hatte der Luftfrachtführer keinen Einfluß darauf, ob er den blinden Passagier transportiert oder nicht. Würden bei Gefälligkeitsflügen die Haftungsgrenzen nicht übertragen, verhielte es sich ähnlich: Der Luftfrachtführer würde regelrecht dafür bestraft, den Passagier aus Gefallen befördert zu haben.

Diese Überlegungen sprechen für eine Analogie in Form eines Erst-Recht-Schlusses: Wenn die Haftungsgrenzen schon dann gelten, wenn sich der Luftfrachtführer vertraglich gebunden und damit auch bewußt auf die damit einhergehenden Risiken eingelassen hat, müssen sie in einer vergleichbaren Situation erst recht eingreifen, wenn kein Vertrag vorliegt. Eine Analogiebildung kommt aber erst in Betracht, wenn tatsächlich eine „Regelungslücke" auszufüllen ist[790]. Bei einem Gefälligkeitsflug haben die Parteien die Haftung möglicherweise konkludent ausgeschlossen oder beschränkt[791]. Bevor eine Analogie zu den Haftungsgrenzen des WA gebildet wird, ist daher im Fall eines Gefälligkeitsfluges zu untersuchen, ob die Parteien die Haftung durch eine Vereinbarung abbedungen haben[792].

---

789 Bei deutschem Deliktsstatut kommt darüber hinaus eine Haftung nach § 823 BGB in Betracht; dabei gelten gem. Art. 24 WA auch die Art. 20, 22 WA.

790 *Larenz/Canaris*, Methodenlehre der Rechtswissenschaft, S. 187 ff.

791 Vgl. BGH v. 27.11.1979 - VI ZR 267/78, BGHZ 76, S. 32 (34).

792 Kritisch zum konludenten Haftungsausschluß z.B. BGH v. 11.2.1964 - VI ZR 271/62, BGHZ 41, S. 79 (81), siehe auch *Medicus*, Bürgerliches Recht, Rn. 369.

c) Haftungserweiterungen in den AGB des Luftbeförderungsvertrags

Es stellt sich die Frage, ob die Haftungserweiterungen der Luftfahrtunternehmen in den AGB aufgrund des IATA-Intercarrier Agreement oder der EG-VO 2027/97 einer Analogie zu den Haftungsgrenzen des WA entgegenstehen, wenn ein deliktischer Anspruch bei einer Beförderung ohne Beförderungsvertrag geltend gemacht wird. Die Luftfahrtunternehmen gehen in den AGB die Verpflichtung, sich nicht auf die Haftungsgrenzen des WA zu berufen, freiwillig und erst bei Abschluß des jeweiligen Luftbeförderungsvertrags ein. Bei einer Beförderung ohne Beförderungsvertrag scheitert die Haftungserweiterung deshalb an einer vergleichbaren Interessenlage zu der Haftung bei Vorliegen eines Beförderungsvertrages: Die Haftungserweiterung ist Bestandteil des Vertrages und steht der Gegenleistung des Passagiers gegenüber[793]. Liegt kein Beförderungsvertrag vor, besteht keine Pflicht zur Gegenleistung von Seiten des Passagiers. Eine analoge Anwendung des IATA-Intercarrier Agreement on Passenger Liability und der EG-VO 2027/97 scheiden bei einer Beförderung ohne Beförderungsvertrag darum aus.

d) Zusammenfassung

Für die Übertragung der Haftungsgrenzen des WA bei einer Beförderung ohne Beförderungsvertrag gilt:

- Bei einem Gefälligkeitsflug ist eine konkludente Vereinbarung der Parteien, die Haftung zu begrenzen oder auszuschließen, vorrangig.
- Ist keine derartige Vereinbarung getroffen worden, gelten die Haftungsgrenzen des WA bei einer Beförderung ohne Beförderungsvertrag gem. Art. 24 WA analog; die Haftungserweiterungen der Luftfahrtunternehmen in ihren AGB nehmen darauf aber keinen Einfluß.

3. Rechtslage nach dem MA

In Zukunft wird das MA die Rechtslage bestimmen. Fraglich ist, ob die Haftungsgrenzen des MA analog anzuwenden sind, wenn ein deliktischer Anspruch im Fall einer Beförderung ohne Beförderungsvertrag geltend gemacht wird. Eine Übertragung der Haftungsgrenzen ließe sich allein mit einer Analogie zu Art. 29 MA begründen. Art. 29 MA bestimmt, daß die Haftungsgrenzen des MA auch für alle anderen Ansprüche gelten, die im Zusammenhang mit der Luftbeförderung geltend gemacht werden.

---

[793] Die Haftungserweiterung schlägt sich in höheren Versicherungssummen nieder, die auch auf den Fluggast abgewälzt werden (vgl. *Gansfort*, ZLW 1998, S. 263 [273]; *Giemulla/Schmid*, NZV 1998, S. 225 [229]).

a) Analogie zu Art. 29 MA

Voraussetzung einer Analogiebildung ist die Vergleichbarkeit der Tatbestände. Bei einer Beförderung ohne Beförderungsvertrag haftet der Luftfrachtführer bei deutschem Deliktsstatut verschuldensabhängig nach § 823 BGB. Im MA hängen die Haftungsregelungen von dem geschädigten Rechtsgut ab:

- Bei Verspätungsschäden haftet der Luftfrachtführer nach dem Prinzip der umgekehrten Beweislast. Es ergeben sich keine Unterschiede zum Haftungssystem des WA. Hier gilt hinsichtlich der Analogiebildung das zum WA ausgeführte[794]; die Haftungsgrenzen des MA gelten analog zu Art. 29 MA.
- Wenn eine Person verletzt oder getötet wird, haftet der Luftfrachtführer unbegrenzt; bis zu einer Summe von 100.000 SZR sogar verschuldensunabhängig. Eine Haftungsgrenze gibt es bei Personenschäden also gar nicht; eine Analogiebildung zu Art. 29 MA scheidet deshalb für Personenschäden aus.
- Bei Gepäck- und Frachtschäden haftet der Luftfrachtführer nach dem MA im Gegensatz zum WA verschuldensunabhängig. Der Abschluß eines Luftbeförderungsvertrages bewirkt somit das Eingreifen der strikten Haftung des MA, d.h. einer verschuldensunabhängigen Haftung; bei einer Beförderung ohne Luftbeförderungsvertrag haftet der Luftfrachtführer bei deutschem Deliktsstatut hingegen nur bei Verschulden i.S.v. § 823 BGB. Die Tatbestände sind daher nicht vergleichbar: Griffen die Haftungsbeschränkungen des MA, obwohl kein Luftbeförderungsvertrag besteht, käme dem Luftfrachtführer in dieser Situation ein Vorteil zugute: Er haftete nur bei Verschulden. Im Fall eines Verschuldens käme er darüber hinaus in den Genuß der Haftungsgrenzen des MA. Bei Abschluß eines Luftbeförderungsvertrags haftet er im Gegensatz dazu nach dem MA verschuldensunabhängig.

Eine Analogie zu Art. 29 MA ist für Personen-, Gepäck- und Frachtschäden ist abzulehnen; nur bei Verspätunggsschäden gelten die Haftungsgrenzen des MA Art. 29 MA analog.

---

[794] Siehe S. 139 ff.

b) Zusammenfassung

Sobald das MA in Kraft getreten ist, erübrigt sich die Diskussion um die Übertragung der Haftungsgrenzen für Personen-, Gepäck- und Frachtschäden. Lediglich bei Verspätungsschäden ist eine Analogiebildung zu Art. 29 MA angebracht, wenn zwischen Beförderer und Passagier kein Luftbeförderungsvertrag besteht, und der Luftfrachtführer nach § 823 BGB haftet. Zunächst muß aber immer ein konkludenter Haftungsausschluß in Betracht gezogen werden[795].

---

[795] Siehe S. 141 f.

§ 8 Ungerechtfertigte Sicherungsbeschlagnahme von Luftfahrzeugen

Der letzte Paragraph von diesem Teil der Arbeit untersucht das Deliktsstatut bei der ungerechtfertigten Sicherungsbeschlagnahme von Luftfahrzeugen. Die Beschlagnahme von ausländischen Luftfahrzeugen ist durch das *Gesetz über die Unzulässigkeit der Sicherungsbeschlagnahme von Luftfahrzeugen* (GUSL) vom 17.3.1935 beschränkt. Das Gesetz beruht auf dem *Abkommen zur Vereinheitlichung von Regeln über die Sicherungsbeschlagnahme von Luftfahrzeugen* (ASL) vom 29.5.1933[796]. Das Abkommen ist mit dem Ziel verfaßt worden, den freien Luftverkehr zu fördern[797]; das Abkommen bzw. das Gesetz sollen deshalb Beschlagnahmungen verhindern, mit denen der Halter des Luftfahrzeugs nicht rechnen konnte.

Ein deutscher Antrag hatte der CITEJA im Frühjahr 1931 Anlaß gegeben, sich mit einem Abkommensentwurf zu beschäftigen, der die Zulässigkeit der Sicherungsbeschlagnahme von Luftfahrzeugen beschränken sollte[798]. Es regelt die Ansprüche vom Eigentümer des Luftfahrzeugs gegen den Gläubiger[799]. Das Abkommen enthält aber keine materielle Rechtsvereinheitlichung, sondern gibt lediglich rechtspolitische Richtlinien und Mindestregelungen vor[800]. Die Vertragsstaaten des ASL verpflichten sich in Art. 1 ASL, die erforderlichen Maßnahmen zu treffen, um dem Abkommen und seinen aufgestellten Regeln Wirksamkeit zu verleihen. Eine Anpassung des Abkommens an das deutsche Recht in Form des GUSL war erforderlich; lediglich die Art. 5 bis 8 GUSL standen mit dem deutschen Recht von vornherein in Einklang[801]. Die Art. 5 bis 8 ASL finden deswegen direkte Anwendung[802], während die übrigen Normen des Abkommens allein zur Auslegung herangezogen werden dürfen[803].

Das Abkommen ist nur auf Luftfahrzeuge anwendbar, die auf dem Gebiet eines Vertragsstaates eingetragen sind[804]. Zwar war das ursprüngliche Ziel der CITEJA gewesen, eine materiellrechtliche Regelung über die Voraussetzungen der Schadensersatzpflicht des zu unrecht beschlagnahmenden Gläubigers zu

---

796 Die Art. 5 bis 8 des Abkommens stimmen mit den Regelungen im deutschen Recht überein und mußten daher nicht umgesetzt werden (*Schleicher/Reymann/Abraham*, Recht der Luftfahrt II, S. 592).

797 *T. Heinz*, TranspR 1988, S. 1 (3); *Oppikofer*, ArchfLR 1933, S. 211 (212); *Riese*, Luftrecht, S. 314.

798 Dazu *Riese*, ArchfLR 1931, S. 191 (195).

799 Siehe auch S. 180 ff.

800 *Oppikofer*, ArchfLR 1933, S. 211 (212).

801 *Schleicher/Reymann/Abraham*, Recht der Luftfahrt II, S. 592.

802 Vgl. *T. Heinz*, TranspR 1988, S. 1 (3).

803 *Schleicher/Reymann/Abraham*, Recht der Luftfahrt II, S. 592.

804 Art. 9 Abs. 1 des ASL.

erstellen; in Anbetracht der divergierenden Meinungen in diesem Bereich wurde aber wieder davon abgesehen[805]. Für die unberechtigte Sicherungsbeschlagnahme von Luftfahrzeugen sieht Art. 6 Abs. 2 ASL eine besondere Regelung vor. Art. 6 ASL schreibt vor:

(1) Ist ein Luftfahrzeug beschlagnahmt worden, das nach diesem Abkommen nicht der Sicherungsbeschlagnahme unterliegt,... so hat der betreibende Gläubiger nach Vorschrift der am Ort des Verfahrens geltenden Rechtsordnung den Schaden zu ersetzen, der dem Halter oder dem Eigentümer daraus erwächst.

(2) Dieselbe Regel gilt, wenn die Sicherungsbeschlagnahme ungerechtfertigt war.

Es ist nicht ganz eindeutig, ob Art. 6 Abs. 2 ASL eine Gesamtnormverweisung oder eine Sachnormverweisung normiert. Der Wortlaut *nach Vorschrift der am Ort des Verfahrens geltenden Rechtsordnung* deutet eher auf eine Sachnormverweisung hin. Außerdem spricht der enge Zusammenhang des Arrestverfahrens mit der Pflicht zum Schadensersatz für eine Sachnormverweisung[806]. Bei einer ungerechtfertigten Sicherungsbeschlagnahme eines Flugzeugs gilt deshalb das Recht des Verfahrensortes, wenn es sich um ein Luftfahrzeug handelt, das in einem Vertragsstaat des ASL eingetragen ist[807]. Ist das Abkommen nicht anwendbar, gelten wiederum die allgemeinen Regeln in Art. 40 ff. EGBGB.

---

805 *Riese*, ArchfLR 1933, S. 20 (22).

806 Staudinger-*von Hoffmann*, Art. 38 EGBGB, Rn. 387, 358. Im Ergebnis wohl auch *T. Heinz*, Sicherungsbeschlagnahme von Luftfahrzeugen, S. 105; MünchKomm-*Kreuzer*, Art. 38 EGBGB, Rn. 189.

807 Im deutschen Recht findet sich die materielle Regelung in § 945 ZPO.

3. Teil. Das Sachstatut der zivilen Verkehrsluftfahrt

Dieser Teil der Arbeit untersucht das Sachstatut der zivilen Verkehrsluftfahrt. Für das nationale IPR verbleibt neben vielen internationalen Abkommen, die das Sachstatut der zivilen Verkehrsluftfahrt und damit zusammenhängende Fragen regeln, noch Raum. Deshalb führt § 9 als in die Thematik des kürzlich kodifizierten deutschen Internationalen Sachenrechts im EGBGB ein. § 10 klärt zunächst die internationalprivatrechtlichen Probleme sowie Fragen Anerkennung in bezug auf den Eigentumserwerb an Luftfahrzeugen. Im Besonderen interessiert das Sachstatut der zivilen Verkehrsluftfahrt im Hinblick auf die Begründung von beschränkten dinglichen Rechten an Luftfahrzeugen (dazu § 11). Die vertraglichen, beschränkten dinglichen Rechte nehmen eine besondere Bedeutung ein, da sie als Finanzierungssicherung im internationalen Luftfahrzeuggeschäft dienen. Eine Anerkennung dieser Rechte ist daher von evidenter Bedeutung für die wirtschaftlichen Interessen der Luftfahrtindustrie. Aus diesem Bedürfnis heraus hat man 1948 das *Genfer Abkommen über die internationale Anerkennung von Rechten an Luftfahrzeugen* geschaffen; es prägt diesen Bereich maßgeblich. Das Abkommen trifft allerdings nur wenige materiell rechtsvereinheitlichende Vorschriften. Im Anschluß daran gibt § 12 einen kurzen Einblick in Fragen der Zwangsvollstreckung in ausländische Luftfahrzeuge, da sich in diesem Kontext auch das Problem der Durchsetzung der Sicherungsrechten an Luftfahrzeugen stellt. Weiterhin geht dieser Teil der Arbeit in § 13 auf das Sachstatut bei dinglichen Verfügungen an Bord eines Luftfahrzeuges ein. Als Ausblick stellt § 14 den Entwurf zu einer *[Unidroit] Convention on international interests in mobile equipment* und dem dazu gehörenden *Aircraft equipment protocol* dar. Dieser Abkommensentwurf ist auf die heutigen Bedürfnisse der Luftfahrtindustrie nach einem rechtsvereinheitlichenden Abkommen ausgerichtet, das die Finanzierung von Luftfahrzeugausrüstungsgegenständen regelt.

§ 9 Das Internationale Sachenrecht im EGBGB

Mit dem Gesetz zum Internationalen Privatrecht für außervertragliche Schuldverhältnisse und Sachen vom 1.6.1999 hat der Gesetzgeber das Internationale Sachenrecht in den Art. 43 bis 46 EGBGB erstmals im deutschen Recht kodifiziert[808]. Die Gesetzesreform manifestiert weitgehend die alte Rechtslage und bringt nur wenig Neuerungen mit sich. Art. 43 Abs. 1, 44 und 45 Abs. 1 EGBGB stellen jeweils eine Grundregel auf[809]:

---

[808] Zur Entwicklung des Gesetzentwurfes siehe S. 103 ff.

[809] Art. 44 EGBGB wird in der weiteren Betrachtung außer acht gelassen, da diese Sonderregel, im Bereich der zivilen Verkehrsluftfahrt keine Rolle spielt.

- Art. 43 Abs. 1 EGBGB normiert den Grundsatz der Anknüpfung an das Recht des Lageortes[810];
- Art. 44 EGBGB setzt das Tatortrecht als Sonderanknüpfung für Grundstücksimmissionen fest[811];
- Art. 45 Abs. 1 EGBGB ist eine Spezialregel für Transportmittel und knüpft an das Recht des Herkunftsstaates an[812].

Um die Anwendung einer Rechtsordnung zu vermeiden, die nur wenig Verbindung mit dem Sachverhalt aufweist, hat der Gesetzgeber mit Art. 46 EGBGB eine Korrekturmöglichkeit in Form einer Ausweichklausel in das Internationale Sachenrecht eingefügt[813]. Eine Rechtswahlmöglichkeit eröffnet die Kodifikation hingegen nicht[814]. Auf eine Sonderregelung des *Renvoi* hat der Gesetzgeber ausdrücklich verzichtet[815]; es bleibt auch im Internationalen Sachenrecht beim Grundsatz der Gesamtverweisung gem. Art. 4 Abs. 2 EGBGB[816]. Für intertemporale Fragen soll Art. 220 Abs. 1 EGBGB entsprechend herangezogen werden[817]. Nunmehr ist auf die Vorschriften im Einzelnen einzugehen.

I. Grundregel (Art. 43 EGBGB)

Art. 43 EGBGB normiert in seinem Absatz 1 zunächst die Grundregel der Anknüpfung an die *lex rei sitae* und stellt in Art. 43 Abs. 2 und 3 EGBGB weitere Grundsätze im Internationalen Sachenrecht für bewegliche Sachen auf: Art. 43 Abs. 2 EGBGB legt die Wirkungen beim Statutenwechsel nieder, und Art. 43 Abs. 3 EGBGB regelt beim unvollendeten Rechtserwerb den sachenrechtlichen „Griff in die Zukunft".

1. *Lex rei sitae*-Grundsatz (Art. 43 Abs. 1 EGBGB)

Art. 43 Abs. 1 EGBGB bestimmt als grundsätzliche Anknüpfungsregel die *lex rei sitae*. Das Recht des Belegenheitsortes der Sache galt bisher gewohnheitsrechtlich als maßgeblicher Anknüpfungspunkt im Internationalen Sachen-

---

810 BegrRegE, BR-Drucks. 759/98, S. 37= BT-Drucks. 14/343, S. 15.

811 Art. 41 EGBGB gilt entsprechend.

812 *Junker*, RIW 2000, S. 241 (245); ders. IPR, Rn. 468; *Wagner*, IPRax 1998, S. 429 (436).

813 Vgl. BegrRegE, BR-Drucks. 759/98, S. 48 = BT-Drucks. 14/343, S. 19; *von Hoffmann*, IPR, Rn. 10 ff.

814 *Junker*, RIW 2000, S. 241 (245); *Pfeiffer*, IPRax 2000, S. 270 (272); *Stoll*, IPRax 2000, S. 259 (264).

815 BegrRegE, BR-Drucks. 759/98, S. 14 = BT-Drucks. 14/343, S. 8.

816 BegrRegE, BR-Drucks. 759/98, S. 36 = BT-Drucks. 14/343, S. 15.

817 BegrRegE, BR-Drucks. 759/98, S. 13 = BT-Drucks. 14/343, S. 7.

recht[818]. Das Recht des Lageortes bestimmt über die Entstehung, die Änderung, den Übergang, den Untergang und den Inhalt dinglicher Rechte[819]. Die Anknüpfung an die *lex rei sitae* dient dem Verkehrsinteresse, da der inländische Rechtsverkehr nur mit den dinglichen Sicherheiten rechnen muß, die er selbst kennt[820]. Außerdem trägt die Anknüpfung an die *lex rei sitae* zum Internationalen Entscheidungseinklang bei, da der *lex rei sitae*-Grundsatz nahezu weltweit gilt[821]. Weiterhin zeichnet sich dieses Anknüpfungsmerkmal durch seine einfache Erkennbarkeit aus[822].

2. Statutenwechsel (Art. 43 Abs. 2 EGBGB)

Bewegliche Sachen, die an einen anderen Lageort verbracht werden, wechseln ihr Statut[823]. Vor der Kodifizierung des Internationalen Sachenrechts im Jahre 1999 war umstritten, wie nach einem Statutenwechsel dem deutschen Recht unbekannte dingliche Rechte Berücksichtigung finden sollten, wenn sie im Ausland wirksam begründet worden waren. Die Hinnahmetheorie forderte, dem Schutz begründeter Rechte Vorrang einzuräumen und den Typenzwang dinglicher Rechte diesem Schutzbedürfnis unterzuordnen[824]. Die Transpositionslehre hingegen wollte den sachenrechtlichen Typenzwang gewährleisten und verlangte eine Transposition der fremden Rechte in funktionsäquivalente Institute des deutschen Rechts[825]. Die Anerkennung des Rechts stand bei dieser Vorgehensweise nicht im Vordergrund und war nicht gewährleistet.

Nach der neuen Rechtslage löst Art. 43 Abs. 2 EGBGB das Problem, indem die Norm sowohl Aspekte der Hinnahmetheorie als auch der Transpositionslehre berücksichtigt[826]. Wenn ein dingliches Recht an einer Sache wirksam begründet worden ist, besteht es auch nach einem Statutenwechsel fort; es ist von der neuen Rechtsordnung hinzunehmen (Hinnahmetheorie). Das Recht darf jedoch gem. Art. 43 Abs. 2 EGBGB nicht im Widerspruch zum neuen Statut ausgeübt werden, sondern muß im Hinblick auf den *numerus clausus* der Sa-

---

[818] Z.B. BGH v. 9.5.1996 - IX ZR 244/95, NJW 1996, S. 2233 (2234); BGH v. 28.9.1994 - IV ZR 95/93, NJW 1995, S. 58 (59).

[819] BegrRegE, BR-Drucks. 759/98, S. 37 = BT-Drucks. 14/343, S. 15.

[820] *Junker*, IPR, Rn. 466; ders. RIW 2000, S. 241 (245); *Kegel/Schurig*, IPR, § 19 I; § 2 II.

[821] Vgl. Erman-*Hohloch*, Art. 43 EGBGB, Rn. 7; *Wagner*, IPRax 1998, S. 429 (434).

[822] *Von Hoffmann*, IPR, § 12, Rn. 9.

[823] Art. 43 Abs. 1 EGBGB.

[824] MünchKomm-*Sonnenberger*, Einl. IPR, Rn. 614; *Stoll*, RabelsZ 38 (1974), S. 450 (464).

[825] Gundlegend *Lewald*, IPR, S. 184 – 186. *Firsching/von Hoffmann* (5. Auflg.), IPR, § 12, Rn. 33; *Kegel* (7. Auflg.), IPR, § 19 III.

[826] *Von Hoffmann*, IPR, § 12, Rn. 31; *Junker*, RIW 2000, S. 241 (254).

chenrechte inhaltlich an verwandte Sachenrechtstypen angepaßt - gleichsam transponiert - werden (Transpositionslehre).

3. Sachenrechtliche Griff in die Zukunft (Art. 43 Abs. 3 EGBGB)

Art. 43 Abs. 3 EGBGB regelt den sachenrechtlichen „Griff in die Zukunft“[827]. Ist ein Recht an einer Sache, die ins Inland gelangt, nicht schon vorher erworben worden, sind für einen solchen Erwerb im Inland Vorgänge in einem anderen Staat wie inländische Vorgänge zu berücksichtigen. Bei einem unvollendeten Rechtserwerb wird somit die Entstehung des dinglichen Rechts nach deutschem Recht begründet, wenn die Sache ins Inland verbracht wird. Dieser Problembereich ist jedoch nicht international privatrechtlicher Art, sondern vielmehr eine Auslegungsfrage im Rahmen der §§ 929 ff. oder 937 ff. BGB. Bei Art. 43 Abs. 3 EGBGB handelt es sich daher nicht um eine einseitige Kollisionsnorm[828], sondern um eine Sachnorm[829].

Art. 43 Abs. 3 EGBGB manifestiert außerdem den Regelungsgehalt von Art. 43 Abs. 2 EGBGB[830]: Wird eine Sache ins Inland verbracht, bleiben die Rechte an der Sache bestehen, die bereits im Ausland begründet worden sind; das im Ausland entstandene Recht wird dann den im Inland bekannten Sachenrechten angepaßt. Die Vorschrift soll insbesondere für das Sicherungsmittel des Eigentumsvorbehalts im grenzüberschreitenden Rechtsverkehr Klarheit schaffen[831]. Die Gesetzesbegründung verweist in diesem Zusammenhang auf den sogenannten Strickmaschinenfall[832]: Ein in Italien mündlich vereinbarter Eigentumsvorbehalt wirkt lediglich zwischen den Parteien; nur eine notarielle Beglaubigung läßt dem Eigentumsvorbehalt eine absolute Wirkung zukommen[833]. Wird die Sache nach Deutschland verbracht, sind die Regelungen des deutschen Sachenrechts maßgeblich. In Deutschland gilt der Eigentumsvorbehalt auch ohne notarielle Beglaubigung absolut[834]. Art. 43 Abs. 3 EGBGB stellt nun klar,

---

827 *Junker*, RIW 2000, S. 241 (254); *Spickhoff*, NJW 1999, S. 2209 (2214).

828 So aber BegrRegE, BR-Drucks. 759/98, S. 41 = BT-Drucks. 14/343, S. 16; *Pfeiffer*, IPRax 2000, S. 270 (273).

829 *Junker*, RIW 2000, S. 241 (254); *Kreuzer*, Vorschläge und Gutachten zur Reform des deutschen Internationalen Sachen- und Immaterialgüterrechts vorgelegt von Henrich, S. 37 (73); Palandt-*Heldrich*, Art. 43 EGBGB, Rn. 11; *Stoll*, IPRax 2000, S. 259 (263).

830 Erman-*Hohloch*, Art. 43 EGBGB, Rn. 26; Palandt-*Heldrich*, Art. 43 EGBGB, Rn. 10.

831 BegrRegE, BR-Drucks. 759/98, S. 40 = BT-Drucks. 14/343, S. 16; *Junker*, RIW 2000, S. 241 (254); ders. IPR, Rn. 484 f.

832 BGH v. 2.2.1966 - VIII ZR 153/64, BGHZ 45, S. 95 = NJW 1966, S. 879 = MDR 1966, S. 409 m. Anm. *Kegel*, JuS 1968, S. 162.

833 Art. 1523, 1524 Abs. 1 Codice Civile.

834 §§ 929 S. 1, 158 Abs. 1, 455 Abs. 1 BGB.

daß der in Italien formlos vereinbarte Eigentumsvorbehalt in Deutschland eine absolute Wirkung entfaltet[835].

Bei der Anwendung von Art. 43 EGBGB bleibt es beim Grundsatz der Gesamtverweisung nach Art. 4 Abs. 2 EGBGB. Im Rahmen der Anwendung des *lex rei sitae*-Grundsatzes spielt wegen der weltweiten Geltung der *lex rei sitae*-Regel die Beachtung des *Renvoi* ohnehin keine Rolle[836].

II. Transportmittel (Art. 45 EGBGB)

Art. 45 EGBGB trifft für Wasser-, Schienen- und Luftfahrzeuge eine Sonderregelung. Im Hinblick auf das Thema der Arbeit wird im folgenden nur auf die international privatrechtliche Behandlung von Luftfahrzeugen eingegangen. 45 Abs. 1 EGBGB bestimmt den Herkunftsstaat als maßgeblichen Anknüpfungspunkt für Rechte an Luftfahrzeugen. Art. 45 Abs. 2 EGBGB knüpft die Entstehung gesetzlicher Sicherungsrechte an diesen Fahrzeugen akzessorisch an die zu sichernde Forderung an. Für die Rangfolge mehrerer Sicherungsrechte gilt das Lageortsrecht[837].

Bei Transportmitteln im grenzüberschreitenden Verkehr ist die Anknüpfung an die *lex rei sitae* wenig sinnvoll[838]: Der Lageort der Sache ist zum Zeitpunkt der Verfügung der Sache häufig nicht bekannt, oder die Sache befindet sich in staatsfreiem Gebiet. Aus diesen Gründen rechnet im Rechtsverkehr auch niemand mit der Anwendung des Lageortsrechts. Daher legt Art. 45 Abs. 1 EGBGB das Herkunftsrecht der genannten Transportmittel als maßgebliches Anknüpfungsmoment fest. Das Herkunftsrecht ist bei Luftfahrzeugen das Recht ihrer Staatszugehörigkeit[839].

Die Entstehung anderer gesetzlicher Rechte ist gem. Art. 45 Abs. 2 EGBGB akzessorisch an das Forderungsstatut anzuknüpfen. Art. 45 Abs. 2 S. 1 EGBGB betrifft aber vor allem Schiffsgläubigerrechte[840]. Auf das Statut bestimmter gesetzlicher Sicherungsrechte an Luftfahrzeugen nehmen § 104

---

[835] BegrRegE, BR-Drucks. 759/98, S. 40 = BT-Drucks. 14/343, S. 16; *Junker*, RIW 2000, S. 241 (254), Palandt-*Heldrich*, Art. 43 EGBGB, Rn. 10.

[836] Erman-*Hohloch*, Art. 43 EGBGB, Rn. 4; Palandt-*Heldrich*, Art. 43 EGBGB, Rn. 2; *Pfeiffer*, IPRax 2000, S. 270 (271).

[837] Art. 45 Abs. 2 S. 2 EGBGB.

[838] BegrRegE, BR-Drucks. 759/98, S. 43 = BT-Drucks. 14/343, S. 16; *Junker*, RIW 2000, S. 241 (245); *Stoll*, IPRax 2000, S. 259 (266); *Wagner*, IPRax 1998, S. 429 (436).

[839] Art. 45 Abs. 1 S. 2 Nr. 1. EGBGB.

[840] BegrRegE, BR-Drucks. 759/98, S. 45 = BT-Drucks. 14/343, S. 18; Palandt-*Heldrich*, Art. 45 EGBGB, Rn. 3; *Stoll*, IPRax 2000, S. 259 (267); *Wagner*, IPRax 1998, S. 429 (436).

LuftfzRG[841] i.V.m. Art. IV des *Genfer Abkommens* von 1948 maßgeblich Einfluß[842]. Die Entstehung bestimmter gesetzlicher, dinglicher Rechte ist analog zu § 104 LuftfzRG i.V.m. Art. IV des *Genfer Abkommens* an das Belegenheitsrecht des Luftfahrzeugs anzuknüpfen.

Für Art. 45 Abs. 1 EGBGB gilt der Grundsatz der Gesamtverweisung gem. Art. 4 Abs. 1 S. 1 EGBGB. Bei der akzessorischen Anknüpfung des gesetzlichen Sicherungsrechts im Rahmen von Art. 45 Abs. 2 EGBGB, ist ein *Renvoi* regelmäßig ausgeschlossen[843]. Andernfalls würde das mit der akzessorischen Anknüpfung angestrebte Ziel unterlaufen, zusammenhängende Rechtsfragen nach einer Rechtsordnung zu beurteilen. Die Anknüpfung nach Art. 45 Abs. 2 EGBGB ist daher stets eine Sachnormverweisung gem. Art. 4 Abs. 2 EGBGB.

III. Ausweichklausel (Art. 46 EGBGB)

Besteht zu einer anderen Rechtsordnung eine wesentlich engere Verbindung als der, die nach den Art. 43 bis 45 EGBGB maßgeblich wäre, ist gem. Art. 46 EGBGB jenes Recht ausschlaggebend. Die Ausweichklausel in Art. 46 EGBGB ermöglicht eine Berücksichtigung der Umstände des Einzelfalls und macht die Anknüpfung dadurch flexibel[844]. Der Gesetzgeber hat zwar in Art. 46 EGBGB die gleiche Formulierung gewählt wie in Art. 41 EGBGB. Um die Rechts- und Verkehrssicherheit im Internationalen Sachenrecht nicht zu gefährden, muß Art. 46 EGBGB allerdings noch zurückhaltender angewendet werden als Art. 41 EGBGB[845]. Hauptanliegen des Verkehrsinteresses im Internationalen Sachenrecht sind Rechtssicherheit und Rechtsklarheit. Deswegen sollten bei der Ermittlung einer engeren Verbindung diese Kriterien bestimmend sein. Entscheidend sind die Umstände des Einzelfalls; nur sehr gewichtige Umstände können ein Abweichen von den Regelanknüpfungen begründen. Hierbei kann auch eine von den Parteien getroffene Rechtswahl zu berücksichtigen sein, allerdings nur im Verhältnis der Parteien zueinander[846].

---

[841] *Gesetz über Rechte an Luftfahrzeugen* vom 26.2.1959 (BGBl. 1959 I, S. 57). Diese Regelungen beruhen auf dem *Genfer Übereinkommen über die internationale Anerkennung von Rechten an Luftfahrzeugen* vom 19.6.1948 (BGBl. 1959 II, S. 130).

[842] Siehe S. 178 ff.

[843] *Kartzke*, IPRax 1988, S. 8 (10 f.); Palandt-*Heldrich*, Art. 4 EGBGB, Rn. 11; *Pfeiffer*, IPRax 2000, S. 270 (271). A.A.: *Kühne*, FS Murad Ferid (1988), S. 251 (262 ff.).

[844] Erman-*Hohloch*, Art. 46 EGBGB, Rn. 1; *Stoll*, IPRax 2000, S. 259 (269); *Wagner*, IPRax 1998, S. 429 (437).

[845] *Junker*, RIW 2000, S. 241 (245); Palandt-*Heldrich*, Art. 46 EGBGB, Rn. 2.

[846] BegrRegE, BR-Drucks. 759/98, S. 48 = BT-Drucks. 14/343, S. 19; Palandt-*Heldrich*, Art. 46 EGBGB, Rn. 3; *Pfeiffer*, IPRax 2000, S. 270 (274); *Stoll*, IPRax 2000, S. 259 (269).

Verdrängt eine engere Verbindung i.S.v. Art. 46 EGBGB die Regelanknüpfungen nach Art. 43 bis 45 EGBGB, liegt ausnahmsweise eine Sachnormverweisung vor, da ein *Renvoi* dem Sinn der Verweisung gem. Art. 4 Abs. 1 EGBGB widerspricht[847]. Eine Anknüpfung nach Art. 46 EGBGB erfolgt nach einer Betrachtung sämtlicher Umstände, um dem Einzelfall gerecht zu werden; es soll das Recht berufen werden, mit dem der Sachverhalt die engste Verbindung aufweist.

---

[847] Erman-*Hohloch*, Art. 46 EGBGB, Rn. 7; Palandt-*Heldrich*, Vor Art. 43 EGBGB, Rn. 1.

§ 10 Das Eigentum an Luftfahrzeugen

Das Eigentumsrecht an Luftfahrzeugen ist hinsichtlich der Anknüpfung von Erwerb und Verlust dieses Rechts von Interesse. § 10 der Arbeit geht auf die Rolle des nationalen IPR und des *Genfer Abkommens* von 1948[848] bei der Rechtsfrage des Eigentumserwerbs ein. Außerdem wird in diesem Paragraphen auch die Anerkennungsregelung des *Genfer Abkommens* von 1948 untersucht. Schließlich bezweckt ein kurzer Abstecher in das LuftfzRG einen Einblick in die materiellrechtlichen Besonderheiten der Eigentumsübertragung an Luftfahrzeugen nach deutschem Recht.

I. Eigentumserwerb

Der Einfluß des *Genfer Abkommens* von 1948 wird an dieser Stelle unter dem Aspekt des Eigentumserwerbs an einem Luftfahrzeug betrachtet. Zur Erläuterung werden die Entwicklung und der Regelungsinhalt des *Genfer Abkommens* von 1948 dargestellt. Außerdem untersucht die Arbeit die Regelungen des Internationalen Sachenrechts im EGBGB für den Eigentumserwerb an Luftfahrzeugen.

1. Genfer Abkommen vom 19.6.1948 über die internationale Anerkennung von Rechten an Luftfahrzeugen

Das Internationale Sachenrecht für Luftfahrzeuge hat eine teilweise Vereinheitlichung im *Genfer Abkommen über die internationale Anerkennung von Rechten an Luftfahrzeugen* vom 19.6.1948[849] (GenfAbk) gefunden. Die Bundesrepublik Deutschland ist dem Abkommen am 26.2.1959 beigetreten[850]. Die Regelungen des Abkommens hat die Bundesrepublik Deutschland im *Gesetz über Rechte an Luftfahrzeugen* vom 26.2.1959[851] (LuftfzRG) umgesetzt.

a) Entwicklung

Das GenfAbk beruht auf zwei Vorentwürfen der CITEJA[852]: zum einen der Entwurf über das Eigentum am Luftfahrzeug und das Luftfahrzeugregister[853]

---

[848] Siehe S. 154 ff.

[849] BGBl. 1959 II, S. 129.

[850] Siehe Fn. ebenda.

[851] BGBl. 1959 I, S. 57.

[852] *Reemts*, FS A. Meyer, S. 110; *Riese*, Luftrecht, S. 275 f.; *Schleicher/Reymann/Abraham*, Recht der Luftfahrt I, S. 468; *Wilberforce*, IntLQRev 1948, S. 420 (422).

[853] Abgedruckt in ArchfLR 1932, S. 81 ff.

und zum anderen der Vorentwurf über die Hypothek und andere dingliche Rechte[854]. Die CITEJA hat beide Entwürfe auf der Pariser Konferenz 1931 angenommen[855]. Aufgrund des Zweiten Weltkrieges unterblieb aber die Verabschiedung der Entwürfe durch eine Staatenkonferenz[856]. Auf der Grundlage dieser Vorentwürfe entwickelte die ICAO als Nachfolgeorganisation der CITEJA den Entwurf zum GenfAbk und stellte ihn in der zweiten Versammlung der ICAO im Juni 1948 vor[857]; der Entwurf wurde dann am 19.6.1948 als *Genfer Abkommen über die internationale Anerkennung von Rechten an Luftfahrzeugen* verabschiedet. Die Bundesrepublik Deutschland ist dem GenfAbk am 26.2.1959 beigetreten[858] und ihren aus dem Abkommen entstandenen Verpflichtungen in den Regelungen der §§ 103 bis 106, § 108 Nr. 3 LuftfzRG und der §§ 171 h bis 171 n ZVG nachgekommen.

b) Regelungsinhalt

Die Anschaffung eines Luftfahrzeugs erfordert meist erhebliche Mittel und ist in der Regel mit einer Kreditaufnahme verbunden. Als Sicherungsobjekt dient dazu oft das Luftfahrzeug selbst[859]. Die Internationalität des Luftverkehrs macht es notwendig, den dinglichen Sicherungsrechten an Luftfahrzeugen internationale Anerkennung zu verschaffen. Andernfalls wären die am Luftfahrzeug begründeten Rechte nichts wert, da die Wirksamkeit der Sicherungsrechte von ihrer Achtung in den angeflogenen Staaten abhängt[860]. Das GenfAbk stellt aus diesem Grund Kollisionsnormen zur Anerkennung von Sicherungsrechten auf, die überwiegend an das Registerortsrecht des Luftfahrzeugs anknüpfen[861]. Das GenfAbk enthält auch materiell-vereinheitlichende Vorschriften[862]. Das GenfAbk bestimmt in Art. II Abs. 1 GenfAbk, wie die dinglichen Rechte an Luftfahrzeugen auszugestalten sind, damit sie nach den Regeln des Abkommens anerkannt werden. Diese Anforderungen erfüllt der Gesetzgeber in § 1

---

[854] Abgedruckt in ArchfLR 1932, S. 84 ff.

[855] *Reemts*, FS A. Meyer, S. 110; *Riese*, ArchfLR 1931, S. 191 ff.; 1932, S. 63 (64 ff.).

[856] *Schleicher/Reymann/Abraham*, Recht der Luftfahrt I, S. 469.

[857] *Schleicher/Reymann/Abraham*, Recht der Luftfahrt I, ebenda; *Riese*, Luftrecht, S. 277.

[858] BGBl. 1959 I, S. 57.

[859] *Guldimann*, SchwJZ 1948, S. 372; *Riese*, Luftrecht, S. 278; Staudinger-*Stoll*, Internationales Sachenrecht, Rn. 398.

[860] *Guldimann*, ebenda; *Schleicher/Reymann/Abraham*, Recht der Luftfahrt I, S. 468; *Riese*, Luftrecht, S. 277.

[861] *Fisch*, Eigentumserwerb, Eigentumsvorbehalt und Sicherungübereignung an Fahrnis im Internationalen Sachenrecht, S. 171; *Riese*, Luftrecht, S. 278; *Wilberforce*, IntLQRev 1948, S. 420 (423).

[862] *Kegel/Schurig*, IPR, § 19 VII 2.

LuftfzRG, der das Registerpfandrecht an Luftfahrzeugen in Deutschland einführt. Weiterhin legt das GenfAbk fest, unter welchen Voraussetzungen:
- ein Statutenwechsel am Luftfahrzeug erfolgen kann[863],
- die Anerkennung von Rechten an Ersatzteilen vorgesehen ist[864],
- die Zwangsvollstreckung am Luftfahrzeug und seinen Ersatzteilen durchzuführen ist[865].

c) Anwendung auf das Entstehungsstatut dinglicher Rechte?

Das Abkommen regelt - wie schon aus seinem Namen hervorgeht - vor allem die Anerkennung dinglicher Rechte[866], aber nicht ihre Entstehung. Die Anknüpfung von Erwerb und Verlust von diesen Rechten richtet sich dementsprechend nach nationalem IPR. Art. I Abs. 1 GenfAbk setzt aber zur Anerkennung dinglicher Rechte ihre wirksame Entstehung nach dem Registerortsrecht voraus; dieser Grundsatz wurde auch in § 103 LuftfzRG umgesetzt[867]. Darin liegt eine mittelbare Anerkennung der Anknüpfung an die *lex libri sitae*[868]: Um das Abkommen nicht zu unterlaufen, muß das nationale IPR im Einklang mit dem GenfAbk[869] bei der Entstehung eines dinglichen Rechts auf das Registerortsrecht abstellen.

2. Nationales IPR

Für die Entstehung, Änderung und Übertragung eines dinglichen Rechts ist grundsätzlich gem. Art. 43 Abs. 1 EGBGB die *lex rei sitae* ausschlaggebend. Art. 45 Abs. 1 Nr. 1 EGBGB trifft aber eine Sonderregel für die Anknüpfung von Rechten an Luftfahrzeugen, da die Anknüpfung an die *lex rei sitae* für international eingesetzte Transportmittel nicht sachgerecht ist: Sie wechseln stän-

---

[863] Art. IX GenfAbk, umgesetzt in § 107 LuftfzRG.

[864] Art. X GenfAbk, umgesetzt in § 105 LuftfzRG.

[865] Art. VII GenfAbk, umgesetzt in § 107 LuftfzRG sowie Regelungen in der ZPO und dem ZVG.

[866] MünchKomm-*Kreuzer*, Art. 38 EGBGB Anh. I, Rn. 163; *Riese*, Luftrecht, S. 278; *Schleicher/Reymann/Abraham*, Recht der Luftfahrt I, S. 469. Die materiellen Regelungen des GenfAbk betreffen andere Bereiche (siehe S. 153 ff.).

[867] Die Anerkennung des Eigentumsrecht wurde nicht für notwendig erachtet (BegrRegE, BT-Drucks. 3/423, S. 36; *Kreuzer*, Vorschläge und Gutachten zur Reform des deutschen Internationalen Sachen- und Immaterialgüterrechts vorgelegt von Henrich, S. 37 [113]).

[868] *Fisch*, Eigentumserwerb, Eigentumsvorbehalt und Sicherungübereignung an Fahrnis im Internationalen Sachenrecht, S. 171; *Kassaye*, Neuere Entwicklungen im internationalen Mobiliarsachenrecht, S. 234; *Kegel/Schurig*, IPR, § 19 V, VII, 2; MünchKomm-*Kreuzer*, Art. 38 EGBGB Anh. I, Rn. 163; Staudinger-*Stoll*, Internationales Sachenrecht, Rn. 403.

[869] Bei deutschem Sachstatut mit dem LuftfzRG.

dig den Lageort, der zum Zeitpunkt der Verfügung daher regelmäßig unbekannt ist und auch nur wenig Verbindung zum Sachverhalt hat[870]. Die Anknüpfung an die *lex libri* ist im Gegensatz dazu leicht erkennbar und vorherzusehen. Dieser Anknüpfungspunkt garantiert außerdem Kontinuität, da Luftfahrzeuge ihre Staatsangehörigkeit nur selten wechseln. Die Anknüpfung an das Registerortsrecht trägt deshalb zur Rechtssicherheit bei. Ferner dient die Anknüpfung an das Herkunftsrecht dem Internationalen Entscheidungseinklang, da dieser Anknüpfungsgrundsatz nahezu weltweit anerkannt ist[871].

a) Das Recht des Herkunftsstaates

Rechte an Luftfahrzeugen unterliegen gem. Art. 45 Abs. 1 Nr. 1 EGBGB dem Recht ihres Herkunftsstaates. Der Herkunftsstaat eines Flugzeugs bestimmt sich nach seiner Staatszugehörigkeit[872]. Gem. Art. 17 Chicagoer Abkommen richtet sich die Staatszugehörigkeit eines Luftfahrzeugs nach dem Staat, in dem es eingetragen ist. In Deutschland erwerben Luftfahrzeuge ihre Staatsangehörigkeit mit der Verkehrszulassung[873], die durch eine Eintragung in eines der Register verliehen wird. Luftfahrzeuge müssen gem. § 14 LuftVZO zur Verkehrszulassung in ein Luftfahrzeugregister eingetragen werden. Für Flugzeuge, Drehflügler (= Hubschrauber), Luftschiffe, Motorsegler, Segelflugzeuge und bemannte Ballone ist das gem. § 14 Abs. 1 LuftVZO die Luftfahrzeugrolle, die vom Luftfahrtbundesamt in Braunschweig geführt wird. Ultraleichtflugzeuge, Hängegleiter (= Flugdrachen) und Gleitsegel (= Gleitfallschirm) bedürfen gem. § 14 Abs. 2 LuftVZO einer Eintragung in das Luftsportgerätverzeichnis. Nach deutschem Recht gibt es keine Luftfahrzeuge ohne Staatszugehörigkeit.

Besteht für ein ausländisches Luftfahrzeug keine Pflicht zur Eintragung in ein Register, ist sein Herkunftsrecht analog Art. 5 Abs. 2 EGBGB zu bestim-

---

[870] Siehe 149 ff. Früher wurde teilweise auch das Recht des Heimatlandes, d.h. das Recht des Staates von dem aus das Luftfahrzeug gewöhnlich eingesetzt wird, als maßgeblich erachtet (*Kegel*, IPR [7. Auflage], § 19 V; *Kassaye*, Neuere Entwicklungen im internationalen Mobiliarsachenrecht, S. 236). Im Bereich der Luftfahrt gibt es aber im Gegensatz zur Schiffahrt das Problem der Billigflaggen nicht, da die Eintragung eines Luftfahrzeugs in ein Luftfahrzeugregister einen *genuine link* erfordert (*Makarov*, FS Kraus, S. 215 [222]). Daher führen die Anknüpfung an das Heimatland und an den Registerort des Luftfahrzeugs ohnehin zu demselben Ergebnis.

[871] Siehe *Kreuzer*, Vorschläge und Gutachten zur Reform des deutschen Internationalen Sachen- und Immaterialgüterrechts vorgelegt von Henrich, S. 37 (113, Fn. 206).

[872] BegrRegE, BR-Drucks. 759/98, S. 44 = BT-Drucks. 14/343, S. 17; MünchKomm-*Kreuzer*, Art. 38 EGBGB Anh. I, Rn. 163.

[873] *Schwenk*, Luftverkehrsrecht, S. 263.

men[874]. Damit findet das Recht des Heimatlandes des Luftfahrzeugs Anwendung. Das ist das Recht des Staates, von dem aus das Luftfahrzeug regelmäßig eingesetzt wird[875].

b) Allgemeine Regeln nach Art. 43 EGBGB

Noch nicht zum Verkehr zugelassene Luftfahrzeuge besitzen keine Staatsangehörigkeit[876]. Da sie noch nicht (international) eingesetzt werden können, wechseln sie nicht ständig den Lageort. Aus diesem Grund sind für die Anknüpfung von Erwerb und Verlust von Eigentum die allgemeinen Regeln gem. Art. 43 EGBGB maßgeblich, solange ein Flugzeug noch nicht als Transportmittel genutzt werden kann[877].

c) Rechtswahl (Art. 46 EGBGB)

Fraglich ist, ob eine Rechtswahl der Parteien bei der Ermittlung des anwendbaren Rechts auf die Eigentumsübertragung bei Luftfahrzeugen zu berücksichtigen ist. Eine Rechtswahl kann grundsätzlich als Umstand i.S.v Art. 46 EGBGB Einfluß auf das Sachstatut nehmen[878]. Gegen die Beachtung einer Rechtswahl bei der Eigentumsübertragung an Luftfahrzeugen spricht jedoch die Anerkennungsfähigkeit des Eigentumsrechts nach Art. I Abs. 1 a GenfAbk. Diese Vorschrift setzt zur Anerkennung des Eigentumsrechts an einem Luftfahrzeug voraus, daß das Eigentum nach dem Registerortsrecht wirksam begründet und in ein öffentliches Register des Heimatstaates eingetragen worden ist. Wählt die Partei im Fall einer Rechtswahl ein anderes Recht als das Registerortsrecht, stünde eine Berücksichtigung der Rechtswahl im Widerspruch zum GenfAbk. Die Mitgliedsstaaten des GenfAbk könnten untereinander ein durch Rechtswahl begründetes Eigentumsrecht am Luftfahrzeug nicht anerkennen. Für Deutschland als Mitgliedsstaat des GenfAbk ist eine Berücksichtigung der Rechtswahl bei der Eigentumsübertragung an Luftfahrzeugen daher ausgeschlossen.

Zudem steht der Internationale Entscheidungseinklang einer Berücksichtigung der Rechtswahl entgegen. Der Internationale Entscheidungeinklang wird

---

874 *Kreuzer*, Vorschläge und Gutachten zur Reform des deutschen Internationalen Sachen- und Immaterialgüterrechts vorgelegt von Henrich, S. 37, (128)

875 *Kegel*, IPR (7. Auflage), § 19 V.

876 Siehe S. 155 ff.

877 Vgl. *Kassaye*, Neuere Entwicklungen im internationalen Mobiliarsachenrecht, S. 236; *Schlegel*, Eigentumserwerb und rechtsgeschäftliche Belastung von Luftfahrzeugen im IPR, S. 39 f.; Staudinger-*Stoll*, Internationales Sachenrecht, Rn. 405

878 Siehe S. 150 ff.

durch die Wahl international verbreiteter Anknüpfungen gewahrt[879]. Eine Rechtswahlmöglichkeit im Bereich des Internationalen Sachenrechts ist aber international nicht sehr üblich[880]. Die Mitgliedsstaaten des GenfAbk dürften vielmehr im Einklang mit dem Abkommen die Eigentumsübertragung bei Luftfahrzeugen an das Registerortsrecht anknüpfen; schon vor der Ausarbeitung des GenfAbk war für die meisten Staaten das Herkunftsrecht des Luftfahrzeugs bei der Eigentumsübertragung maßgeblich[881]. Mit der Anerkennung einer Rechtswahl stiege die Anzahl hinkender Rechtsverhältnisse[882], wenn das gewählte Recht und das Registerortsrecht auseinanderfallen: Sobald das Luftfahrzeug in einen Staat verbracht würde, der keine Rechtswahl im Bereich des Internationalen Sachenrechts kennt, sondern etwa auf das Registerortsrecht abstellte, gälte das Eigentumsrecht in diesem Staat als nicht wirksam entstanden. Der international-vertragliche Bezug der Anknüpfung an den Herkunftsstaat zum GenfAbk schließt die Berücksichtigung einer Rechtswahl und wohl auch anderer Umstände im Rahmen von Art. 46 EGBGB aus.

d) Sachnorm- oder Gesamtnormverweisung

Der Gesetzgeber hat es im Rahmen der IPR-Reform 1999 beim Grundsatz der Gesamtverweisung belassen[883]. Fraglich ist dennoch, ob die Anknüpfung an das Heimatrecht des Luftfahrzeugs gem. Art. 45 Abs. 1 Nr. 1 EGBGB als Sachnorm- oder Gesamtnormverweisung zu handhaben ist, da die Regelung durch Art. I Abs. 1 a GenfAbk einen international-vertraglichen Bezug hat.

Ob die Regelungen des GenfAbk als Gesamtnorm- oder als Sachnormverweisung zu verstehen ist, haben die Teilnehmer der Genfer Konferenz nicht ausdrücklich festgelegt[884]. Eine Präzisierung des Abkommens wurde abgelehnt, da die Formulierung „law of the Contracting State" zum Ausdruck bringe, daß geschriebenes und ungeschriebenes Recht in ihrer Gesamtheit erfaßt sein sollten[885]. Zur Gesamtheit des Rechts gehören auch die international privatrechtlichen Normen; daher ist die Erklärung so zu verstehen, daß die Kollisionsnormen

---

879 *Von Bar*, IPR I, Rn. 471; *Kegel/Schurig*, IPR, § 2 II.

880 Vgl. *Junker*, RIW 2000, S. 241 (253); MünchKomm-*Kreuzer*, Art. 38 EGBGB Anh. I, Rn. 67.

881 *Riese*, Luftrecht, S. 281; *Wilberforce*, IntLQRev 1948, S. 421, (441).

882 Siehe hierzu auch *Dörner*, Anm. zu BGH v. 25.9.1996 - VIII ZR 76/95, LM Art. 7 ff. Nr. 63 (Bl. 7-7 R); *Junker*, RIW 2000, S. 241 (253).

883 Siehe S. 91 ff.

884 *Guldimann*, SchwJZ 1948, S. 372 (375); *Riese*, Luftrecht, S. 281.

885 *Riese*, Luftrecht, S. 281; *Wilberforce*, IntLQRev 1948, S. 421 (439).

des GenfAbk in das IPR eines Staates verweisen[886]. Bei der Anwendung von Art. 45 Abs. 1 Nr. 1 EGBGB bleibt es darum beim Grundsatz der Gesamtverweisung.

e) Zusammenfassung

Der Eigentumserwerb und -verlust an einem Luftfahrzeug richten sich gem. Art. 45 Abs. 1 Nr. 1 EGBGB nach dem Herkunftsstaat des Luftfahrzeuges, d.h. nach seiner Staatsangehörigkeit. Mit der Anknüpfung an das Herkunftsrecht von Luftfahrzeugen steht Art. 45 Abs. 1 Nr. 1 EGBGB im Einklang mit den §§ 103 bis 106 LuftfzRG[887], die eine wirksame Entstehung des Rechts nach dem Recht des Registerortes zur Anerkennungsvoraussetzung machen. Ist ein Luftfahrzeug noch nicht zum Verkehr zugelassen, und besitzt es deshalb noch keine Staatsangehörigkeit, bestimmt Art. 43 EGBGB das anwendbare Recht. Die Norm regelt, nach welcher Rechtsordnung sich die Entstehung, Änderung und Übertragung des Eigentums am Luftfahrzeug richtet. Eine Rechtswahl hat - auch im Rahmen von Art. 46 EGBGB - keinen Einfluß auf das Statut, da die Anknüpfung an den Herkunftsstaat einen international-vertraglichen Bezug zum GenfAbk hat. Bei der Anwendung von Art. 45 Abs. 1 Nr. 1 EGBGB bleibt es darum beim Grundsatz der Gesamtverweisung.

II. Anerkennung

Das Eigentum an Luftfahrzeugen ist von den Vertragsstaaten des GenfAbk gem. Art. I Abs. 1 a GenfAbk anzuerkennen, wenn das Eigentum nach dem Registerortsrecht wirksam begründet worden ist und das Luftfahrzeug in ein öffentliches Register des Heimatstaates eingetragen ist. Die Notwendigkeit der Festschreibung dieser Regel wird indes bezweifelt, da schon vor dem GenfAbk für die meisten Staaten das Herkunftsrecht der Luftfahrzeuge bei der Eigentumsübertragung maßgeblich war[888]; sie wurde deshalb auch nicht in das LuftfzRG übernommen. Art. I Abs. 1 (i) GenfAbk erfaßt außerdem Inhalt,

---

[886] *Riese*, Luftrecht, S. 281; Staudinger-*Stoll*, Internationales Sachenrecht, Rn. 399; *Wilberforce*, IntLQRev 1948, S. 421, (439). A.A.: *Guldimann*, SchwJZ 1948, S. 372 (375); MünchKomm-*Kreuzer*, Art. 38 EGBGB Anh. I, Rn. 163.

[887] BegrRegE, BR-Drucks. 759/98, S. 44 = BT-Drucks. 14/343, S. 17; Erman-*Hohloch*, Art. 45 EGBGB, Rn. 7. § 103 LuftfzRG entspricht Art. I Abs. 1 a GenfAbk.

[888] BegrRegE, BT-Drucks. 3/423, S. 36; *Riese*, Luftrecht, S. 281; *Wilberforce*, IntLQRev 1948, S. 421 (441).

Ausübung und Erlöschen des Eigentumsrechts[889]. Das Luftfahrzeug unterliegt umfassend seinem Heimatstatut[890].

III. Eigentumserwerb an einem Luftfahrzeug nach deutschem Recht

Der Eigentumserwerb an einem Luftfahrzeug richtet sich gem. § 98 Abs. 1 LuftfzRG nach den geltenden Vorschriften der anderen Gesetze. Die Vorschrift verweist somit auf die §§ 929 ff. BGB[891]. Allerdings findet § 936 BGB keine Anwendung, wenn das Luftfahrzeug mit einem Registerpfandrecht belastet ist: Ist das Luftfahrzeug mit einem Registerpfandrecht belastet und wird veräußert, erlischt das Pfandrecht des Gläubigers selbst dann nicht, wenn der Erwerber das Luftfahrzeug im guten Glauben erlangt hat[892].

---

889 *Kassaye*, Neuere Entwicklungen im internationalen Mobiliarsachenrecht, S. 239; MünchKomm-*Kreuzer*, Art. 38 EGBGB Anh. Rn. 166; *Riese*, Luftrecht, S. 281. *Schlegel* ist für die Anwendung der *lex rei sitae* (in Eigentumserwerb und rechtsgeschäftliche Belastung von Luftfahrzeugen im IPR, S. 39 f.).

890 *Riese*, Luftrecht, S. 281.

891 *Dobberahn*, MittRhNotK 1998, S. 145 (161); *Schleicher/Reymann/Abraham*, Recht der Luftfahrt I, S. 468; *Schwenk*, BB 1966, S. 477.

892 Vgl. § 98 Abs. 1 S. 2 LuftfzRG.

§ 11 Beschränkte dingliche Rechte

Die Begründung und die Anerkennung beschränkter dinglicher Rechte, insbesondere vertraglicher Art, sind bei Luftfahrzeugen von besonderer Wichtigkeit, da sie die Finanzierung eines Luftfahrzeugverkaufs sichern. Das GenfAbk und das LuftfzRG haben in diesem Zusammenhang eine entscheidende Rolle. Im folgenden wird dargestellt, wie die Entstehung beschränkter, dinglicher Rechte anzuknüpfen ist, welche Rechte unter welchen Voraussetzungen anerkannt werden und welche Bedeutung dem GenfAbk und dem LuftfzRG dabei zukommen.

I. Vertraglich begründete, beschränkte dingliche Rechte

Da die Anschaffung eines Luftfahrzeugs einen großen finanziellen Aufwand bedeutet, geht mit einem Flugzeugkauf in der Regel eine Kreditaufnahme einher. Als Sicherungsobjekt dient meist das Luftfahrzeug selbst[893]. In den verschiedenen Rechtsordnungen sind deshalb unterschiedliche Sicherungsformen für den Anschaffungskredit für ein Luftfahrzeug entwickelt worden. Die folgenden Ausführungen gehen darauf ein, nach welchem Recht die Sicherungsrechte anzuknüpfen sind, und welche Rechte nach dem GenfAbk anzuerkennen sind. Außerdem führt die Arbeit in § 12 kurz aus, wie in Deutschland ein Sicherungsrecht am Luftfahrzeug begründet wird: Der deutsche Gesetzgeber hat diese Möglichkeit im Rahmen der Umsetzung des GenfAbk geschaffen. Schließlich wird aufgezeigt, wie sich ein Statutenwechsel auf die Sicherungsrechte auswirkt.

1. Entstehung und Untergang

Wie bereits ausgeführt, betreffen die das GenfAbk umsetzenden §§ 103 ff. LuftfzRG nur die Anerkennung dinglicher Rechte an Luftfahrzeugen[894]. Die Entstehung und der Untergang von dinglichen Rechten richten sich nach nationalem IPR. § 103 LuftfzRG setzt aber zur Anerkennung der dinglichen Rechte ihre wirksame Entstehung nach dem Registerortsrecht voraus. Um das GenfAbk nicht zu unterlaufen und um nicht im Widerspruch zu § 103 LuftfzRG zu stehen, muß das nationale IPR an das Registerortsrecht des Luftfahrzeugs anknüpfen.

Art. 45 Abs. 2 EGBGB regelt die Anknüpfung von Sicherungsrechten. Art. 45 Abs. 2 EGBGB legt das Sachstatut aber nur bei der Entstehung *gesetzlicher* Sicherungsrechte fest. Die Norm scheidet darum bei der Ermittlung des anwendbaren Rechts auf die Entstehung und den Verlust *vertraglich* begründeter, dinglicher Rechte aus. Die Anknüpfung von vertraglich begründeten, dingli-

---

[893] *Guldimann*, SchwJZ 1948, S. 372; *Riese*, Luftrecht, S. 278; Staudinger-*Stoll*, Internationales Sachenrecht, Rn. 398.

[894] Siehe S. 161 ff.

chen Rechten regelt vielmehr Art. 45 Abs. 1 EGBGB. Rechte an Luftfahrzeugen unterliegen gem. Art. 45 Abs. 1 EGBGB dem Recht ihres Herkunftsstaates[895]; zu den Rechten i.S.v. Art. 45 Abs. 1 EGBGB zählen neben dem Eigentum auch die vertraglich begründeten, beschränkten dinglichen Rechte[896]. Die Anknüpfung an das Recht des Herkunftsstaates steht damit im Einklang mit Art. I Abs. 1 GenfAbk und § 103 LuftfzRG.

2. Anerkennung gem. § 103 LuftfzRG

Die Kreditsicherung in Form von Sicherungsrechten an Luftfahrzeugen ist für den Sicherungsgeber nur sinnvoll, wenn er im Fall der Nichterfüllung sein Sicherungsrecht auch durchsetzen kann. Aus diesem Grund ist die Anerkennung von Sicherungsrechten von größter Wichtigkeit. In den verschiedenen Staaten existieren unterschiedliche Sicherungsrechte am Luftfahrzeug. Um die Wirksamkeit der nationalen Sicherungsrechte auch in den angeflogenen Staaten zu sichern, stellt das GenfAbk Kollisionsnormen auf, die die Anerkennung der diversen Sicherungsrechte in den Vertragsstaaten regeln. Die Bundesrepublik Deutschland hat das GenfAbk im LuftfzRG umgesetzt. Ist das deutsche Recht anwendbar, ist darum das LuftfzRG maßgeblich.

§ 103 LuftfzRG setzt Art. I GenfAbk um. § 103 LuftfzRG verpflichtet die Bundesrepublik Deutschland, bestimmte dingliche Rechte anzuerkennen, die an ausländischen Luftfahrzeugen nach einem fremden Recht begründet worden sind[897]. Luftfahrzeuge sind ausländisch, wenn sie gem. Art. 17 Chicagoer Abkommen in einem ausländischen Register eingetragen sind[898]. § 103 LuftfzRG erfaßt ausschließlich vertragliche Rechte[899]. Die gem. § 103 LuftfzRG[900] anzuerkennenden Rechte haben grundsätzlich Vorrang vor allen anderen Rechten[901]. Der Rang der Rechte und auch die Wirkung der Eintragung gegenüber Dritten

---

895 Siehe S. 155 ff.

896 Vgl. Palandt-*Heldrich*, Art. 43 EGBGB, Rn. 3, Art. 45 EGBGB, Rn. 1; Erman-*Hohloch*, Art. 45 EGBGB, Rn. 10.

897 § 103 LuftfzRG beschränkt im Gegensatz zu Art. I GenfAbk die Anerkennung nicht auf die Vertragsstaaten; es weitet die Anerkennung vielmehr auf alle ausländischen Luftfahrzeuge aus. Mit der Einbeziehung aller ausländischer Luftfahrzeuge erleichtert die Rechtsanwendung, da nicht geprüft werden muß, ob der Herkunftsstaat des Luftfahrzeugs ein Vertragsstaat ist.

898 BegrRegE, BT-Drucks. 3/423, S. 36.

899 BegrRegE, BT-Drucks. 3/423, S. 37; MünchKomm-*Kreuzer*, Art. 38 EGBGB Anh. I, Rn. 168; *Riese*, Luftrecht, S. 286.

900 = Art. I Abs. 1 GenfAbk.

901 Siehe S. 169 ff.

richten sich nach dem Heimatrecht des Luftfahrzeuges[902]. Haftungsgegenstand ist das Luftfahrzeug. Der Begriff des Luftfahrzeugs umfaßt gem. § 31 LuftfzRG auch das Zubehör.

Das Sicherungsrecht am Luftfahrzeug muß zwei Voraussetzungen erfüllen, damit es gem. § 103 LuftfzRG anzuerkennen ist:

- Das Recht muß nach der Heimatrechtsordnung des Flugzeugs gültig entstanden sein und
- in ein öffentliches Register des Heimatstaates des Luftfahrzeuges eingetragen worden sein.

Das Recht des Heimatstaates des Luftfahrzeuges wurde wegen seiner einfachen Erkennbarkeit und Nachweisbarkeit gewählt[903]. Das Erfordernis einer Registereintragung dient dem Schutz Dritter und der Rechtssicherheit[904].

a) Anzuerkennende Rechte

§ 103 LuftfzRG soll insbesondere Flugzeugkäufe in den USA sicherstellen[905]. Zu diesem Zweck berücksichtigt § 103 LuftfzRG vor allem die Sicherungsrechte, die in den USA verbreitet sind. § 103 bezieht aber auch Sicherungsrechte aus Großbritannien, Frankreich und Italien mit ein, die in Deutschland unbekannt sind[906].

§ 103 Nr. 1 LuftfzRG räumt dem Besitzer ein vorrangiges Recht ein, Eigentum an der Sache zu erwerben. Mit dieser Regel soll das Anrecht des Käufers auf Eigentumserwerb an dem Luftfahrzeug abgesichert werden; dabei wollte man vor allem die im anglo-amerikanischen Rechtskreis üblichen Sicherungsformen des Abschlusses eines Kaufvertrages in Form des *conditional sale*[907] oder des *equipment trust*[908] berücksichtigen[909].

---

902 Art. 1 Abs. 1 ii S. 2 GenfAbk, Art. 2 Abs. 2 GenfAbk.

903 Das meint wohl *Wilberforce*, wenn er das Heimtrecht des Luftfahrzeugs als *lex situs* bezeichnet (IntLQRev 1948, S. 421 [425, Anm. 3]).

904 BegrRegE, BT-Drucks. 3/423, S. 21; *Riese*, Luftrecht, S. 280.

905 *Guldimann*, SchwJZ 1948, S. 372; *Riese*, Luftrecht, S. 277; *Wilberforce*, IntLQRev 1948, S. 421 (436 ff.).

906 BegrRegE, BT-Drucks. 3/423, S. 36; *Riese*, Luftrecht, S. 277.

907 Beim *conditional sale* handelt es sich um einen Kauf unter Eigentumsvorbehalt, der ein dingliches Recht des Käufers an der Sache begründet. Der Hersteller verkauft ein Luftfahrzeug an den Verwender. Der Hersteller wird aber von einem Dritten bezahlt. Auf den Finanzierer geht die Position des Herstellers über: Der Dritte wird Eigentümer des Luftfahrzeugs. Das Eigentum an dem Luftfahrzeug geht erst auf den Käufer über, wenn er den vollen Kaufpreis an den Finanzierer gezahlt hat (*Lakin/Berger*, Secured Transactions, S. 22 ff.; *Wilberforce*, IntLQRev 1948, S. 421 [436]).

908 Bei der Kreditform des *equipment trust* werden neben den Flugzeugen auch die Ersatzteile des Luftfahrzeugs mitverpfändet, die im Register eingetragen sind. Der Sicherungs-

Nach § 103 Nr. 2 LuftfzRG hat das Recht zum Besitz an einem Luftfahrzeug Priorität, wenn es auf einem Mietvertrag von mindestens sechs Monaten Dauer beruht. Hiermit ist ein Mietvertrag in Form einer *lease* gemeint[910]. Bei einer *lease* handelt es sich um einen Mietvertrag aus dem anglo-amerikanischen Rechtskreis mit dinglicher Wirkung[911].

§ 103 Nr. 3 LuftfzRG privilegiert die Anerkennung von besitzlosen Pfandrechten, Hypotheken und ähnlichen Rechten an Luftfahrzeugen, die als vertragliche Sicherungsrechte begründet worden sind. Unter diese Norm fallen z.B. die Mobiliarhypotheken des italienischen[912] und französischen Rechts[913],

---

geber hat das Eigentum am Luftfahrzeug, das er an den Sicherungsnehmer vermietet (Vgl. Lord Hailsham of St. Marylebone-*Petitt*, Halsbury`s Laws of England, § 501). Erst nachdem der Sicherungsnehmer den vollen Kaufpreis an den Sicherungsgeber bezahlt hat, geht das Eigentum auf den Sicherungsnehmer über. In die Vermietung sind die Ersatzteile miteingeschlossen (*Hines*, JALC 1948, S. 11 [13]; *Wilberforce*, IntLQRev 1948, S. 421 [436]). Nach außen tritt der Sicherungsgeber als *trustee* (Treuhandverwalter) auf. Im Hinblick auf die Anerkennung von Rechten interessiert aber nur das Verhältnis von Sicherungsnehmer zu Sicherungsgeber. Der Verkäufer wird in diesen Fällen als Eigentümer in das Register eingetragen, aber auch der Kaufvertrag wird im Register verzeichnet (*Wilberforce*, IntLQRev 1948, S. 421 [438]). So wird verhindert, daß der Sicherungsgeber das Eigentum am Luftfahrzeug auf eine andere Person überträgt, ohne die Rechte des Käufers berücksichtigt zu haben. Der Käufer befindet sich regelmäßig im Besitz der Sache; darin liegt eine zusätzliche Sicherung des Käufers.

909 *Guldimann*, SchwJZ 1948, S. 372, Fn. 3; *Riese*, Luftrecht, S. 283; *Wilberforce*, IntLQRev 1948, S. 421 (437 f.).

910 *Lakin/Berger*, Secured Transactions, S. 25 ff.; *Riese*, Luftrecht, 284; *Wilberforce*, IntLQRev 1948, S. 421 (438).

911 Die *lease* ist ein eintragungsfähiges, dinglich wirkendes Mietrecht, das unabhängig von der Besitzüberlassung an der Sache besteht, aber für mindestens sechs Monate begründet worden sein muß. Diese Regelung ist im Hinblick auf die Sicherungsform des *equipment trust* getroffen worden (*Gilmore*, Security Interests in Personal Property I, § 3.7; *Riese*, Luftrecht, S. 284; *Wilberforce*, IntLQRev 1948, S. 421 [438]). Das Luftfahrzeug wird hier normalerweise an den Sicherungsnehmer in Form einer *lease* vermietet.

912 Art. 1037 Codice della Navigazione, der die italienische Luftfahrzeughypothek regelt, verweist auf die Vorschriften über die Hypothek an Seeschiffen. Die Hypothek an einem bestimmten Luftfahrzeug erfaßt grundsätzlich auch das Zubehör (Art. 1028 Codice della Navigazione) und die Frachtforderung (Art. 1037 i.V.m. Art. 573 Codice della Navigazione). Zur Bestellung der Hypothek muß eine Eintragung in das Immatrikulationsregister des Luftfahrzeugs erfolgen (Art. 1031 i.V.m. Art. 866 Codice della Navigazione). Siehe dazu *Nunziante*, Security on Movable Property, S. 91 (102).

913 Das französische Recht ermöglicht in Art. L 122-1 ff, des Code de l`aviation civile vom 30.3.1967, eine Mobiliarhypothek an einem Luftfahrzeug zu begründen (siehe dazu *Dalloz* commmercial, Aviation, Rn. 220 ff.). Diese Regel ist eine Ausnahme vom Grundsatz in Art. 2119 Code Civile: „*les meubles n`ont pas de suite par hypothèque*"(*Fourment*, Security on Movable Property, S. 37 [52]). Die Hypothek an einem Luftfahrzeug muß schriftlich bestellt worden sein, um zwischen den Parteien zu wirken; erst mit der Regi-

die Verpfändung des *fonds de commerce* nach französischem Recht und vor allem die *chattel mortgage*[914], *floating charges*[915] und *fleet mortgages*[916] als Sicherungsrechte im anglo-amerikanischen Rechtskreis[917]. Die vertraglichen Mobili-

---

stereintragung kann sie Dritten entgegengehalten werden (Art. L 122-5, al. 2; Art. R 122-1, Art. D 122-1 Code de l'aviation civile). Das Gesetz vom 17.3.1909 regelt den Verkauf und die Verpfändung des *fonds de commerce* (*Dalloz* commercial, Nantissements de fonds de commerce, Rn. 3). Art. 8 des Gesetzes vom 17.3.1909 erlaubt, das gesamte Unternehmen einschließlich der zum Betrieb gehörenden Maschinen (*fonds de commerce*) ohne Besitzübertragung zu verpfänden (siehe dazu *Dalloz* commercial, fonds de commerce). Das Gesetz vom 12.11.1955 ergänzt die getroffene Regelung, indem es die gerichtliche Verpfändung des *fonds de commerce* möglich macht (*Dalloz* commercial, Nantissement de fonds de commerce, Rn. 9, 70 ff.). Die Begründung von Luftfahrzeughypotheken ist darüber hinaus in vielen weiteren europäischen Ländern anerkannt, z.B. in Großbritannien, in Irland, in Polen, in Luxemburg, in Spanien und in den Niederlanden (siehe *Dickson/Rosener/Storm*, Security on Movable Property, S. 210).

914 (*Lakin/Berger*, Secured Transactions, S. 16; Lord of Clashfern-*Jeffries/Lamont*, Halsbury's Laws of England [32], § 452; *Tattam*, Security on Movable Property, S. 187 [189 f.; 199 f.]). Das Luftfahrzeug wird dem Geldgeber sicherungsübereignet; die Sicherungsübereignung wird in die Verkaufsurkunde, d.h. der *bill of sale*, verzeichnet; die *bill of sale* muß ein genaue Auflistung der zu verpfändenden Gegenstände enthalten und in einem besonderen Register eingetragen werden (*Gilmore*, Security Interests in Personal Property I, § 2.6; Lord of Clashfern-*Jeffries/Lamont*, Halsbury's Laws of England [32], § 452; *Lakin/Berger*, Secured Transactions, S. 18).

915 Der Luftfahrtunternehmer übereignet die gesamte Flotte dem Sicherungsgeber. Die Hypothek bezieht sich dabei nicht auf bestimmte Luftfahrzeuge, sondern auf die Gesamtheit der Luftfahrzeuge; der Bestand der Luftfahrzeuge und ihre Anzahl können wechseln (vgl. *Gilmore*, Security Interests in Personal Property I, § 11.7; *Ginnow/Gordon*, Corpus Juris Secundum, Secured Transactions, § 2; *Tattam*, Security on Movable Property, S. 187 [192 ff.]). Die Höhe der Forderung ist zunächst noch nicht festgelegt. Erst bei Fälligkeit haftet jedes einzelne Luftfahrzeug für die zu sichernde Summe in voller Höhe.

916 Auch bei der *fleet mortgage* besteht das Sicherungsrecht an der gesamten Flotte (BegrRegE, BT-Drucks. 3/423, S. 36; *Guldimann*, SchwJZ 1948, S. 372, Fn. 3; *Riese*, Luftrecht, S. 273; MünchKomm-*Kreuzer*, Art. 38 EGBGB Anh. I, Rn. 168). Im Unterschied zur *floating charge* ist die Höhe der Forderung von Anfang an festgelegt und bezieht sich nur auf die Luftfahrzeuge, die zum Zeitpunkt der Bestellung der Hypothek zur Flotte gehören; dabei haftet jedes einzelne Flugzeug der Flotte für den gesamten Kredit.

917 Zur Entstehungsgeschichte des UCC siehe *Henson*, § 1-1. Der UCC ist als einheitliches Staatsrecht geschaffen worden, um die Uneinheitlichkeit und Unübersichtlichkeit im Bereich des Mobiliarsicherheitsrechts zu beenden (*Ginnow/Gordon*, Corpus Juris Secundum [79], § 2; *Milger*, Mobiliarsicherheiten im deutschen und US-amerikanischen Recht, S. 45 f.). Der UCC ist auf die herkömmlichen Sicherungsrechte anwendbar, wenn es sich dabei um *security interests* i.S.v. Art. 9 UCC handelt (*Ginnow/Gordon* ebenda). Unter das Institut des *security interest* fällt jedes vertraglich bestellte dingliche Recht zur Sicherung einer Forderung (§ 9-102 [1]): z.B. *chattel mortgage*, *equipment trust* und *conditional sale*. Zur Begründung eines *security interests* muß ein *attachment* vorliegen (§ 9-203 UCC): Die Parteien müssen gem. § 9-105 (1) UCC eine schriftliche Sicherungsvereinba-

arsicherheiten an Ausrüstungsgegenständen werden in den USA heute allerdings grundsätzlich von Art. 9 Uniform Commercial Code (UCC) geregelt.

b) Registerpfandrecht gem. § 1 LuftfzRG

In Deutschland hat man mit der Einführung des LuftfzRG in § 1 LuftfzRG ein besitzloses Registerpfandrecht an Luftfahrzeugen geschaffen[918]. Das Pfandrecht an Luftfahrzeugen ist ähnlich wie die Schiffshypothek ausgestaltet worden[919]. Das Registerpfandrecht ist streng akzessorisch und auf einzelne bestimmte Luftfahrzeuge beschränkt; die Eintragung des Pfandrechts in das Pfandrechtsregister wirkt konstitutiv[920]. Das Registerpfandrecht erfaßt auch Zubehör, Bestandteile und Versicherungsforderungen[921]. Die Verpfändung der gesamten Luftflotte sieht das Gesetz nicht vor, es erlaubt aber die Gesamtbelastung mehrerer bestimmter Luftfahrzeuge in Form eines Gesamtregisterpfandrechts[922]. Das Registerpfandrecht nach deutschem Recht ist gem. Art. I Abs. 1 d GenfAbk in den Vertragsstaaten des Abkommens anzuerkennen[923].

Mit der Einführung des Registerpfandrechts hat man in Deutschland das Pfandrechtsregister geschaffen[924]. Das Pfandrechtsregister wird vom Amtsgericht in Braunschweig geführt[925]. Das Pfandrechtsregister ist allerdings streng von der Luftfahrzeugrolle zu unterscheiden. Die Luftfahrzeugrolle führt das Luftfahrtbundesamt in Braunschweig[926]. Die Eintragung in die Luftfahrzeugrolle hat öffentlich-rechtliche Zwecke; sie ist Voraussetzung für die Verkehrszulas-

---

rung geschlossen haben (*security agreement*), der Gläubiger muß gem. § 1- 201 (44) UCC dem Schuldner einen Wertgegenstand (*value*) zugewendet haben und der Schuldner muß ein Recht (*rights*) am Sicherungsgut zustehen. Mit der Eintragung in ein öffentliches Register tritt gem. § 9-303 UCC die Sicherung des Rechts gegenüber Dritten ein (*perfection*).

918 Siehe dazu *Groth*, Registerpfandrecht nach dem Gesetz über Rechte an Luftfahrzeugen, S. 8 ff.

919 BegrRegE, BT-Drucks. 3/423, S. 20; *Dobberahn*, MittRhNotK 1998, S. 145 (163); *von Kistowski*, ZLW 1989, S. 215 (217).

920 § 1 LuftfzRG.

921 §§ 31 – 38 LuftfzRG.

922 § 28 LuftfzRG.

923 BegrRegE, BT-Drucks. 3/423, S. 19 ff.; *von Kistowski*, ZLW 1989, S. 215 (217); *Schwenk*, BB 1966, S. 477 (479).

924 BegrRegE, BT-Drucks. 3/423, S. 20 ff.; *Groth*, Registerpfandrecht nach dem Gesetz über Rechte an Luftfahrzeugen, S. 224 ff.

925 Gem. § 78 LuftfzRG muß das Register für Pfandrechte von dem Amtsgericht geführt werden, in dessen Bezirk das Luftfahrtbundesamt seinen Sitz hat. Das Luftfahrtbundesamt ist in Braunschweig.

926 Siehe S. 165 f.

sung des Luftfahrzeugs[927]. Der Eintragung des Pfandrechts in das Pfandrechtsregister kommt öffentlicher Glaube zu[928]; die Richtigkeit der Eintragung wird vermutet[929]. Die Vermutung bezieht sich jedoch nicht auf den Erwerb und Untergang des Eigentums[930].

3. Anerkennung von Rechten an Ersatzteilen

Aufgrund der starken Belastung haben Luftfahrzeuge einen hohen Verschleiß an Ersatzteilen[931]. Deshalb haben die Luftverkehrsgesellschaften regelmäßig Ersatzteillager an den Flughäfen ihrer Fluglinien eingerichtet. Ersatzteile wie Triebwerke oder Luftschrauben sind dabei von beträchtlichem Wert. § 105 LuftfzRG[932] ermöglicht die Anerkennung von Sicherungsrechten, die sich auch auf die Ersatzteile des Luftfahrzeugs erstrecken; Sicherungsrechte, die sich allein auf die Ersatzteile beziehen, erfaßt die Vorschrift aber nicht[933].

Zu den Ersatzteilen gehören alle zu einem Luftfahrzeug gehörenden Teile, Triebwerke, Luftschrauben, Funkgeräte, Bordinstrumente, Ausrüstung- und Ausstattungsgegenstände sowie Teile dieser Elemente; weiterhin zählen hierzu alle sonstigen Gegenstände, die zum Einbau in ein Luftfahrzeug als Ersatz entfernter Teile bereitgehalten werden[934]; die Ersatzteile brauchen keine Bestandteile oder Zubehör im rechtlichen Sinn zu sein[935]. Das Sicherungsrecht muß nach dem Heimatstatut des Luftfahrzeugs wirksam entstanden und in das Register eingetragen worden sein, um anerkannt zu werden[936]. Das Ersatzteillager, in dem sich die mithaftenden Ersatzteile befinden, muß mit einer Bekanntmachung versehen sein, aus der für einen Dritten wichtige Informationen hervorgehen: das Recht, das Register, in dem das Recht eingetragen ist, sowie der Name und

---

927 § 1 LuftfzVO.

928 *Dobberahn*, MittRhNotK 1998, S. 145 (161); *Schwenk*, BB 1966, S. 477 (478).

929 § 16 LuftfzRG.

930 *Schölermann/Schmid-Burgk*, WM 1990, S. 1137 (1140); *Wendt*, MDR 1963, S. 448, (449).

931 *Guldimann*, FS Meyer, S. 59 (61); *Schleicher/Reymann/Abraham*, Recht der Luftfahrt I, S. 477.

932 § 105 LuftfzRG setzt Art. X GenfAbk um.

933 *Wilberforce*, IntLQRev 1948, S. 421 (434).

934 § 68 LuftfzRG. Diese Definition der Ersatzteile deckt sich mit der in Art. X Abs. 4 GenfAbk.

935 RegEBegr, BT-Drucks. 3/423, S. 37.

936 § 105 LuftfzRG i.V. m. § 103 LuftfzRG. Das Registerpfandrecht nach deutschem Recht muß gem. § 68 Abs. 2 LuftfzRG durch eine Einigung der Parteien zustandegekommen sein und in das Pfandrechtsregister eingetragen werden.

die Adresse des Berechtigten[937]. Das Erfordernis der Publizität dient vor allem dem Schutz inländischer Gläubiger[938]. Das Recht kann sich auch nur auf Ersatzteile erstrecken, die an einem bestimmten Ort gelagert werden. Die Ersatzteile eines Lagers dürfen indes ohne Auswirkungen auf die Rechte des Kreditgebers gegen gleichwertige Teile ausgetauscht werden[939]. Die Anerkennung von Rechten an Ersatzteilen von Luftfahrzeugen, die nicht von § 103 LuftfzRG erfaßt sind, richtet sich nach der *lex rei sitae*, d.h. nach dem Recht des Ortes, an dem sich das Luftfahrzeug zum Zeitpunkt der Bestellung des Rechts befunden hat[940].

4. Statutenwechsel

Das Statut eines Luftfahrzeugs ändert sich mit einem Staatsangehörigkeitswechsel, da das Luftfahrzeug seinem Herkunftsrecht unterliegt[941]. Die Staatsangehörigkeit eines Luftfahrzeugs richtet sich wiederum nach dem Recht des Staates, in dem es eingetragen ist. Die Staatsangehörigkeit eines Luftfahrzeugs ändert sich erst mit der Eintragung in das Register eines anderen Staates; das Luftfahrzeug darf nicht in mehreren Staaten gleichzeitig eingetragen sein[942]. § 3 Abs. 1 LuftVG erlaubt den Eintrag eines Luftfahrzeugs in die deutsche Luftfahrzeugrolle deshalb nur dann, wenn das Luftfahrzeug in keinem anderen Register als staatszugehörig registriert ist.

a) Art. IX GenfAbk

Der Staatsangehörigkeitswechsel hat Auswirkungen auf die bestehenden Rechte am Luftfahrzeug. Art. IX GenfAbk erlaubt einen Staatsangehörigkeitswechsel des Luftfahrzeugs deshalb nur dann, wenn der Inhaber des eingetragenen Rechts vorher befriedigt worden ist oder zugestimmt hat. Der Gläubiger des Rechts wird der Umschreibung des Luftfahrzeugs erst dann zustimmen, wenn er einen Ausgleich für sein Sicherungsrecht erhalten hat. Dies kann etwa die Bestellung

---

937 Für das Registerpfandrecht nach deutschem Recht regelt dieses Erfordernis § 69 LuftfzRG.

938 BegrRegE, BT-Drucks. 3/423, S. 37; *Wilberforce*, IntLQRev 1948, S. 421 (434). Auch die ungefähre Anzahl der genannten Ersatzteile muß in ein Verzeichnis eingetragen werden, das dem Register beigefügt wird (Art. X Abs. 2 GenfAbk).

939 *Riese*, Luftrecht, S. 303; *Wilberforce*, IntLQRev 1948, S. 421 (436).

940 BGH v. 20.3.1963 – VIII ZR 130/61, BGHZ 39, S. 173 (174) = NJW 1963, S. 1200; BegrRegE, BT-Drucks. 3/423, S. 37; Staudinger-*Stoll*, Internationales Sachenrecht, Rn. 322.

941 Siehe S. 154 ff.

942 Art. 18 Chicagoer Abkommen.

eines Sicherungsrechts nach dem neuen Staatsangehörigkeitsrecht des Luftfahrzeugs sein[943]. Art. IX GenfAbk schützt damit den Gläubiger: Das Sicherungsrecht geht trotz des Statutenwechsels des Luftfahrzeuges grundsätzlich nicht unter[944]. Art. II Abs. 3 GenfAbk bewahrt den betroffenen Staat davor, ein seiner Rechtsordnung unbekanntes Recht in sein (Pfandrechts-) Register eintragen zu müssen[945].

Die Verfasser des GenfAbk haben nicht geklärt, ob mit einer Umschreibung das ursprüngliche Recht fortbesteht oder das Recht neu begründet wird (*Novation*)[946]; von dieser Frage hängt ab, ob das Recht des alten Registerstaates oder des neuen Registerstaates über den Erwerb, Verlust oder andere Änderungen des Rechts entscheidet. Praktische Erwägungen sprechen deshalb für eine *Novation*. Andernfalls hinge einem Sicherungsrecht seine Herkunft ewig nach[947].

b) § 107 LuftfzRG

§ 107 LuftfzRG setzt Art. IX GenfAbk in das deutsche Recht um. § 107 LuftfzRG ist aber im Gegensatz zu Art. IX GenfAbk nicht auf Vertragsstaaten beschränkt. § 107 LuftfzRG spricht dem Gläubiger eines Sicherungsrechts am Luftfahrzeug das Recht zu, vom Eigentümer die Bestellung eines vorrangigen Registerpfandrechts zu verlangen, wenn das Luftfahrzeug in die deutsche Luftfahrzeugrolle eingetragen wird. Ein Registerpfandrecht ist in das Pfandrechtsregister einzutragen[948]. Mit dem Eintrag des Luftfahrzeugs in das Pfandrechtsregister erlöschen die bestehenden Sicherungsrechte[949]. Der deutsche Gesetzgeber hat sich demnach für eine *Novation* des Rechts entschieden. Das alte Recht erlischt, sobald das Registerpfandrecht eingetragen ist. Das Statut des alten Sicherungsrechts kann deswegen keine Auswirkungen mehr auf das nach deutschem Recht begründete Registerpfandrecht haben.

An dieser Stelle sei noch einmal klargestellt, daß es sich bei der Luftfahrzeugrolle und dem Pfandrechtsregister um zwei verschiedene Register handelt[950]. Die Eintragung des Luftfahrzeugs in das Pfandrechtsregister erfolgt nicht zwingend bei der Eintragung in die Luftfahrzeugrolle, sondern erst auf An-

---

943 *Kassaye*, Neuere Entwicklungen im internationalen Mobiliarsachenrecht, S. 237.

944 *Riese*, Luftrecht, S. 288 f; *Wilberforce*, IntLQRev 1948, S. 420 (427).

945 *Riese*, Luftrecht, S. 289; *Wilberforce*, InLQRev 1948, S. 420 (442 f.).

946 MünchKomm-*Kreuzer*, Art. 38 EGBGB Anh. I, Rn. 172; *Riese*, Luftrecht, S. 290 f.

947 So auch MünchKomm-*Kreuzer* ebenda; *Riese*, ebenda.

948 § 1 LuftfzRG.

949 § 107 S. 2 LuftfzRG.

950 Siehe S. 155 ff., 165 ff.

trag[951]. Nach dem Wortlaut von § 107 LuftfzRG ist ein Statutenwechsel des Luftfahrzeugs möglich, ohne den Gläubiger der eingetragenen Pfandrechte unmittelbar zu befriedigen oder seine Zustimmung eingeholt zu haben. Das Luftfahrtbundesamt verlangt aber vor der Eintragung eines Luftfahrzeugs in die Luftfahrzeugrolle einen Nachweis über seine Lastenfreiheit. Das Attest über die Lastenfreiheit stellt die Registerbehörde des Herkunftsstaates des Luftfahrzeuges aus. Die Löschung eines Sicherungsrechts kann regelmäßig nur mit Zustimmung des Gläubigers geschehen. Der Eigentümer des Luftfahrzeugs muß sich deshalb vor dem Statutenwechsel mit dem Gläubiger des Sicherungsrechts über die Löschung des Rechts und der Befriedigung des Gläubigers auseinandergesetzt haben. Der Schutz des Kreditgebers ist erforderlich, da sich seine Eingriffsmöglichkeiten bei einem Statutenwechsel erheblich verringern.

II. Gesetzliche Sicherungsrechte

Gesetzliche Sicherungsrechte unterteilen sich in zwei verschiedene Kategorien: zum einen die Sicherungsrechte, die auf Bergungs- und Erhaltungsmaßnahmen i.S.v. § 104 LuftfzRG i.V.m. Art. IV GenfAbk zurückzuführen sind und zum anderen solche, die kraft Gesetzes oder durch Vollstreckungsmaßnahmen entstehen. Das Entstehungsstatut und die Anerkennung dieser Rechte werden im folgenden untersucht. Im Anschluß daran wird dazu Stellung genommen, ob im deutschen materiellen Recht gesetzliche Pfandrechte an Luftfahrzeugen entstehen können.

1. Bergung oder Erhaltung

Das Entstehungsstatut und die Anerkennung gesetzlicher Sicherungsrechte, die bei Bergungs- und Erhaltungsmaßnahmen begründet werden, werden maßgeblich von § 104 LuftfzRG i.V.m. Art. IV GenfAbk beeinflußt.

a) Entstehung

Fraglich ist, welche Regelungen das Erwerbsstatut von gesetzlichen Sicherungsrechten bestimmen, die bei Bergungs- und Erhaltungsmaßnahmen entstehen. Art. 45 Abs. 2 EGBGB regelt die Anknüpfung der Entstehung von gesetzlichen Forderungen. Die Entstehung gesetzlicher Forderungen an Transportmitteln richtet sich gem. Art. 45 Abs. 2 EGBGB nach dem Statut der zu sichernden Forderung. Der Gesetzgeber hat diese Regelung aber im Hinblick auf die Sicherungsrechte an Wasserfahrzeugen getroffen[952]. Für die Entstehung gesetzlicher

---

[951] § 79 LuftfzRG.

[952] Siehe S. 149 ff.

Sicherungsrechte an Luftfahrzeugen soll § 104 LuftfzRG i.V.m. Art. IV GenfAbk als Sonderregelung gesetzlicher Forderungen vorgehen[953]. Das GenfAbk sei als internationale Vereinbarung gem. Art. 3 Abs. 2 EGBGB vorrangig. Gem. Art. IV GenfAbk werden gesetzliche Sicherungsrechte aus Bergungs- oder Erhaltungsmaßnahmen anerkannt, wenn sie nach dem Recht des Ortes, an dem sie ihren Abschluß gefunden haben, einen privilegierten Anspruch mit dinglicher Wirkung begründen. Im Regelfall wird es sich dabei um die *lex rei sitae* des Luftfahrzeugs handeln.

Das GenfAbk will von seinem Regelungsbereich her an sich nur die Anerkennung bestimmter dinglicher Rechte ermöglichen. Art. IV GenfAbk sieht in der wirksamen Begründung des Sicherungsrechts nach dem Belegenheitsrecht aber nur eine Voraussetzung für die Anerkennung des Rechts. Außerdem formuliert auch § 103 LuftfzRG[954] die wirksame Entstehung des Rechts nach dem Registerortsrecht als bloße Voraussetzung für die Anerkennung vertraglicher Rechte. In § 103 LuftfzRG hat der Gesetzgeber allerdings keine Kollisionsnorm für das Entstehungsstatut gesehen[955], sondern nur darauf geachtet, mit Art. 45 Abs. 1 Nr. 1 EGBGB eine mit dem GenfAbk im Einklang stehende Kollisionsnorm zu schaffen. Andernfalls handelte es sich bei Art. 45 Abs. 1 Nr. 1 EGBGB um eine bloße Wiederholung des Norminhalts von § 103 LuftfzRG, ohne daß der Norm irgendeine praktische Bedeutung zukommen dürfte.

Das Recht des Ortes, an dem die Bergungs- oder Erhaltungsmaßnahmen ihren Abschluß gefunden haben, gelangt vielmehr analog § 104 LuftfzRG i.V.m. Art. IV GenfAbk zur Anwendung. Voraussetzungen für eine Analogie sind die Ähnlichkeit von geregeltem und ungeregeltem Sachverhalt und eine planwidrige Regelungslücke im Gesetz, für die ein Regelungsbedürfnis besteht[956]. § 104 LuftfzRG i.V.m. Art. IV GenfAbk regeln die vorrangige Anerkennung eines dinglichen Rechts, das aufgrund von Bergungs- oder Erhaltungsmaßnahmen entstanden ist. Die Anknüpfung des gesetzlichen Sicherungsrechts ist für sich allein aber nicht geregelt; die wirksame Entstehung dieses Rechts nach dem Recht des Ortes, in dem die Maßnahmen ihren Abschluß gefunden haben, ist lediglich Bedingung für die Anerkennung. Es besteht daher ein Bedürfnis nach der Schließung dieser Regelungslücke. Die Anerkennung des Rechts ist von der Norm erfaßt, die Anknüpfung des Rechts hingegen nicht. Bei beiden Sachverhalten geht es aber um dasselbe Recht; die Sachverhalte sind somit vergleichbar. Der Gesetzgeber wollte den Tatbestand der Anknüpfung des gesetzlichen ding-

---

[953] BegrRegE, BR-Drucks. 759/98, S. 48 = BT-Drucks. 14/343, S. 18; Erman-*Hohloch*, Art. 45 EGBGB, Rn. 12; Palandt-*Heldrich*, Art. 46 EGBGB, Rn. 3; *Kegel/Schurig*, IPR, § 19 V, VI 2.

[954] § 103 LuftfzRG entspricht Art. I GenfAbk.

[955] So aber wohl *Kegel/Schurig*, IPR, § 19 V.

[956] *Larenz/Canaris*, Methodenlehre, S. 191 ff.

lichen Sicherungsrechts nicht ungeregelt lassen, sondern darauf § 104 LuftfzRG i.V.m. Art. IV GenfAbk anwenden; in Art. 45 Abs. 2 EGBGB hat er keine angemessene Regelung gesehen[957]. Da eine direkte Anwendung von § 104 LuftfzRG i.V.m. Art. IV GenfAbk nicht möglich ist, besteht demnach eine ungewollte Regelungslücke, die ihrerseits regelungsbedürftig ist.

Die Entstehung der Bergungs- und Erhaltungsmaßnahmen ist analog zu § 104 LuftfzRG i.V.m. Art. IV GenfAbk an das Belegenheitsrecht des Luftfahrzeugs zum Zeitpunkt der Beendigung der Maßnahme anzuknüpfen. In der Regel wird es sich dabei um die *lex rei sitae* des Luftfahrzeugs handeln.

b) Anerkennung gem. § 104 LuftfzRG i.V.m. Art. IV GenfAbk

§ 104 LuftfzRG i.V.m. Art. IV Abs. 1 GenfAbk räumt den Rechten aus Bergungs- und Erhaltungsmaßnahmen eine vorrangige Anerkennung vor allen anderen Rechten ein[958]. Im Gegensatz zu § 103 LuftfzRG gilt diese Norm nur für Vertragsstaaten des GenfAbk. Die Regelung in § 104 LuftfzRG i.V.m. Art. IV GenfAbk verwundert insofern, da nicht viele Staaten dingliche Rechte dieser Art kennen, diesen Rechten aber trotzdem eine privilegierte Anerkennung eingeräumt wird[959]. Den Rang der verschiedenen Rechte legt Art. IV Abs. 2 GenfAbk fest. Zunächst werden die später entstandenen Ansprüche befriedigt und erst dann die davor begründeten Rechte. Inhalt, Ausübung und Erlöschen des bestellten Rechts unterliegen dem Heimatstatut des Luftfahrzeugs[960]. Ebenso ist die Frage nach dem Rang des Rechtes durch das Heimatstatut des Luftfahrzeugs zu beantworten, sofern nicht Art. I Abs. 2 S. 2, Art. IV GenfAbk oder §§ 103, 104 LuftfzRG spezielle Regelungen treffen[961].

Art. III Abs. 2 S. 2 GenfAbk vermutet, daß die Abschriften oder Auszüge den Inhalt des Registers richtig wiedergeben. Damit ist aber nicht gemeint, daß auch für die Eintragungen in das Luftfahrzeugregister eine Vermutung der Richtigkeit besteht[962]. Die Wirkungen der Eintragung richten sich gegenüber Dritten vielmehr nach dem Heimatrecht, sofern sich aus dem Abkommen nichts

---

957 BegrRegE, BR-Drucks. 759/98, S. 48 = BT-Drucks. 14/343, S. 18; Erman-*Hohloch*, Art. 45 EGBGB, Rn. 12; Palandt-*Heldrich*, Art. 46 EGBGB, Rn. 3; *Kegel/Schurig*, IPR, § 19 V, VI 2.

958 Das deutsche Recht sieht solche Rechte nicht vor (*Groth*, Registerpfandrecht nach dem Gesetz über Rechte an Luftfahrzeugen, S. 190 f.).

959 BegrRegE, BT-Drucks. 3/423, S. 37; *Wilberforce*, IntLQRev 1948, S. 421 (445).

960 *Kassaye*, Neuere Entwicklungen im internationalen Mobiliarsachenrecht, S. 239; MünchKomm-*Kreuzer*, Art. 38 EGBGB Anh., Rn. 173; *Riese*, Luftrecht, S. 281.

961 MünchKomm-*Kreuzer*, Art. 38 EGBGB Anh. I, Rn. 173; *Riese*, Luftrecht, S. 282, 292 ff.; Staudinger-*Stoll*, Internationales Sachenrecht, Rn. 406.

962 *Kreuzer*, Anm. zu BGH v. 7.10.1991 – II ZR 252/90, IPRax 1993, S. 157 (161). So aber der BGH im Urteil v. 7.10.1991 – II ZR 252/90, NJW 1992, S. 362 = IPRax 1993, S. 178.

anderes ergibt[963]. Ob eine Vermutung der Richtigkeit für eine Eintragung besteht, bestimmt deshalb das Heimatrecht des Luftfahrzeugs[964].

2. Andere gesetzliche Sicherungsrechte

Das GenfAbk erlaubt den Vertragsstaaten in Art. I Abs. 2 GenfAbk ausdrücklich auch andere Rechte als die in Art. I Abs. 1 GenfAbk anzuerkennen; allerdings haben die in Art. I Abs. 1 GenfAbk (bei deutschem Sachstatut § 103 LuftfzRG) genannten Rechte Vorrang[965]. In diesem Zusammenhang ist insbesondere an Rechte zu denken, die unmittelbar kraft Gesetzes oder durch Vollstreckungsmaßnahmen entstehen[966].

Die Entstehung anderer gesetzlicher Rechte ist gem. Art. 45 Abs. 2 EGBGB akzessorisch an das Forderungsstatut anzuknüpfen. Die Regel ist zwar im Hinblick auf Sicherungsrechte an Wasserfahrzeugen in das EGBGB eingefügt worden, das schließt aber nicht aus, die Norm auch auf andere gesetzliche Sicherungsrechte anzuwenden. Zumal der Gesetzgeber in der Gesetzesbegründung keinen besonderen Hinweis auf das anzuwendende Recht hinsichtlich der übrigen gesetzlichen Sicherungsrechten an Luftfahrzeugen gegeben hat. Außerdem beschränkt der Gesetzestext die Norm auch nicht auf Sicherungsrechte an Wasserfahrzeugen. Die Anerkennung dieser Rechte richtet sich nach der *lex rei sitae* zum Zeitpunkt der Bestellung des Rechts, das ist das Recht des Ortes, an dem sich das Luftfahrzeug zum Zeitpunkt der Bestellung des Rechts befunden hat[967]. Auch über die Rangfolge der Rechte bestimmt die *lex rei sitae*[968].

3. Gesetzliche Pfandrechte an Luftfahrzeugen im deutschen Recht

Im deutschen Recht ist die Begründung von gesetzlichen Pfandrechten am Luftfahrzeug fraglich. § 9 Abs. 1 S. 2 LuftfzRG schließt ausdrücklich die Begründung eines Werkunternehmerpfandrechts am Luftfahrzeug aus. Andere Pfandrechte spricht der Gesetzgeber in der Norm nicht an. Im Hinblick auf

---

963 Art. II Abs. 2 GenfAbk.

964 *Kreuzer*, Anm. zu BGH v. 7.10.1991 – II ZR 252/90, IPRax 1993, S. 157 (161).

965 Aus § 103 LuftfzRG geht diese Regelung nur indirekt hervor, indem die Vorschrift den in § 103 LuftfzRG aufgezählten Rechten Vorrang einräumt.

966 BegrRegE, BT-Drucks. 3/423, S. 37; *Schleicher/Reymann/Abraham*, Recht der Luftfahrt I, S. 471 f.

967 BGH v. 20.3.1963 - VIII ZR 130/61, BGHZ 39, S. 173 (174) = NJW 1963, S. 1200; BegrRegE, BT-Drucks. 3/423, S. 37; Staudinger-*Stoll*, Internationales Sachenrecht, Rn. 322.

968 Art. 45 Abs. 2 S. 2 i.V.m. Art. 43 Abs. 1 EGBGB.

Luftfahrzeuge kommt die Begründung verschiedener gesetzlicher Pfandrechte in Betracht[969]. Sinn und Zweck, das Werkunternehmerpfandrecht an Luftfahrzeugen auszuschließen, ist aber, das Aufeinandertreffen des Registerpfandrechts mit anderen Pfandrechten und der damit im Zusammenhang stehenden Schwierigkeiten zu vermeiden[970]. Dieses Ziel ist nur mit dem Ausschluß aller gesetzlichen Pfandrechte zu erreichen[971].

Problematisch an der Entstehung gesetzlicher Pfandrechte ist weiterhin ihr Rang im Verhältnis zu vertraglichen Pfandrechten. Gem. §§ 1257, 1209 BGB richtet sich der Rang eines Pfandrechts nach dem Zeitpunkt seiner Entstehung bzw. Bestellung. Ist ein gesetzliches Pfandrecht vor einem vertraglichen Pfandrecht entstanden, hat das gesetzliche Pfandrecht demnach Vorrang gegenüber dem vertraglichen Pfandrecht. Wenn das vertragliche Pfandrecht ein ausländisches Recht ist, steht dieses Ergebnis im Widerspruch zum GenfAbk: Art. I Abs. 2 S. 2 GenfAbk verpflichtet die Vertragsstaaten dazu, keinen anderen Rechten Vorrang gegenüber den vertraglichen Pfandrechten in Art. I Abs. 1 GenfAbk einzuräumen.

Daher ist die Begründung gesetzlicher, dinglicher Pfandrechte an Luftfahrzeugen im deutschen Recht abzulehnen. Das Eigentum ist von § 9 LuftfzRG aber nicht betroffen. Es ist daher möglich, einen Eigentumsvorbehalt oder eine Sicherungsübereignung zu vereinbaren[972]. Diese Möglichkeit wird aber nur selten wahrgenommen[973], da die Anerkennung dieser Rechte nicht unter das GenfAbk fällt und demzufolge international nicht abgesichert ist. Außerdem gilt der in § 9 Abs. 2 LuftfzRG statuierte Ausschluß des § 936 BGB nicht; der Eigentumsvorbehalt und die Sicherungsübereignung können darum durch einen gutgläubigen Erwerb untergehen.

---

969 Das Vermieterpfandrecht kann gem. § 559 BGB bei der Vermietung von Flugzeughallen entstehen; im Fall des Transports kleinerer in ihre Einzelteile zerlegter Sportmaschinen ist an das gesetzliche Pfandrecht des Spediteurs gem. § 464 HGB, des Lagerhalters gem. § 475 b Abs. 1 HGB und des Frachtführers gem. §§ 441, 623 HGB zu denken.

970 BegrRegE, BT-Drucks. 3/423, S. 24.

971 *Dobberahn*, MittRhNotK 1998, S. 145 (163); Erman-*Küchenhoff/Michalski*, Einl. § 1204 BGB, Rn. 24; *Schleicher/Reymann/Abraham*, Recht der Luftfahrt II, S. 427 f. A.A.: *Schwenk*, BB 1966, S. 477 (478); *Wendt*, MDR 1963, S. 448 (450 f.).

972 Erman-*Küchenhoff/Michalski*, Einl. § 1204 BGB, Rn. 24; *Schwenk*, BB 1966, S. 477 (478).

973 *Dobberahn*, MittRhNotK 1998, S. 145 (163); *Schwenk*, BB 1966, S. 477 (479).

§ 12 Zwangsvollstreckung in ausländische Luftfahrzeuge

Mit den Sicherungsrechten an Luftfahrzeugen tritt auch das Problem ihrer tatsächlichen Durchsetzung in Form der Zwangsvollstreckung auf. An der Zwangsvollstreckung in ausländische Luftfahrzeuge sind vorliegend zwei Bereiche von Interesse: zum einen, das auf das Zwangsvollstreckungsverfahren anwendbare Recht und zum anderen die Beschränkungen, denen ausländische Luftfahrzeuge beim Zwangsvollstreckungsverfahren unterliegen. Regeln über die Zwangsvollstreckung in ausländische Luftfahrzeuge schreibt das *Abkommen zur Vereinheitlichung von Regeln über die Sicherungsbeschlagnahme von Luftfahrzeugen* (ASL) vom 29.5.1933[974] vor. Das Abkommen ist mit dem *Gesetz über die Unzulässigkeit der Sicherungsbeschlagnahme von Luftfahrzeugen* (GUSL) vom 17.3.1935 in das deutsche Recht umgesetzt worden[975]. Weitere Regelungen treffen die § 106 LuftfzRG, §§ 171 a bis n ZVG, die auf Art. VI, VII, VIII GenfAbk zurückgehen.

I. Zwangsvollstreckung nach der *lex fori*

Die Zwangsvollstreckung in ausländische Luftfahrzeuge und ihre Ersatzteile richtet sich grundsätzlich nach der *lex fori*[976]. Außerdem erfaßt § 106 Abs. 1 Nr. 3 LuftfzRG auch die Zwangsvollstreckung in Rechte am Luftfahrzeug[977], auch hier sind die Regeln der *lex fori* maßgeblich. Der Gerichtsvollzieher pfändet ein ausländisches Luftfahrzeug, indem er es in Besitz nimmt[978]. Auch die Zwangsvollstreckung in Ersatzteile aufgrund eines nach § 103 LuftfzRG vorrangig anzuerkennenden Rechts richtet sich nach den Regeln der *lex fori*[979].
Es gelten die gleichen Bestimmungen wie für die Zwangsvollstreckung in Luftfahrzeuge, die in der deutschen Luftfahrzeugrolle eingetragen sind[980]. Der Ge-

---

974 RGBl. 1935 II, S. 301.

975 RGBl. 1935 I, S. 385.

976 § 106 LuftfzRG, Art. VII GenfAbk.

977 § 106 Abs. 1 Nr. 3 LuftfzRG geht dabei über die Regelung in Art. VII GenfAbk hinaus, der nur die Zwangsvollstreckung in Luftfahrzeuge regelt. Siehe dazu *Riese*, Luftrecht, S. 302; *Wilberforce*, IntLQRev 1948, S. 420 (448).

978 § 106 Abs. 3 LuftfzRG. Bei Luftfahrzeugen, die in die deutsche Luftfahrzeugrolle eingetragen sind, muß neben der Inbesitznahme durch den Gerichtsvollzieher noch die Eintragung eines Registerpfandrecht in das Pfandrechtsregiter erfolgen, um das Luftfahrzeug zu pfänden (§ 99 LuftfzRG).

979 § 106 Abs. 4 LuftfzRG.

980 BegrRegE, BT-Drucks. 3/423, S. 38; *Wendt*, MDR 1963, S. 448 (451).

richtsvollzieher kann zur Begründung des Arrests das Ersatzteil gem. § 809 ZPO i.V.m. § 100 LuftfzRG in Besitz nehmen[981].

II. Beschränkungen

Das auf dem ASL beruhende GUSL beschränkt die Beschlagnahme von ausländischen Luftfahrzeugen. Das ASL ist mit dem Ziel verfaßt worden, den freien Luftverkehr zu fördern[982]; das Abkommen bzw. das Gesetz sollen deshalb Beschlagnahmungen verhindern, mit denen der Halter des Luftfahrzeugs nicht rechnen konnte.

Das Gesetz schließt gem. §§ 1, 4 GUSL[983] unter bestimmten Voraussetzungen Pfändungen aus, die aufgrund von Arresten[984] und einstweiligen Verfügungen[985] vorgenommen werden; der Anwendungsbereich des GUSL ist im Gegensatz zum ASL nicht auf ausländische Luftfahrzeuge beschränkt, sondern gilt auch für deutsche Luftfahrzeuge[986]. Andere Sicherungsmaßnahmen, die im privaten Interesse, z.B. nach der InsO, erfolgen, sind grundsätzlich zulässig, da der Halter des Luftfahrzeugs mit ihnen rechnen mußte[987].

---

981 Dabei gelten einige Abwandlungen (BegrRegE, BT-Drucks. 3/432, S. 38). Es sind im wesentlichen die von Art. VII Abs. 2 GenfAbk aufgestellten Verfahrensvorschriften zu beachten.

982 *T. Heinz*, TranspR 1988, S. 1 (3); *Oppikofer*, ArchfLR 1933, S. 211 (212); *Riese*, Luftrecht, S. 314.

983 Art. 2, 3 Abs. 1 ASL.

984 §§ 916 ff. ZPO.

985 § 935 ZPO.

986 *Schleicher/Reymann/Abraham*, Recht der Luftfahrt II, S. 592.

987 *Riese*, Luftrecht, 315; *Schleicher/Reymann/Abraham*, Recht der Luftfahrt II, S. 593.

§ 1 GUSL[988] schützt Luftfahrzeuge in drei Fällen vor der Beschlagnahme:
- Luftfahrzeuge in ausschließlicher staatlicher oder postalische Verwendung[989].
- Linienluftfahrzeuge[990], und
- Handelsluftfahrzeuge[991].

Auf die einstweilige Verfügung sind die §§ 1 bis 3 GUSL gem. § 4 Abs. 1 GUSL sinngemäß anzuwenden. Der Ausschluß der Beschlagnahme gem. § 1 GUSL gilt jedoch nicht, wenn der Eigentümer, dem das Luftfahrzeug durch eine unerlaubte Handlung entzogen worden ist, eine Beschlagnahme des Luftfahrzeugs betreibt[992]. Die Sicherungsbeschlagnahme kann gem. § 3 Abs. 1 GUSL[993] abgewendet werden, indem der Schuldner eine Sicherheitsleistung hinterlegt. Ein weiteres Beschlagnahmeverbot ergibt sich aus Art. 27 Chicagoer Abkommen, wenn es um Ansprüche aus Verletzungen von Patenten, Mustern und Modellen geht.

---

988 Art. 3 Abs. 1 ASL.

989 § 1 Nr. 1 GUSL = Art. 3 Abs. 1 a ASL Der Ausschluß staatlicher Luftfahrzeuge von der Beschlagnahme ergibt sich aus den allgemeinen Regeln des Völkerrechts (*Riese*, ArchfLR 1933, S. 20 [23], ders. Luftrecht, S. 319).

990 § 1 Nr. 2 GUSL = Art. 3 Abs. 1 b ASL Ob ein Luftfahrzeug im Linienverkehr eingesetzt ist, ist anhand der Regelmäßigkeit des Einsatzes, der Gewerbsmäßigkeit, der Öffentlichkeit und der Linienbindung des Luftfahrzeugs zu bestimmen (*Schwenk*, Luftverkehrsrecht, S. 429 f., 459; *Paas*, ZLW 1972, S. 55 [57]; *Riese*, ArchfLR 1933, S. 20 [26]). Auch die Reserveluftfahrzeuge, die zur Aufrechtehrhaltung des Linienbetriebes unerläßlich sind, dürfen nicht beschlagnahmt werden (*T. Heinz*, TranspR 1988, S. 1 [5]; *Riese*, Luftrecht, S. 322).

991 § 1 Nr. 3 GUSL = Art. 3 Abs. 1 c ASL. Handelsluftfahrzeuge, d.h. Luftfahrzeuge, die zum gewerblichen Transport von Personen und Gütern verwendet werden, aber keine Linienluftfahrzeuge sind, sind grundsätzlich auch vor einer Beschlagnahme durch § 1 Nr. 3 GUSL gesichert, wenn sie startbereit sind. Startbereit ist ein Luftfahrzeug dann, wenn die zum Abflug erforderlichen Maßnahmen getroffen worden sind. (*Schleicher/Reymann/Abraham*, Recht der Luftfahrt II, S. 594). § 2 GUSL (Art. 3 Abs. 1 c ASL) schränkt den Schutz vor Beschlagnahme durch § 1 Nr. 3 GUSL insofern ein, als daß das Beschlagnahmeverbot nicht gilt, wenn der Arrestanspruch während der Reise entstanden ist oder auf einer aufgrund der Reise eingegangenen Schuld beruht.

992 § 4 GUSL = Art. 3 Abs. 2 ASL. Kritik an dieser Vorschrift üben *Riese* (Luftrecht, S. 323) und *Oppikofer* (ArchfLR 1933, S. 211 [216]), da sie auch den Besitzer von Art. 3 Abs. 2 ASL (= § 4 GUSL) erfaßt wissen möchten.

993 Art. 4 ASL.

§ 13 Dingliche Verfügungen an Bord eines Luftfahrzeugs

Dieser Paragraph der Arbeit erörtert, welches Recht auf dingliche Verfügungen an Bord eines Luftfahrzeugs anwendbar ist. Dabei ist zu unterscheiden, ob sich das Luftfahrzeug am Boden oder in der Luft befindet. Ist das Luftfahrzeug am Boden, bestimmt gem. Art. 43 Abs. 1 EGBGB das Belegenheitsrecht über das Sachstatut[994]. Spielt sich der Vorgang ab, während sich das Luftfahrzeug im Flug befindet, wenden einige die Regeln über *res in transitu* an[995]. Die vorherrschende Meinung hält indessen an das Recht des Registerortes des Luftfahrzeugs für maßgeblich[996], da sie es als Ausformung des Belegenheitsrechts ansieht.

I. Res in transitu

Die Befürworter der Anwendung der *res in transitu*-Regeln bezweifeln, daß das Registerortsrecht des Luftfahrzeugs die engste Verbindung zum Sachverhalt begründet[997]. Deshalb sollen nach dieser Ansicht die Regeln über *res in transitu* auf Verfügungen an Bord eines Luftfahrzeugs Anwendung finden. *Res in transitu* sind Sachen, die auf dem Transport vom Absendungs- zum Bestimmungsstaat dritte Staaten berühren[998]; die Situation der *res in transitu* ist also mit der Situation von Sachen vergleichbar, die an Bord eines sich im Flug befindlichen Luftfahrzeugs verfügt werden. Nach überwiegender Ansicht findet nach alter Rechtslage auf *res in transitu* das Recht des Bestimmungslandes Anwendung[999], da dort der nächste „Dauerlageort" der Sache vermutet wird. Teilweise werden auch das Recht des Absendeortes[1000] oder das durch Rechtswahl[1001] bestimmte Recht als maßgeblich erachtet. Der Gesetzgeber hat bei der Kodifikation des Internationalen Sachenrechts bewußt auf eine Normierung der Rechtslage bei

---

994 Vgl. MünchKomm-*Kreuzer*, Art. 38 EGBGB Anh. I, Rn. 175; Staudinger-*Stoll*, Internationales Sachenrecht, Rn. 266.

995 Staudinger-*Stoll*, Internationales Sachenrecht, Rn. 266; Soergel-*Lüderitz*, Art. 38 EGBGB Anh. II, Rn. 88.

996 *Von Bar*, IPR II, Rn. 754; MünchKomm-*Kreuzer*, Art. 38 EGBGB Anh. I, Rn. 175; *Markianos*, RabelsZ 23 (1958), S. 21 (29 f.).

997 Staudinger-*Stoll*, Internationales Sachenrecht, Rn. 266; *Riese*, ZLW 1958, S. 271 (288).

998 *Junker*, IPR, Rn. 470; Soergel-*Lüderitz*, Art. 38 EGBGB Anh. II, Rn. 89.

999 OGH v. 7.7.1949 – I ZS 226/48, NJW 1949, S. 784; LG Hamburg v. 28.6.1978 – 5 O 381/77, IPRspr. 1978 Nr. 42; *von Bar*, IPR II, Rn. 766; *Ferid*, IPR, § 7 - 83; *Kegel*, IPR (7. Auflage), § 19 IV; *Markianos*, RabelsZ 23 (1958), S. 21 (38, 43).

1000 *Rabel/Raiser*, RabelsZ 3 (1929), S. 62, 65.

1001 BayObLG v. 3.1.1934 – Reg. I 66/33, IPRspr. 1934 Nr. 24; *Flessner*, RabelsZ 34 (1974), S. 547 (569 f.); *Weber*, RabelsZ 44 (1980), S. 510 (524 ff.).

res in transitu verzichtet[1002]. Die nach altem Recht überwiegende Ansicht ist nun mit Art. 43 Abs. 3 EGBGB und Art. 46 EGBGB zu erzielen[1003].

Der Hauptkritikpunkt an der Anknüpfung an das Registerortsrecht des Luftfahrzeugs ist die nicht immer vorhandene Nähe dieses Anknüpfungsmoments zum Sachverhalt. Mit der Einführung der Ausweichklausel in Art. 46 EGBGB ist aber eine Anknüpfung an das Recht der engsten Verbindung garantiert. Weist der Sachverhalt eine wesentlich engere Verbindung zum Recht des Bestimmungsortes, des Absendeortes oder auch der durch Rechtswahl bestimmten Rechtsordnung auf, findet dieses Recht Anwendung. Der Hauptkritikpunkt an der Registerortsanknüpfung entfällt nach neuer Rechtslage.

II. Registerortsrecht

Der Gesetzgeber hat sich in der Kodifikation grundsätzlich für eine Anknüpfung an das Belegenheitsrecht ausgesprochen[1004]. Grundsätzlich ist daher auch für Sachen, die sich auf dem Transport befinden, das Belegenheitsrecht maßgeblich[1005]. Befindet sich das Luftfahrzeug im Flug, ist als Belegenheitsrecht das Registerortsrecht des Luftfahrzeugs anzusehen, da das Registerort das Luftfahrzeug rechtlich prägt. Gründe der Rechtssicherheit sprechen für die Anknüpfung an das Registerortsrecht: Dieses Annüpfungsmoment zeichnet sich durch seine Einfachheit und Erkennbarkeit aus[1006]. Die Ausweichklausel in Art. 46 EGBGB ermöglicht eine Anknüpfung an eine andere Rechtsordnung, wenn zu dieser anderen Rechtsordnung eine engere Verbindung besteht.

Einige verstehen unter der *lex rei sitae* das Recht des überflogenen Staates, sobald das Luftfahrzeug das Hoheitsgebiet eines Staates erreicht[1007]. In der Praxis dürfte es aber Schwierigkeiten bereiten, das überflogene Territorium im Zeitpunkt der Verfügung zu ermitteln. Außerdem eröffnet die Anknüpfung an das Recht des überflogenen Staates eine vielfältige Manipulationsmöglichkeit des Sachstatuts für die Parteien, zumal die Verbindung des Sachverhalts zu diesem Staat regelmäßig äußerst schwach ist. Unter der *lex rei sitae* ist aus diesen Gründen bei einem sich im Flug befindlichen Luftfahrzeug sein Registerortsrecht zu verstehen.

[1002] BegrRegE, BR-Drucks. 759/98, S. 34 = BT-Drucks. 14/343, S. 14; Palandt-*Heldrich*, Art. 43 EGBGB, Rn. 9.

[1003] Siehe S. 148 ff., 150 ff.

[1004] Siehe S. 146 ff.

[1005] Vgl. BegrRegE, BR-Drucks. 759/98, S. 34 f. = BT-Drucks. 14/343, S. 14; Palandt-*Heldrich*, Art. 43 EGBGB, Rn. 9.

[1006] Siehe S. 149 ff.

[1007] *Raape*, IPR, S. 617; *Wolff*, IPR, S. 174.

III. Zusammenfassung

Auf dingliche Verfügungen an Bord eines Luftfahrzeugs ist an der Grundsatzanknüpfung an das Belegenheitsrecht festzuhalten. Befindet sich das Luftfahrzeug im Flug, ist das Belegenheitsrecht das Registerortsrecht des Luftfahrzeugs. Die Anknüpfung an das Registerortsrecht bietet deutliche Vorteile: Sie ist einfach und klar erkennbar. Wenn der Sitz des Rechtsverhältnisses nicht im Registerland liegen sollte, sorgt Art. 46 EGBGB für eine Anknüpfung an die engste Verbindung.

§ 14 Mobile Equipment Convention and Aircraft Equipment Protocol

Als das GenfAbk ausgearbeitet wurde, erkannten die Konferenzteilnehmer die Vorteile einer einheitsrechtlichen Regelung von Mobiliarsicherungsrechten. Die einzelnen Staaten wollten aber einen derart weitreichenden Eingriff in ihre nationale Gesetzgebung nicht akzeptieren[1008]. Da die Kreditgeber häufig im angloamerikanischen Rechtskreis beheimatet waren, wäre eine radikale Gesetzesänderung auf kontinentaleuropäischer Seite erforderlich gewesen. Heute ist man der Rechtsvereinheitlichung auf dem Gebiet der Mobiliarsicherungsrechte für Luftfahrzeuge mit dem Entwurf zu der *[Unidroit] Convention on International Interests in Mobile Equipment*[1009] und des *Aircraft Equipment Protocol*[1010] ein bedeutendes Stück näher gekommen. Das Unidroit Abkommen und das Zusatzprotokoll schaffen ein eigenes Sicherungsrecht für Ausrüstungsgegenstände an Luftfahrzeugen.

I. Entwicklung

Kanada machte Unidroit 1988 den Vorschlag, ein Abkommen über Mobiliarsicherungsrechte auszuarbeiten[1011]. Aufgrund dieser Initiative wurde nach jahrelangen Vorarbeiten der Entwurf zu *einer Unidroit Convention on International Interests in Mobile Equipment*[1012] auf der Konferenz in Rom vom 3. bis 7. November 1997 entwickelt[1013]. Das Abkommen sollte jegliche Art von Ausrüstungsgegenständen erfassen. Ursprünglich sollte das Abkommen aus einem allgemeinen und einem besonderen Teil bestehen[1014]. Der besondere Teil sollte die Eigenheiten der speziellen Ausrüstungsgegenstände berücksichtigen. Das Abkommen wäre dann aber zu lang und unübersichtlich geworden. Deshalb ent-

---

1008 Vgl. *Guldimann*, SchwJZ 1948, S. 372 (374); *Riese*, Luftrecht, S. 278; *Wilberforce*, IntLQRev 1948, S. 420 (423).

1009 Abkommensentwurf: http://www.unidroit.org/english/internationalinterests/conference2001/draftconvention.pdf.

1010 Abkommensentwurf: http://www.unidroit.org/english/internationalinterests/conference2001/draftaircraftprotocol/ draftaircraftprotocol.pdf.

1011 Unidroit 1997, Study Group for the preparation of uniform rules on certain international aspects of security interests in mobile equipment, Study LXXII – Doc. 6, para. 2; *Clark*, Air & Space Law 1999, S. 290; *Clark/Wool*, UCC LJ 1999, S. 389 (390).

1012 Abgedruckt in Air & Space Law 1999, S. 298.

1013 Unidroit 1997, Preliminary Draft Unidroit Convention on International Interests in Mobile Equipment, Study LXXII – Doc. 37. S. hierzu *Rott*, Vereinheitlichung des Rechts der Mobiliarsicherheiten, S. 112 ff.

1014 *Goode*, RDU 1999, S. 265 (270).

schloß man sich dazu, einzelne Protokolle zu den speziellen Bereichen Luftfahrzeug-Ausrüstungsgegenstände, Weltraumgegenständen und Eisenbahnaktienkapital zu verfassen. Im Hinblick auf die Regelungen für Luftfahrzeug-Ausrüstungsgegenstände lud Unidroit die Luftfahrtindustrie dazu ein, sich an dem Abkommensprojekt zu beteiligen[1015]. 1994 organisierten *Airbus Industrie* und *The Boeing Company* die *Aviation Working Group* (AWG)[1016]. 1996 schloß sich die IATA diesen Bestrebungen an. 1997 gründeten Unidroit, AWG, IATA und ICAO die *Aircraft Protocol Group* (APG). Die APG erarbeitete auf einer Konferenz in Genf den Entwurf zu einem *Aircraft Equipment Protocol* (AP). Nach einer Diskussion mit verschiedenen Luftverkehrsgesellschaften und Regierungen, überarbeitet ein Überarbeitungs- und Lenkungsausschuß das Abkommen und die Protokolle mehrfach. Auf er der letzten Sitzung von Unidroit in Lissabon vom 10. bis 13. April 2000 sind der Entwurf zu einer *[Unidroit] Convention on international interests in mobile equipment* und ein *Protocol to the Preliminary Draft [Unidroit] Convention on International Interests in Mobile Equipment on Matters Specific to Aircraft Equipment* (C/AP) entwickelt worden[1017]. Die diplomatische Konferenz ist für die Zeit vom 29.10. bis 16.11.2001 in Kapstadt (Südafrika) angesetzt[1018].

Die Ausarbeitung eines materiellrechtlichen Abkommens im Bereich der Sicherungsrechte an Ausrüstungsgegenständen von Luftfahrzeugen geht auf das Interesse der Luftfahrtindustrie an einer einfachen und mit einem geringen Risiko belasteten Finanzierung der Luftfahrzeug-Ausrüstungsgegenstände zurück[1019]. Die Nachfrage nach Ausrüstungsgegenständen von Luftfahrzeugen ist in den letzten Jahren immens gestiegen: *Airbus* und *Boeing* veranschlagen ihr

---

[1015] *Clancy/Voss*, Air & Space Law 1998, S. 287; *Clark*, Air & Space Law 1999, S. 290; *Clark/J. Wool*, UCC LJ 1999, S. 389 (392).

[1016] Zur AWG gehören derzeit: Airbus Industrie; The Boeing Company; Bombardier Inc., Bouilloun Aviation Services, Inc.; Chase Manhatten Bank; CIBC Wood Gundy Crédit Agricole Indosuez; Deutsche Verkehrsbank; GE Capital Aviation Services Ltd.; General Electric Aircraft Engines; International Lease Finance Corporation; Kreditanstalt für Wiederaufbau; Pratt & Whitney; Rolls Royce plc.; Singapore Aircraft Leasing Enterprise; SNECMA (*L.S. Clark*, Air & Space Law 1999, S. 290, Fn. 2.).

[1017] http://www.unidroit.org/english/news/news-2002.htm#NR10.

[1018] http://www.unidroit.org/english/internationalinterests/conference2001/main.htm. Abkommensentwürfe: http://www.unidroit.org/english/internationalinterests/conference2001/draftconvention.pdf; http://www.unidroit.org/english/internationalinterests/conference2001/draftaircraftprotocol/ draftaircraftprotocol.pdf.

[1019] *Clancy/Voss*, Air & Space Law 1999, S. 287; *Goode*, RDU 1999, S. 265 (266 f.); *Panahy/Mittal*, RDU 1999, S. 303; *Wool*, RDU 1999, S. 289 (291); *Saunders/Walter*, Air & Space Law 1999, S. 339 (343 ff.).

Auftragsvolumen für Ausrüstungsgegenstände von Luftfahrzeugen in den nächsten 20 Jahren mit ca. 2, 25 Billionen US$[1020]. Mit den Aufträgen stellt sich das Problem nach der Finanzierungssicherung der bestellten Ausrüstungsgegenstände. Die Luftfahrtindustrie favorisiert Sicherungsrechte am Ausrüstungsgegenstand selbst[1021]. Es gibt aber für Finanzierungssicherungen dieser Art kein internationales Abkommen und damit auch keine Rechtssicherheit[1022]. Die Finanzierungskosten sind aus diesem Grund unangemessen hoch. Die Luftfahrtindustrie verspricht sich vom C/AP eine erhebliche Senkung der entstehenden Kosten, die bei der Finanzierung eines Luftfahrzeugs und seiner Ausrüstungsgegenstände entstehen[1023]. Eine Untersuchung vom *Institut Européen d` Administration des Affaires* (INSEAD) hat ergeben, daß durch das C/AP in allen Bereichen der Luftfahrt - vom Hersteller bis zum Verbraucher - erhebliche Kosten eingespart würden[1024]. Die Luftverkehrsgesellschaften profitierten von einer Vereinfachung und damit auch Vergünstigung der Kreditaufnahme. Geringere Anschaffungskosten würden die Luftverkehrsgesellschaften dazu veranlassen, mehr Ausrüstungsgegenständein Auftrag zu geben. Ein steigendes Auftragsvolumen kommt wiederum der Luftfahrtindustrie zugute. Außerdem erhöhte sich mit der Verwendung neuerer und sicherer Technik die Sicherheit der Passagiere. Schließlich sollen durch die vereinfachte Finanzierung auch die nationalen Regierungen einen finanziellen Vorteil erhalten, die den Luftfahrzeugexport durch hoheitliche Garantiezusagen stützen. Der Entwurf des Abkommens ist insgesamt sehr stark an wirtschaftliche Interessen geknüpft.

Die Schaffung eines funktionsfähigen Instrumentariums erfordert ein hohes Niveau an internationaler Übereinstimmung der beteiligten Staaten[1025]. Da das Abkommen aber vielerorts mit nationalen Regelungen im Konflikt steht, erlaubt sein Regelwerk in vielen Bereichen das Einlegen eines Vorbehalts[1026]. Auf diese Weise soll eine große Anzahl von Vertragsstaaten gewonnen werden[1027]. Eine verbreitete - möglichst sogar weltweite Geltung - des Abkommens

---

[1020] Airbus: 1, 2 Billionen US$ (*Clancy/Voss*, Air & Space Law 1998, S. 287 [288]). Boeing: 1, 25 Billionen US$ (*Clancy/Voss*, Air & Space Law 1998, S. 287 [288]).

[1021] *Clancy/Voss*, Air & Space Law 1998, S. 287; *Gallagher*, Air & Space Law 1998, S. 294 (296).

[1022] *Arundell/Wilson*, Air & Space Law 1998, S. 283; *Gallagher*, Air & Space Law 1998, S. 294 (296).

[1023] Siehe dazu *Arundell/Wilson*, Air & Space Law 1998, S. 283; *Clancy/Voss*, Air & Space Law 1998, S. 287; *Saunders/Walter*, Air & Space Law 1998, S. 339.

[1024] *Saunders/Walter*, Air & Space Law 1998, S. 339 (Annex).

[1025] *Weber/Espínola*, RDU 1999, S. 463 (468); *Wool*, RDU 1999, S. 289 (291 f.).

[1026] Siehe S. 187 ff.

[1027] *Wool*, RDU 1999, S. 289 (294).

ist notwendig, um den mit dem Abkommen verfolgten wirtschaftlichen Interessen nachkommen zu können.

II. Anwendungsbereich

Das C/AP schafft ein von den nationalen Rechten unabhängiges Mobiliarsicherungsrecht (*international interest*)[1028] und regelt die in diesem Kontext auftauchenden Rechtsfragen. Das Abkommen ist ferner auf Kaufverträge anwendbar, die im Zusammenhang mit einem Mobiliarsicherungsrecht an einem Luftfahrzeug-Ausrüstungsgegenstand stehen[1029]. Voraussetzung für das Eingreifen des Abkommens ist die Begründung eines Sicherungsrechts an der Luftfahrzeugzelle, den Triebwerken oder Hubschraubern[1030]. Das C/AP erfordert außerdem eine gewisse räumliche Verknüpfung des Sachverhalts zu einem Vetragsstaat[1031]: Entweder muß der Schuldner seinen Sitz in einem Vertragsstaat haben[1032], oder das betroffene Luftfahrzeug muß in einem Vertragsstaat registriert sein[1033]. Der Anwendungsbereich des C/AP ist sogar eröffnet, wenn die Parteien ein reines Inlandsgeschäft abgeschlossen haben[1034]. Ein Inlandsgeschäft liegt dann vor, wenn die Hauptbedeutung des Geschäfts für beide Parteien im Inland liegt[1035] oder das Luftfahrzeug, in das der Ausrüstungsgegenstand eingebaut ist (bzw. der Helikopter), im Inland registriert ist[1036]. Diese Regelung hat man in Anbetracht der für Luftfahrzeugen und ihren Ausrüstungsgegenständen typischen Mobilität getroffen.

III. Regelungsinhalt

Das AP modifiziert das zukünftige Mobiliarsicherheiten-Abkommen im Bereich der Luftfahrzeug-Ausrüstungsgegenstände. Das Abkommen und das Protokoll

---

[1028] Art. 2 Abs. 1 des Abkommens. Die Normen aus dem Abkommen sind in lateinischen Ziffern geschrieben, während die Normen aus dem AP in römischen Ziffern verfaßt sind.

[1029] Art. III AP.

[1030] Art. II, I Abs. 2 c AP.

[1031] Art. 3 des Abkommens.

[1032] Art. 3 Abs. 1 des Abkommens. Was unter „Sitz“ zu verstehen ist, legt Art. 4 des Abkommens fest.

[1033] Art. IV Abs. 1 AP.

[1034] Art. 1 (n), 3 Abs. 1 des Abkommens, Art. IV Abs. 2 AP. Gegen die Anwendung des C/AP auf Inlandsgeschäfte kann der Vertragsstaat aber einen Vorbehalt einlegen (Art. 48 des Abkommens). Siehe S. 187 ff.

[1035] Art. 1 (n) des Abkommens.

[1036] Art. IV Abs. 2 AP.

sind dabei als ein einheitliches Instrumentarium anzusehen[1037]. Das C/AP regelt die Begründung eines autonomen Mobiliarsicherungsrechts an Ausrüstungegenständen von Luftfahrzeugen und die sich in diesem Kontext stellenden Rangfragen. Zur Publikmachung dieser Rechte richtet das C/AP ein internationales Registersystem ein. Die Durchsetzung der begründeten Rechte sichert das C/AP mit eigenen Rechtsschutzmöglichkeiten; es gibt in diesem Zusammenhang auch einige prozessuale Normen vor. Die Rechtsschutzmöglichkeiten sind aber dem Gebot der wirtschaftlichen Vernunft unterworfen[1038]. In vielen Gebieten nimmt das C/AP Rücksicht auf die Parteiautonomie und erlaubt zudem den Staaten, Vorbehalte gegen bestimmte Normen des Abkommens einzulegen. Schließlich klärt das C/AP sein Verhältnis zu anderen Abkommen, mit denen es Berührungspunkte oder Überschneidungen aufweist. Das C/AP regelt darüber hinaus wie im Fall einer Abtretung des Mobiliarsicherungsrechts verfahren werden soll[1039].

1. Begründung eines Sicherungsrechts

Das CA/P ermöglicht die Begründung eines Sicherungsrechts in drei Sicherungsformen[1040]: *security agreement*[1041], *title reservation agreement*[1042] und *leasing agreement*[1043]. Die Verfasser des Abkommens wollten diese drei Vertragstypen mit dem Abkommen erfassen, um die Unterscheidung zwischen der Sicherung durch das Vollrecht (*title-type interest*) und beschränkten dinglichen Rechten (*security-type interest*) in einigen Staaten zu berücksichtigen[1044]. Um ein Sicherungsrecht i.S.v. Art. 2 Abs. 1 des Abkommens zu begründen, müssen drei bzw. im Fall eines *security agreement* vier Voraussetzungen erfüllt sein[1045]:
- das Sicherungsrecht muß schriftlich in einem Vertrag niedergelegt werden,

---

1037 Art. II Abs. 2 AP. Zum Verhältnis beider Instrumentarien ausführlich siehe *Chinkin/Kessedjian*, RDU 1999, S. 323 ff.

1038 Art. 7 Abs. 2 des Abkommens, Art. IX Abs. 3 b AP.

1039 Art. 30 bis 37 des Abkommens. Diese Regelungen werden aber im weiteren außer acht gelassen.

1040 Art. 2 Abs. 2 des Abkommens

1041 Bei Abschluß eines *security agreement* räumt der Hypothekengläubiger dem Hypothekenschuldner ein Recht an oder über eine Sache ein (Art. 1 (ii) des Abkommens).

1042 Ein *title reservation agreement* ist ein Kauf unter Eigentumsvorbehalt (Art. 1 (ll) des Abkommens).

1043 Bei einem *leasing agreement* handelt es sich gem. Art. 1 (q) des Abkommens um einen Mietvertrag.

1044 *Wool*, Air & Space Law 1998, S. 243 (253).

1045 Art. 6 des Abkommens.

- der Schuldner muß die Verfügungsgewalt über das Sicherungsobjekt haben[1046],
- der Sicherungsvertrag muß die Seriennummer, den Namen des Herstellers und eine Modellbeschreibung des Sicherungsobjekts enthalten und
- der Sicherungsvertrag muß im Fall des Abschlusses eines *security agreements* die zu sichernde Forderung bestimmen.

2. Internationales Registersystem

Das C/AP sieht die Einrichtung eines Internationalen Registersystems vor[1047]. In dem Register sind Sicherungsrechte - auch zukünftige Erwerbsaussichten auf ein Sicherungsrecht - einzutragen[1048]. Um eine vorrangige Stellung vor anderen Rechten zu erhalten, muß das Sicherungsrecht in dem internationalen Register eingetragen werden[1049]; die Eintragung wirkt aber nicht rechtsbegründend[1050]. Das zuerst eingetragene Recht hat den Vorrang, sogar wenn der Gläubiger wußte, daß eine andere Partei vor ihm ein Mobiliarsicherungsrecht an dem Ausrüstungsgegenstand begründet hat[1051]. Auch im Insolvenzverfahren haben registrierte Mobiliarsicherheiten an Luftfahrzeug-Ausrüstungsgegenständen grundsätzlich Vorrang[1052]. Das C/AP macht zudem die Berücksichtigung nationaler gesetzlicher Sicherungsrechte möglich. So kann jeder Staat eine Liste erstellen, auf der bestimmte gesetzliche Sicherungsrechte benannt sind; diese Rechte dürfen dann in das internationale Register eingetragen werden[1053]. Unter bestimmten Voraussetzungen erhalten nationale gesetzliche Kreditgeber sogar einen Vorrang vor den eingetragenen Berechtigten[1054]. Das Register garantiert Publizität im internationalen Mobiliarsicherungsrecht und macht dadurch die Vorgänge in diesem Bereich für Dritte transparent; damit trägt das Register zur

---

1046 Die Frage, ob der Schuldner die Verfügungsgewalt über das Sicherungsobjekt hat, ist anhand des nationalen Rechts zu beantworten (*Wool*, Air & Space Law 1998, S. 243 [255 f.]).

1047 Kapitel IV des Abkommens und Kapitel III AP. Zu den damit in Zusammenhang stehenden Problemen und Diskussionsvorschlägen siehe *Wool*, Air & Space Law 1998, S. 243 (263 – 268), auch *Rott*, Vereinheitlichung des Rechts der Mobiliarsicherheiten, S. 124 – 126.

1048 Vgl. Art. 15 Abs. 1 des Abkommens.

1049 Art. 28 Abs. 1 des Abkommens.

1050 *Wool*, Air & Space Law 1998, S. 243 (263).

1051 Art. 28 Abs. 2 des Abkommens.

1052 Art. XI Abs. 12 AP [Alternative A].

1053 Art. 38 des Abkommens.

1054 Art. 39 des Abkommens.

Rechtssicherheit bei. Die Rechtssicherheit bewirkt wiederum eine Senkung der Finanzierungskosten und verwirklicht somit das Ziel des Abkommens[1055].

3. Rechtsmittel

Im Fall der Nichterfüllung durch den Schuldner stehen dem Kreditgeber verschiedene Rechtsschutzmöglichkeiten offen. Die Parteien können vertraglich festlegen, unter welchen Umständen sie das Eintreten einer Nichterfüllung annehmen[1056]. Fehlt eine derartige Vereinbarung, ist auf die generelle Formel in Art. 10 Abs. 2 des Abkommens zurückzugreifen. Danach ist unter Nichterfüllung die Nichteinhaltung einer substantiellen Vertragspflicht zu verstehen.

Für das *security agreement* stellt Art. 7 Abs. 1 des Abkommens folgende Mittel zur Verfügung:
- die Ausübung der Herrschaft über den Ausrüstungsgegenstand oder seine Inbesitznahme
- die Veräußerung oder die Vermietung des Ausrüstungsgegenstands,
- die Einziehung des Ertrages, den die Benutzung der Sache abwirft.

Liegen ein *title reservation agreement* oder ein *leasing agreement* vor, darf der Gläubiger Folgendes:
- den Vertrag beenden und die Kontrolle über den Ausrüstungsgegenstand ausüben oder ihn in Besitz nehmen[1057]
- unter Beibehaltung des Vertrages die Kontrolle oder die Inbesitznahme gerichtlich anordnen lassen[1058]
- das Luftfahrzeug aus dem nationalen Register austragen lassen[1059],
- den Ausrüstungsgegenstand in ein anderes Land verbringen[1060].

Neben den im Abkommen vorgesehenen Rechtsschutzmöglichkeiten können weiterhin die durch das anwendbare Recht vorgesehenen Rechtsschutzmöglichkeiten wahrgenommen werden[1061]. Die konventionseigenen Sicherungsrechte sollen entsprechend den Geboten der wirtschaftlichen Vernunft ausgeübt werden[1062]; die Parteien bestimmen selbst, was wirtschaftlich vernünftig ist[1063].

1055 *Wool*, Air & Space Law 1998, S. 243 (260 f.); ders. RDU 1999, S. 289 (297).

1056 Art. 10 Abs. 1 des Abkommens.

1057 Art. 9 (a) des Abkommens.

1058 Art. 9 (b) des Abkommens.

1059 Art. IX Abs. 1 (a) AP.

1060 Art. IX Abs. 1 (b) AP.

1061 Art. 11 des Abkommens.

1062 Art. IX Abs. 3 (b) (i) AP.

1063 Art. IX Abs. 3 (b) (ii) AP.

4. Prozessuale Auswirkungen und Gerichtsstände

Die Rechtsmittel des Abkommens müssen im Einklang mit dem Verfahrensrecht des Staates ausgeübt werden, in dem der Rechtsbehelf vollzogen wird[1064]. Das Abkommen legt einige Maßnahmen[1065] fest, die eine schnelle Durchsetzung der Rechtsschutzmöglichkeiten bewirken[1066]. Auf diese Weise wird ein schneller Ablauf des Verfahrens und die damit einhergehende Rechtsklarheit gewährleistet, um das mit dem Abkommen verfolgte Ziel der Wirtschaftlichkeit zu erreichen.

Das Abkommen erlaubt die Wahl eines Gerichtsstands[1067]. Haben die Parteien keine Gerichtsstandsklausel in den Vertrag eingefügt, bestimmt das AP den Registerstaat des Luftfahrzeugs zum allgemeinen Gerichtsstand[1068]. Nur bei Klagen gegen den Registerführer ist das Gericht am Ort der Verwaltungszentrale maßgeblich[1069].

5. Parteiautonomie

Art. VIII AP eröffnet den Parteien eine Rechtswahlmöglichkeit. Die Parteien dürfen das Recht wählen, das ihre Rechte und Verpflichtungen aus dem Sicherungsvertrag bestimmen soll: Es darf grundsätzlich jedes Recht bestimmt werden. Die Verfasser des Abkommens haben die Möglichkeit zur Rechtswahl mit aufgenommen, da es sich dabei um ein allgemein anerkanntes Prinzip im Internationalen Privatrecht sowie im nationalen Recht handelt[1070]. Zwischen den Beteiligten an der Begründung eines Sicherungsrechts an Luftfahrzeug-Ausrüstungsgegenständen besteht normalerweise die erforderliche Gleichheit; die Gefahr der Benachteiligung einer Partei ist nicht zu befürchten.

6. Optionsrechte für Parteien und Mitgliedsstaaten

Das Abkommen enthält einige Optionsrechte: Gegen bestimmte Regelungen dürfen die Vertragsstaaten Vorbehalte einlegen und teilweise dürfen auch die

---

[1064] Art. 13 des Abkommens.

[1065] Die Erhaltung des Objekts und seines Wertes (Art. 12 Abs. 1 [a] des Abkommens) die Inbesitznahme, die Herrschaft oder die Verwahrung der Sache (Art. 12 Abs. 1 [b] des Abkommens), die Immobilisierung des Gegenstandes (Art. 12 Abs. 1 [c] des Abkommens) und/oder die Vermietung des Gegenstandes (Art. 12 Abs. 1 [d] des Abkommens).

[1066] *Wool*, Air & Space Law 1998, S. 243 (258 f); ders. RDU 1999, S. 289 (299).

[1067] Art. 41 Abs. 1 des Abkommens.

[1068] Art. XX AP.

[1069] Art. XX AP i.V.m. Art. 43 des Abkommens.

[1070] *Wool*, RDU 1999, S. 289 (301).

Parteien Regelungen des C/AP abbedingen. Das Abkommen erlaubt den Staaten, einen Vorbehalte gegen Regelung über die Rechtsschutzmöglichkeiten[1071], gegen die Anwendung des Abkommens auf Inlandsgeschäfte[1072] und gegen die Maßnahmen für eine schnelle gerichtliche Hilfe[1073] zu erklären[1074]. Das AP fordert darüber hinaus für bestimmte Bereiche eine ausdrückliche Annahmeerklärung des Mitgliedsstaates[1075]. Dazu gehören: die Rechtswahl[1076], die Regelung über die Hilfe bei Insolvenz[1077], die Norm über Deregistrierung, die Exporterlaubnis[1078] und die Modifizierung der Maßnahmen für eine schnelle gerichtliche Hilfe[1079]. Den Staaten sollen die Vorbehalte die Möglichkeit eröffnen, mit ihrem staatlichen Recht schwer zu vereinbarende Regelungen des Abkommens ausschließen zu können. Auf diese Weise soll eine möglichst hohe Anzahl an Mitgliedsstaaten gewonnen werden. Eine verbreitete Geltung des Abkommens - am besten weltweit - ist erforderlich, um das mit dem Abkommen verfolgte wirtschaftliche Ziel zu erreichen[1080].

Die Parteien dürfen einige Rechtsschutzmöglichkeiten[1081] des Abkommens abbedingen, soweit die Abwahl keine Auswirkungen auf die Rechte Dritter hat[1082]. Das AP ermöglicht, zum einen die Rechtsschutzmöglichkeiten bei Insolvenz[1083] allgemein und zum anderen im Verhältnis der Parteien zueinander, alle Vorschriften des AP außer bestimmten Rechtsschutzmöglichkeiten[1084] abzubedingen[1085]. Die Erlaubnis, die Geltung einiger Vorschriften des Abkommens und des AP auszuschließen, ist Ausdruck der Parteiautonomie.

1071 Art. 52 Abs. 2 des Abkommens.

1072 Art. 48 Abs. 1 des Abkommens.

1073 Art. 52 Abs. 2 des Abkommens.

1074 Art. X des Abkommens.

1075 Art. XXVIII AP.

1076 Siehe Art. VIII AP.

1077 Siehe Art. XII des AP.

1078 Siehe Art. XIII AP.

1079 Siehe Art. X Abs. 1 AP. Schließlich muß ein Staat erklären, ob er im Hinblick auf Art. XI AP (Rechtsschutzmöglichkeiten bei Insolvenz) Alternative A oder B der Regelung annimmt (Art. XXVIII Abs. 3 AP).

1080 Siehe S. 180 ff.

1081 Alle Regelungen außer Art. 7 Abs. 2 bis 5, Art. 8 Abs. 3, 4, Art. 12 Abs. 2 und Art. 13 des Abkommens (Art. 14 des Abkommens).

1082 Art. 14 des Abkommens.

1083 Art. XI AP.

1084 Die Vorschriften in Art. IX Abs. 2 bis 4 AP sind unabdingbar (siehe Art. IV Abs. 3 AP).

1085 Art. IV Abs. 3 AP.

IV. Verhältnis zu anderen Abkommen

Das C/AP klärt sein Verhältnis zum GenfAbk[1086], zum Abkommen zur Vereinheitlichung von Regeln über die Sicherungsbeschlagnahme von Luftfahrzeugen vom 29.5.1933[1087], zur *Unidroit Convention on International Financial Leasing* 1988[1088] und zur *Uncitral [draft] Convention on Assignmets [in Receivables Financing] [of Receivables in International Trade]*[1089]. Auf eine Erläuterung zum Chicagoer Abkommen wurde verzichtet, da es mit diesem Abkommen außer einer Ausnahme keine Überschneidungen gibt.

1. Chicagoer Abkommen

Der einzige Berührungspunkt des Chicagoer Abkommens mit dem C/AP besteht nur bei dem Rechtsmittel der Deregistrierung in Art. IX Abs. 1 a AP. Das Recht des Vertragsstaates ist bei der Eintragung und Übertragung der Eintragung von Luftfahrzeugen maßgeblich[1090]. Da ein Luftfahrzeug nur in einem Register eingetragen sein darf, wird das Luftfahrzeug im Verlauf einer Eigentumsübertragung aus einem Register ausgetragen und in ein anderes Register eingetragen[1091]. Diese Regelung im Chicagoer Abkommen betrifft aber nur die Eigentumsübertragung, wohingegen Art. IX Abs. 1 a AP ein Rechtsmittel im Fall der Nichterfüllung einer mit einer Mobiliarsicherheit gesicherten Schuld ist. Außerdem gehören die Vorschriften des C/AP zum nationalen Recht, sobald das Abkommen ratifiziert und - soweit die Vorschriften des Vertragsstaates dies vorsehen - umgesetzt worden ist. Im übrigen stehen die Wirkungen des C/AP mit dem Ziel des Chicagoer Abkommens im Einklang, eine sichere Entwicklung der zivilen Luftfahrt zu fördern[1092]: Das C/AP vereinfacht und fördert die Anschaf-

---

1086 Art. XXII AP.

1087 Art. XXIII AP.

1088 Art. 45 des Abkommens.

Abkommenstext: http://www.unidroit.org/english/conventions/c-leas.htm. Das Abkommen ist am 1-5-1995 in Kraft getreten; Deutschland ist jedoch kein Mitgliedsstaat (zum Ratifikations-, Unterzeichnungs- und Signatarstand siehe http://www.unidroit.org/english/implement/i-88-l.htm.

1089 Art. 46 des Abkommens. Text der *Uncitral [draft] Convention on Assignmets [in Receivables Financing] [of Receivables in International Trade]*. Veröffentlicht unter: http://www.uncitral.org/en-index.htm.

1090 Art. 19 Chicagoer Abkommen.

1091 Art. 18 Chicagoer Abkommen.

1092 Präambel des Chicagoer Abkommens.

fung neuer und sicherer Ausrüstungsgegenstände[1093], da es die Finanzierungskosten der Luftfahrzeug-Ausrüstungsgegenstände erheblich senkt.

2. Genfer Abkommen

Die Regelungsbereiche des GenfAbk und des C/AP überschneiden sich insofern, als beide Regelungen über Rechte an Ausrüstungsgegenständen von Luftfahrzeugen treffen. Die beiden Abkommen unterscheiden sich aber in wesentlichen Punkten[1094]:
- das GenfAbk regelt die Anerkennung von Rechten, während das C/AP eine materielle Rechtsvereinheitlichung darstellt;
- das GenfAbk betrifft nur beschränkte dingliche nationale Rechte, das C/AP hingegen konzipiert ein eigenes internationales Sicherungsrecht;
- das GenfAbk bezieht sich auf Rechte, die in nationalen Registern eingetragen sind, das C/AP beinhaltet dagegen die Einrichtung eines internationalen Registersystems;
- das GenfAbk sieht die Anerkennung von Rechten grundsätzlich nur vor, wenn sie sich auf das Luftfahrzeug als Ganzes beziehen; nur soweit sie sich auch auf Ersatzteile erstrecken, erlaubt das GenfAbk eine Sicherung *auch* durch einzelne Gegenstände[1095]. Demgegenüber erlaubt das C/AP die Sicherung durch die Belastung einzelner Ausrüstungsgegenstände des Luftfahrzeugs.

Bei den Überlegungen, wie das Verhältnis beider Abkommen zueinander gestaltet werden sollte, wurde die Entscheidung getroffen, die Fortexistenz des GenfAbk neben dem C/AP zu ermöglichen. Beide Abkommen werden durch Art. XXII AP koordiniert: Das C/AP ersetzt das GenfAbk, wenn es sich um Rechte an Ausrüstungsgegenständen von Luftfahrzeugen geht.

3. Abkommen über die Sicherungsbeschlagnahme von Luftfahrzeugen

Die Rechtsschutzmöglichkeiten des AP, wie z.B. die Inbesitznahme des Ausrüstungsgegenstands, sind teilweise nicht mit dem ASL[1096] zu vereinen. Die Vertragsstaaten des C/AP können aber unter Art. Y Abs. 2 des Abkommens einen Vorbehalt gegen diese Rechtsmittel einlegen. Nimmt ein Staat diese Möglichkeit wahr, ergeben sich keine Überschneidungen der Abkommen. Legt ein Staat keinen Vorbehalt gegen die Rechtsschutzmöglichkeiten ein, ersetzt das C/AP das ASL[1097].

1093 Siehe S. 180 ff.

1094 *Wool*, Air & Space Law 1998, S. 243 (271 f.).

1095 Siehe S. 166 ff.

1096 Siehe dazu 190 ff.

1097 Art. XXIII AP.

4. International Financial Leasing und Assignmets in Receivables Financing

Das C/AP ersetzt die Unidroit Convention on International Financial Leasing von 1988, soweit es um Finanzleasing an Ausrüstungsgegenständen geht und die Uncitral [draft] Convention on Assignmets [in Receivables Financing] [of Receivables in International Trade], wenn die Abtretung von Außenständen an Rechten an Mobiliarsicherheiten i.S.v. Art. 2 Abs. 1 C/AP betroffen ist[1098].

V. Würdigung

Mit dem Entwurf zum Mobiliarsicherungsrechte-Abkommen macht die internationale Staatengemeinschaft einen wichtiger Schritt in Richtung Rechtsvereinheitlichung im internationalen Mobiliarsachenrecht. Das Abkommen sieht sogar die Schaffung weiterer Protokolle über hochwertige Ausrüstungsgegenstände vor[1099] und wird damit die internationale Rechtsvereinheitlichung vorantreiben. Mit dem Abkommen soll die Freisetzung erheblicher finanzieller Mittel erreicht werden. Die Gelder können wiederum in diesem Sektor investiert werden. Der Erfolg des Abkommens hängt von der Anzahl der Mitgliedsstaaten ab, da nur eine weltweite Akzeptanz des C/AP das internationale Sicherungsrecht international funktionsfähig werden läßt. Schwierigkeiten ergeben sich daraus, daß das Abkommen mit einigen Rechtsordnungen schwer in Einklang zu bringen ist[1100]. Zwar erlaubt das Abkommen aus diesem Grund, in einigen Bereichen Vorbehalte einzulegen. Die Einlegung von Vorbehalten wird jedoch die Wirksamkeit des Abkommens schmälern.

[1098] Art. XXIV AP.

[1099] Art. 50 des Abkommens.

[1100] Siehe dazu *Crans*, Air & Space Law 1998, S. 277 (278 f.).

Ergebnisse

Der erste Teil kommt zu folgenden Ergebnissen: Das objektive Arbeitsstatut des fliegenden Personals wird durch die einstellende Niederlassung gem. Art. 30 Abs. 2 Nr. 2 EGBGB bestimmt, da das fliegende Personal keinen gewöhnlichen Arbeitsort hat. Für das Schiffahrtspersonal sehen viele das Seeschiff als gewöhnlichen Arbeitsort an; ein Vergleich mit der Situation des Schiffahrtspersonals darf aber nicht vorgenommen werden, da das fliegende Personal auf Fluggerät mit unterschiedlicher Nationalität eingesetzt werden kann. Außerdem ist überhaupt fraglich, inwieweit das Registerortsrecht als gewöhnlicher Arbeitsort angesehen werden darf, da das Vorliegen eines gewöhnlichen Arbeitsortes die Existenz eines Staates voraussetzt; das Völkerrecht läßt einem Schiff oder einem Luftfahrzeug aber keine Staatenqualität zukommen.

Außerhalb des räumlichen und gegenständlichen Anwendungsbereichs und soweit das Warschauer Abkommenssystem keine Regelungen vorsieht, bleibt Raum für das nationale IPR zur Bestimmung des Statuts vom Luftbeförderungsvertrag. Im nationalen IPR sind die Art. 27 ff EGBGB dazu berufen, das Vertragsstatut des Luftbeförderungsvertrags festzulegen. Das objektive Statut von Personenbeförderungsverträgen richtet sich grundsätzlich nach Art. 28 Abs. 2 EGBGB. Für Güterbeförderungsverträge ist Art. 28 Abs. 4 EGBGB maßgeblich; sollten die Voraussetzungen von Art. 28 Abs. 4 EGBGB nicht erfüllt sein, ist Art. 28 Abs. 1 EGBGB heranzuziehen. Bei Charterverträgen kommt es auf die Ausgestaltung des Vertrages an, ob eine Parteibeziehung dem Warschauer Abkommenssystem unterliegt oder das anwendbare Recht anhand des nationalen IPR zu ermitteln ist; welche Kollisionsnorm einschlägig ist, hängt wiederum von der konkreten Ausgestaltung des Vertrages ab.

Der zweite Teil bringt folgende Ergebnisse hervor: Bei Flugzeugzusammenstößen und bei Borddelikten auf internationalen Flügen weist die Anwendung der Neuregelung in Art. 40 Abs. 2 EGBGB Probleme auf: Indem Art. 40 Abs. 2 EGBGB auf den gemeinsamen gewöhnlichen Aufenthalt abstellt, bringt die Norm ein Auseinanderfallen des objektiven Statuts mit sich, wenn nur ein Teil der Geschädigten ihren gewöhnlichen Aufenthalt mit dem Schädiger teilt und sich dieses Recht von dem für die übrigen Geschädigten maßgeblichen Tatortrecht unterscheidet. Die gebotene einheitliche Anknüpfung des objektiven Deliktsstatuts ist dann nur über die Ausweichklausel möglich und läuft dann gegebenenfalls auf eine Anwendung des Tatortrechts innerhalb der Ausweichklausel hinaus. Bei Flugzeugkollisionen ist es aus Gründen der internationalprivatrechtlichen Gerechtigkeit geboten, mit Hilfe der Auweichklausel an den Tatort als gemeinsames Statut der Geschädidgten an das Tatortrecht anzuknüpfen. Bei Borddelikten übernimmt das Registerortsrecht die Funktion des Tatortrechts.

Weiterhin stellt der zweite Teil der Arbeit klar, daß neben dem *Warschauer* und dem *Montrealer Abkommen* ein konkurrierender deliktischer Anspruch geltend gemacht werden darf. Die Haftungsgrenzen der Abkommen gelten teilweise auch für die deliktischen Ansprüche, sogar wenn kein Luftbeförderungsvertrag abgeschlossen worden ist. Die Beförderungsbedingungen heben diese Wirkung der Abkommen bei vertraglichen Luftbeförderungen aber wieder auf, wenn sie einen freiwilligen Verzicht auf die Geltendmachung der Haftungsgrenzen beinhalten.

Der dritte Teil der Arbeit stellt die überragende Bedeutung des Herkunftsrechts für das Sachstatut bei Luftfahrzeugen heraus: Das Herkunftsrecht in Form des Registerortsrechts ist grundsätzlich für die Anknüpfung von Rechten an Luftfahrzeugen und dinglichen Verfügungen an Bord eines Luftfahrzeuges ausschlaggebend. Das *Genfer Abkommen* über die internationale Anerkennung von Rechten an Luftfahrzeugen setzt indirekt eine Anknüpfung an das Registerortsrecht voraus, wenn es auch an sich keine Regelungen für diesen Bereich trifft; der Gesetzgeber mußte schon deshalb dieses Anknüpfungsmoment wählen, um das *Genfer Abkommen* nicht zu unterlaufen. Allein für gesetzliche Rechte an Luftfahrzeugen ist grundsätzlich die *lex rei sitae* zur Festlegung des Statuts heranzuziehen.

In Zukunft werden die *[Unidroit] convention on international interests in mobile equipment* und das *Aircraft equipment protocol* die Mobliarsicherheiten an Luftfahrzeugen regeln. Wenn das Abkommen die erhoffte Resonanz erfährt wird es in Zukunft eine wichtige Rolle im Internationalen Sachenrecht für Luftfahrzeuge spielen, da das Geschäft mit Luftfahrzeug-Ausrüstungsgegenständen einen enormen Zuwachs erhalten hat.

Die Zusammenfassung der Ergebnisse hat deutlich gemacht, daß das Registerortsrecht fast alle Bereiche des IPR in der Luftfahrt prägt. Die Bedeutung des Registerortsrechts für das IPR in der Luftfahrt ist sowohl auf die starke Mobilität des Luftfahrzeugs als auch auf die Internationalität der Passagiere und Befrachter zurückzuführen. Luftfahrzeugen kommen mit übermäßig vielen verschiedenen Rechtsordnungen in Kontakt. Da das IPR von dem Bedürfnis nach Rechtssicherheit geprägt wird, kommt die einzige Konstante - das Registerortsrecht - als Anknüpfungsmoment vielfach zum Zuge. Weiterhin fällt der hohe Grad der (materiellen) Rechtsvereinheitlichung des IPR in der Luftfahrt ins Auge: Im vertraglichen Bereich regeln das *Warschauer Abkommen* und in Zukunft das *Montrealer Abkommen* den Luftbeförderungsvertrag materiellrechtlich; im Internationalen Sachenrecht bestimmt das Genfer Abkommen über die Anerkennung von Rechten an Luftfahrzeugen und erklärt indirekt die *lex libri* zur Grundsatzanknüpfung für vertragliche Rechte an Luftfahrzeugen. Darüber hinaus werden die *[Unidroit] convention on international interests in mobile equipment* und das *Aircraft equipment protocol* die Mobiliarsicherheiten an Luftfahrzeugen international einheitlich regeln. Die bestehende Rechtsvereinheitlichung und dahingehende Bestrebungen sind mit den damit verbundenen großen finanziellen Interessen der Luftfahrtindustrie zu erklären.

Literaturverzeichnis

ACHTNICH, HANS: Luftrechtliche Betrachtungen anläßlich des Absturzes eines Luftfahrzeuges der Königlich Niederländischen Luftverkehrsgesellschaft (KLM) am 22. März 1952 bei Frankfurt a.M., ZLW 1952, S. 323 – 346

ARUNDELL, MARK/ WILSON, SCOTT F.: The need for international secured transactions and leasing rules for aircraft engines through the proposed Unidroit Convention, Air & Space Law 1998, S. 283 – 285

AUDIT, BERNARD: Droit international privé, Paris 1991

BAETGE, DIETMAR: Der gewöhnliche Aufenthalt im Internationalen Privatrecht (Jur. Diss.), 1994 Tübingen

BAR, CHRISTIAN VON: Anmerkung zu BGH vom 13.3.1984 – VI ZR 23/82, JZ 1984, S. 671 – 673

BAR, CHRISTIAN VON: Internationales Privatrecht
- Erster Band, Allgemeine Lehren, München 1987
- Zweiter Band, Besonderer Teil, München 1991

BASEDOW, JÜRGEN: Billigflagge, Zweitregister und Kollisionsrecht in der deutschen Schiffahrtspolitik, BerDGesVR, Bd. 31, Recht der Flagge und „Billige Flaggen" – Neuere Entwicklungen im Internationalen Privatrecht und Völkerrecht, Heidelberg 1990, S. 75 – 120

BASEDOW, JÜRGEN: Der Transportvertrag (Jur. Habil.), Tübingen 1987

BASEDOW, JÜRGEN: Die Neuregelung des Internationalen Privat- und Prozeßrechts, NJW 1986, S. 2971 – 2979

BASEDOW, JÜRGEN (HRSG.): Münchener Kommentar zum Handelsgesetzbuch. Band 7. Viertes Buch. Handelsgeschäfte §§ 407 – 457. Transportrecht, München 1997

BASEDOW, JÜRGEN: Zulässigkeit und Vertragsstatut der Kabotagetransporte, ZHR 1992, S. 413 – 442

BEAUMONT, K.M.: Damage by aircraft to property on the surface, FS für Otto Riese aus Anlaß seines Siebzigsten Geburtstages, hrsg. von Bernhard Aubin, Ernst von Caemmerer, Philippe Meylan, Karl H. Neumeyer, Gerd Rinck, Walter Strausz, Karlsruhe 1964, S. 475 – 477

BECKER, FRIEDRICH (BEGR.)/ HILLEBRECHT, WILFRIED (BEGR.): Gemeinschaftskommentar zum Kündigungsschutzgesetz und zu sonstigen kündigungsschutzrechtlichen Vorschriften, 5. Auflage, Neuwied, Kriftel 1998
(zit.: Becker/Etzel/Fischermeister u.a-*Bearbeiter*)

BEHR, VOLKER: Zum österreichischen und deutschen internationalen Arbeitsvertragsrecht, Anmerkung zu OGH, vom 16.9.1987 - 9 Ob A91/87, IPRax 1989, S. 319 – 324

BEITZKE, GÜNTHER: Anmerkung zu BAG vom 10.04.1975 - 2 AZR 128/74, AP 1954 Internationales Privatrecht, Arbeitsrecht, Nr. 12, Bl. 63 – 65

BEITZKE, GÜNTHER: Deliktsrecht im schweizerischen IPR-Entwurf, SchwJbIntR 1979, S. 93 – 114

BEITZKE, GÜNTHER: Les obligations délictuelles en droit international privé, RdC 1965 II, S. 64 – 145

BENECKE, MARTINA: Anknüpfung und Sonderanknüpfung im Internationalen Arbeitsrecht (zu Hess. LAG vom 16.11.1999 – 4 Sa 463/99), IPRax 2001, S. 449 - 451

BENTIVOGLIO, LUDOVICO M.: Conflicts problems in air law, RdC 119 (1966 III), S. 67 – 181

BINDER, HEINZ: Zur Auflockerung des Deliktsstatuts, RabelsZ 20 (1955), S. 401 – 499

BIRK, ROLF: Die Bedeutung der Parteiautonomie im internationalen Arbeitsrecht, RdA 1989, S. 201 – 207

BISCHOFF, JEAN-MARC: Anmerkung zu Cour de Cassation vom 14.1.1997, Lemonty c. Garaud, Revue critique de dip 86 (1997), S. 506 - 512

BITTLINGER, HORST/ KUHN, ROBERT: Ramstein – Genehmigungs- und haftungsrechtliche Aspekte von militärischen Flugtagen in der Bundesrepublik Deutschland, NJW 1988, S. 2768 – 2773

BÖCKSTIEGEL, KARL-HEINZ: Das neue Haftungssystem der Internationalen Zivilluftfahrt, JbIntR, hrsg. vom Institut für Internationales Recht an der Universität Kiel, 17. Band (1974), Berlin 1975, S. 305 – 325

BÖCKSTIEGEL, KARL-HEINZ: Die IATA-Beförderungsbedingungen für Fluggäste und Gepäck, NJW 1974, S. 1017 – 1026

BODENSCHATZ, MANFRED: Römisches Abkommen: Quo vadis?, ZLW 1972, S. 206 – 212

BOGDAN, MICHAEL: Aircraft accident in the conflict of laws, RdC 208 (1988 I), S. 9 – 168

BOGDAN, MICHAEL: Transport by air (Chapter 27). International encyclopedia of comparative law, Volume III, Private international law, Tübingen, Dordrecht, Boston, Lancaster 1996

BOLLWEG, HANS-GEORG: Das Montrealer Abkommen Rückblick - Überblick - Ausblick, ZLW 2000, S. 439 – 451

BRATSCHI, HEINZ: Die Rechtsstellung des Luftfahrtpersonals, Bern 1951

CAEMMERER, ERNST VON: Vorschläge und Gutachten zur Reform des deutschen internationalen Privatrechts der außervertraglichen Schuldverhältnisse, hrsg. vom Max-Planck-Institut für ausländisches und internationales Privatrecht, Tübingen 1983

CHENG, BIN: The Montreal Convention on international carriage by air concluded on the seventieth anniversary of the 1929 Warsaw Convention
- Part I, ZLW 2000, S. 287 – 307
- Part II, ZLW 2000, S. 484 – 499

CHESHIRE, G.C./ NORTH, PETER SIR/ FAWCETT, J.J.: Private international law, 13. Auflage, London, Edinburgh, Dublin 1999

CHINKIN, CHIRISTINE/KESSEDJIAN, CATHERINE: The legal relationship between the proposed Unidroit Convention and its equipment-specific protocols, RDU 1999, 323 – 324

CLANCY, DAVID/ VOSS, GREGORY: Facilitating asset-based financing and leasing of aircraft equipment through the proposed Unidroit Convention: manufacturers`perspective, Air & Space Law 1998, 287 – 289

CLARK, LORNE S.: Reaching prompt international agreement on the Unidroit Convention and Aircraft Protocol: Public private sector cooperation and rules of procedures, Air & Space Law 1998, S. 290 – 293

CLARK, LORNE S./ WOOL, JEFFREY: A report on the development of the proposed Unidroit Convention on international interests in mobile equipment as applied to aircraft equipment, UCC LJ 1999, S. 389 – 442

COQUOZ, RAPHAËL: Le droit privé international aérien, Paris 1938

CRANS, BEREND J.H.: The Unidroit Convention on international interests in mobile equipment and the aircraft equipment protocol: Some critical observations, Air & Space Law 1998, S. 277 – 282

DÄUBLER, WOLFGANG: Das neue Internationale Arbeitsrecht, RIW 1987, S. 249 – 256

DÄUBLER, WOLFGANG: Wahl des anwendbaren Rechts durch Tarifvertrag? NZA 1990, S. 673 – 675

DEINERT, OLAF: Arbeitnehmerentsendung im Rahmen der Erbringung von Dienstleistungen innerhalb der Europäischen Union, RdA 1996, S. 339 – 352

DELACHAUX, JEAN LOUIS: Die Anknüpfung der Obligation aus Delikt und Quasidelikt im internationalen Privatrecht (Jur. Diss.), Zürich 1960

DEUTSCH, ERWIN: Internationales Unfallrecht, Vorschläge und Gutachten zur Reform des deutschen Internationalen Privatrechts der außervertaglichen Schuldverhältnisse, vorgelegt von Ernst von Caemmerer, 1983 Tübingen, S. 202 – 231

DICEY, A.V./ MORRIS, J. H.C.: The conflict of laws, Band 2, 12. Auflage, London 1993

DICKSON, G. MICHAEL/ ROSENER, WOLFGANG / STORM, PAUL M. (HRSG.): Security on movable property and receivables in Europe, Oxford 1988

DIEDERIKS-VERSCHOOR, I.H.: Die Vereinbarung von Montréal von 1966 und ihre Folgen, ZLW 1970, S. 25 – 33

DIEDERIKS-VERSCHOOR, I.H./ HEERE, W.P./ MOLL, A.: Die Rechtsstellung des Personals der Zivilluftfahrt, ZLW 1972, S. 105 – 132

DOBBERAHN, PETER: Rechte an Schiffen und Luftfahrzeugen, MittRhNotK 1998, S. 145 – 164

DÖRNER, HEINRICH: Anmerkung zu BGH vom 25.9.1996 – VIII ZR 76/95, LM Art. 7 ff. EGBGB Nr. 63 (Bl. 6 R. – 7 R.), Nachschlagewerk des BGH, München 1986, Stand Februar 2001, hrsg. von Fritz Lindenmaier und Philipp Möhring

DÖRR, DIETER: Die deutsche Handelsflotte und das Grundgesetz, München 1988

DRION, H.: Kritische Bemerkungen zum Anwendungsbereich des Warschauer Abkommens, ZLW 1953, S. 303 – 311

DROBNIG, ULRICH: Billige Flaggen im Internationalen Privatrecht, BerDGesVR, Bd. 31, Recht der Flagge und „Billige Flaggen" – Neuere Entwicklungen im Internationalen Privatrecht und Völkerrecht, Heidelberg 1990, S. 31 – 73

DROBNIG, ULRICH/ PUTTFARKEN, HANS-JÜRGEN: Arbeitskampf auf fremden Schiffen, Kehl am Rhein, Straßburg, Arlington 1989

EBENROTH, CARSTEN THOMAS/ FISCHER, RAFAEL/ SOREK, CHRISTOPH: Das Kollisionsrecht der Fracht-, Passage- und Arbeitsverträge im internationalen Seehandelsrecht, ZvglRwiss 88 (1989), S. 124 – 148

EHLERS, NIKOLAI: Ein Erdrutsch in der deutschen Rechtsprechung zur Frage der Umrechnung des Poincaré-Franc, ZLW 1985, S. 68 – 73

EHLERS, NIKOLAI: Montrealer Protokolle Nr. 3 und 4 Warschauer Haftungssystem und neuere Rechtsentwicklungen (Jur. Diss.), Köln, Berlin, Bonn, München 1985

EISENBARTH, PETER: Die Vereinbarkeit der IATA-Beförderungsbedingungen mit dem AGB-Gesetz unter Berücksichtigung des Warschauer Abkommens, des Luftverkehrsgesetzes und des Reisevertragsgesetzes (Jur. Diss.), Köln 1987

ERLER, JOCHEN: Rechtsfragen der ICAO (Jur. Diss.), Berlin 1967

ERMAN, WALTER: Handkommentar zum Bürgerlichen Gesetzbuch, 2. Band, 10. Auflage, Münster, Köln 2000

ERMAN, WALTER: Handkommentar zum Bürgerlichen Gesetzbuch, 2. Band, 9. Auflage, Münster 1993

EßLINGER, FRANK: Die Anknüpfung des Heuervertrages unter Berücksichtigung von Fragen des internationalen kollektiven Arbeitsrechts (Jur. Diss.), München 1991

FABRICIUS, FRITZ/ KRAFT, ALFONS/ WIESE, GÜNTHER/ KREUTZ, PETER: Betriebsverfassungsgesetz. Band II: §§ 74 – 132 mit Kommentierung des BetrVG 1952 und des Sozialplangesetzes. Gemeinschaftskommentar, 5. Auflage, Wiesbaden 1995
(zit.: GK-BetrVG-*Bearbeiter*)

FALLER, EDMUND: International Civil Aviation Organization, ZLW 1981, S. 3 – 16

FERID, MURAD: Internationales Privatrecht, 3. Auflage 1986 Frankfurt am Main

FIRSCHING, KARL/ HOFFMANN, BERND VON: Internationales Privatrecht, 5. Auflage, München 1997

FISCH, PIUS: Eigentumserwerb, Eigentumsvorbehalt und Sicherungsübereignung an Fahrnis im Internationalen Sachenrecht der Schweiz, der Bundesrepublik Deutschland und Frankreichs (Jur. Diss.), Entlebuch 1985

FLESSNER, AXEL: Fakultatives Kollisionsrecht, RabelsZ 34 (1970), S. 547 – 584

FOURMENT, ANTOINE: France. Security on movable property and receivables in Europe, S. 37 – 57, 1988 Oxford

FRANZEN, MARTIN: Anmerkung zu BAG vom 29.10.1992 - 2 AZR 267/92, AR-Blattei ES Nr. 3, Stand Februar 2001, Heidelberg

FRANZEN, MARTIN: Internationales Arbeitsrecht, AR-Blattei SD 920, Stand Februar 2001, Heidelberg

FRINGS, MICHAEL: Der Einfluß privatrechtlicher Staatsverträge und nationaler Rechtsordnungen auf den Internationalen Luftbeförderungsvertrag (Jur. Diss.), Köln 1975

FRINGS, MICHAEL: Kollisionsrechtliche Aspekte des internationalen Luftbeförderungsvertrages, ZLW 1977, S. 8 – 22

GALLAGHER, THOMAS J.: Assessment of the anticipated economic benefits of the Unidroit Convention, Air & Space Law 1998, S. 294 – 297

GALPERIN, HANS/ LÖWISCH, MANFRED: Kommentar zum Betriebsverfassungsgesetz, Band II: Regelung der Mitbestimmung (§§ 74-132), 6. Auflage, Heidelberg 1982

GAMILLSCHEG, FRANZ: Ein Gesetz über das internationale Arbeitsrecht, ZfA 14 (1983), S. 307 – 373

GAMILLSCHEG, FRANZ: Internationales Arbeitsrecht (Arbeitsverweisungsrecht), Berlin, Tübingen 1959

GANSFORT, GUY: Praktische Anmerkungen zu der Europäischen Verordnung über die Haftung von Luftfahrtunternehmen bei Flugunfällen mit Personenschäden, ZLW 1998, S. 263 – 281

GANSFORT, GUY: Wirksame Einbeziehung der Allgemeinen Beförderungsbedingungen der Luftfahrtunternehmen in den Pauschalflugreise-Vertrag, TranspR 1989, S. 131 – 139

GIEMULLA, ELMAR: Der räumliche Geltungsbereich der deliktischen Haftungsvorschriften des Luftverkehrsgesetzes, ZLW 1980, S. 119 – 126

GIEMULLA, ELMAR/ SCHMID, RONALD: Ausgewählte internationale Rechtsprechung zum Warschauer Abkommen in den Jahren 1997 – 1999, ZLW 2000, S. 13 – 16

GIEMULLA, ELMAR/ SCHMID, RONALD: Council Regulation (EC) No. 2027/97 on Air carrier liability in the event of accidents and its implications for air carriers, Air & Space Law, S. 98 – 105

GIEMULLA, ELMAR/ SCHMID, RONALD: Die europarechtliche Neuordnung der Haftung bei Flugunfällen und ihre Auswirkung auf Luftfahrtunternehmen, NZV 1998, S. 225 - 229

GIEMULLA, ELMAR/ SCHMID, RONALD: Frankfurter Kommentar zum Luftverkehrsrecht
- Band 1, Luftverkehrsgesetz, Stand 12/2000, Neuwied, Kriftel
- Band 3, Warschauer Abkommen und Zusatzübereinkommen von Guadalajara, Stand 10/2000, Neuwied, Kriftel

GILMORE, GRANT: Security interests in personal property, Volume I, Toronto, Boston 1965

GILMORE, GRANT: Security interests in personal property, Volume II, Toronto, Boston 1965

GIMBEL, HERMANN: Ein Beitrag zu den privatrechtlichen und öffentlich-rechtlichen Problemen des Charterverkehrs unter besonderer Berücksichtigung der Rechtslage in der Schweiz und Deutschland (Jur. Diss.), Zürich 1974

GINNOW, O. ARNOLD/ GORDON, GEORGE: Corpus Juris Secundum, Secured transactions-securities regulation (Vol. 79), St. Paul, Minnesota, 1974

GIULIANO, MARIO/ LAGARDE, PAUL: Bericht über das auf vertragliche Schuldverhältnisse anzuwendende Recht, BT-Drucks 10/503, S. 33 - 79

GODFROID, M.: Les transports à titre onéreux et gratuits dans la Convention de Varsovie et en droit belge, RFDA 1987, S. 22 - 30

GOEDHUIS, D.: La Convention de Varsovie, La Haye 1933

GOEDHUIS, D.: National airlegislation and the Warsaw Convention, The Hague 1937

GOODE, ROY: The preliminary draft Unidroit Convention on international interests in mobile equipment: the next stage, RDU 1999, S. 265 – 274.

GRAN, DIETER: Die Beförderungsbedingungen im Luftverkehr, TranspR 1999, S. 173 – 188

GRÖNFORS, KURT: Air charter and the Warsaw Convention, Uppsala 1956

GROTH, KLAUS: Das Registerpfandrecht nach dem Gesetz über Rechte an Luftfahrzeugen (Jur. Diss.), Berlin 1965

GROUPE EUROPÉEN DE DROIT INTERNATIONAL PRIVÉ (HRSG.): Proposition pour une convention européenne sur la loi applicable aux obligations non contractuelles, IPRax 1999, S. 286 - 288

GULDIMANN, WERNER: Das Haftungssystem für innerstaatliche und internationale Beförderung im Luftverkehr, VersR 1979, S. 594 – 600

GULDIMANN, WERNER: Das neue Lufthaftpflichtabkommen von Rom vom 7. Oktober 1952, SJZ 1953, S. 269 – 275

GULDIMANN, WERNER: Dingliche Rechte, besonders Pfandrechte, an Luftfahrzeugen, SJZ 1948, S. 372 – 377

GULDIMANN, WERNER: Internationales Lufttransportrecht Kommentar, Zürich 1965

GULDIMANN, WERNER: Luftfahrzeughypothek und Flugzeugwechselteile, FS zu Ehren von Prof. Dr. jur. Alex Meyer aus Anlaß seines 75.Geburtstages am 15. Dezember 1954 dargebracht von Freunden, Fachgenossen und Schülern, hrsg. von Brandt, Düsseldorf 1954, S. 59 – 72

HALSBURY`S: Laws of England
- Vol. 32, hrsg. von Clashfern, Lord Mackay of, London 1999
- Vol. 48, hrsg. von St. Marylebone, Lord Hailshaim of, London 1995

HEILMANN, FRANK SVEN: Das Arbeitsvertragsstatut (Jur. Diss.), Konstanz 1991

HEIN, JAN VON: Günstigkeitsprinzip oder Rosinentheorie? - Erwiderung auf Lorenz, NJW 1999, S. 2215, NJW 1999, S. 3174 – 3175

HEINI, ANTON/ KELLER, MAX/ SIEHR, KURT/ VISCHER, FRANK/ VOLKEN, PAUL: IPRG-Kommetar, Zürich 1993

HEINZ, THOMAS K.: Die Sicherungsbeschlagnahme von Luftfahrzeugen, Frankfurt am Main, Bern, New York, Paris 1988

HEINZ, THOMAS K.: Die Sicherungsbeschlagnahme von Luftfahrzeugen, TranspR 1988, S. 1 – 6

HENRICH, DIETER: Vorschläge und Gutachten zur Reform des deutschen internationalen Sachen- und Immaterialgüterrechts, hrsg. vom Max-Planck-Institut für ausländisches und internationales Privatrecht, Tübingen 1991

HENSON, RAY D.: Secured transactions under the Uniform Commercial Code, 2. Auflage, San Francisco 1978

HESS, HARALD/ SCHLOCHAUER, URSULA/ GLAUBITZ, WERNER: Kommentar zum Betriebsverfassungsgesetz, 5. Auflage, Neuwied, Kriftel, Berlin 1997

HICKL, MANFRED: Arbeitsverhältnisse mit Auslandsberührung, NZA 1987, Beilage 1, S. 10 – 18

HINES, FREDERICK: Legal difficulties in secured airline equipment financing, JALC 1948, S. 11 – 26

HÖFER, REINHOLD: Gesetz zur Verbesserung der betrieblichen Altersversorgung, Band I, München, Stand 1999

HOFFMANN, BERND VON: Behutsame Auflockerung der Tatortregel, Anmerkung zu BGH vom 8.1.1985 – VI ZR 23/83, IPRax 1986, S. 90 – 91

HOFFMANN, BERND VON: Internationales Haftungsrecht im Referentenentwurf des Bundesjustizministeriums vom 1.12.1993, IPRax 1996, S. 1 – 8

HOFFMANN, BERND VON: Internationales Privatrecht, 6. Auflage, München 2000

HOHLOCH, GERHARD: Arbeitsverhältnisse mit Auslandsbezug und Vergütungspflicht, RIW 1987, S. 353 – 362

HOHLOCH, GERHARD: Das Deliktsstatut. Gundlagen und Grundlinien des internationalen Deliktsrechts (Jur. Habil.), Frankfurt am Main 1984

HOHLOCH, GERHARD: Rechtswahl, Günstigkeitsprinzip und Mindeststandards – Kollisionsrechtliche Anmerkungen zum Einsatz entsandter Kräfte im Baugewerbe, FS Wolfgang Heiermann zum 60. Geburtstag, hrsg. von Jürgen Doerry und Hans-Georg Watzke, Wiesbaden Berlin 1995, S. 143 – 155

HOHLOCH, GERHARD: Rechtswahl im internationalen Deliktsrecht, NZV 1988, S. 161 – 168

HÖNSCH, RONALD: Die Neuregelung des Internationalen Privatrechts aus arbeitsrechtlicher Sicht, NZA 1988, S. 113 – 119

HOOG, GÜNTER: Deutsches Flaggenrecht. Die staatlichen Flaggen der Bundesrepublik Deutschland und ihre Verwendung, Hamburg 1982

HÜBSCH, MICHAEL: Die Bedeutung des Warschauer Abkommens für die deliktische Haftung des Luftfrachtführers bei Personen- und Sachschäden, TranspR 1996, S. 367 – 375

IPSEN, KNUT: Völkerrecht, 4. Auflage, München 1999

JAYME, ERIK: Entwurf eines EU-Übereinkommens über das auf außervertragliche Schuldverhältnisse anzuwendende Recht, IPRax 1998, S. 140 – 141

JAYME, ERIK: Entwurf eines EU-Übereinkommens über das auf außervertragliche Schuldverhältnisse anzuwendende Recht, IPRax 1999, S. 298.

JESTAEDT, THOMAS/ HOHENSTATT, KLAUS-STEFAN: Das Dritte Maßnahmebündel zur Liberalisierung des Luftverkehrs, EuZW 1992, S. 115 – 119

JUNKER, ABBO: Anmerkung zu BAG vom 29.10.1992 - 2 AZR 267/92, SAE 1994, S. 37 – 43

JUNKER, ABBO: Arbeitsrecht im grenzüberschreitenden Konzern – Die kollisionsrechtliche Problematik, ZIAS 9 (1995), S. 564 – 587

JUNKER, ABBO: Das Internationale Unfallrecht nach der IPR-Reform von 1999, JZ 2000, S. 477 – 486

JUNKER, ABBO: Die IPR-Reform von 1999: Auswirkungen auf die Unternehmenspraxis, RIW 2000, S. 241 – 255

JUNKER, ABBO: Die freie Rechtswahl und ihre Grenzen. Zur veränderten Rolle der Parteiautonomie im Schuldvertragsrecht, IPRax 1993, S. 1 – 10

JUNKER, ABBO: Die „zwingenden Bestimmungen" im neuen internationalen Arbeitsrecht, IPRax 1989, S. 69 – 75

JUNKER, ABBO: Internationales Arbeitsrecht im Konzern, (Jur. Habil.) 1991, Tübingen 1992

JUNKER, ABBO: Internationales Arbeitsrecht in der Praxis. Entscheidungen der Jahre 1994 - 2000, RIW 2001, S. 94 – 107

JUNKER, ABBO: Internationales Privatrecht, München 1998

JUNKER, ABBO: Neuere Entwicklungen im Internationalen Privatrecht, RIW 1998, S. 741 - 750

KADLETZ, ANDREAS: Das neue Montrealer Übereinkommen vom 28.5.1999 über den internationalen Luftbeförderungsvertrag („Neues Warschauer Abkommen"), VersR 2000, S. 927 – 935

KADLETZ, ANDREAS: Internationales Lufttransportrecht unter dem Einfluß staatlichen Drucks, RIW 2000, S. 540 – 544

KARTZKE, ULRICH: Renvoi und Sinn der Verweisung, IPRax 1988, S. 8 – 15

KASSAYE, AELEM B.: Neuere Entwicklungen im internationalen Mobiliarsachenrecht (Jur. Diss.), Hamburg 1984

KEGEL, GERHARD: Der Griff in die Zukunft – BGHZ 45, 95, JuS 1968, S. 162 – 166

KEGEL, GERHARD: Internationales Privatrecht, 7. Auflage, München 1995

KEGEL, GERHARD/ SCHURIG, KLAUS: Internationales Privatrecht, 8. Auflage München 2000

KEHRBERGER, PETER H.: Overhead Bin-Unfälle an Bord von Luftfahrzeugen. Eine Fallstudie, FS für Werner Guldimann, hrsg. von Wolf Müller-Rostin, Ronald Schmid, Neuwied, Kriftel, Berlin 1997, S. 129 - 167

KINDLER, PETER: Zur Anknüpfung von Handelsvertreter- und Vertragshändlerverträgen im neuen bundesdeutschen IPR, RIW 1987, S. 660 – 666

KISTLER, PETER: Das Römer Haftungsabkommen von 1952 (Jur. Diss.), Zürich 1959

KISTOWSKY, THOMAS VON: Kreditsicherung durch das Registerpfandrecht an Luftfahrzeugen, ZLW 1989, S. 215 – 219

KOCH, ROBERT: Zur Neuregelung des Internationalen Deliktsrechts: Beschränkung des Günstigkeitsprinzips und Einführung der vertragsakzessorischen Bestimmung des Deliktsstatuts, VersR 1999, S. 1453 – 1460

KOHN, MARK: Die abweichende Auffassung bei der Auslegung des Artikels 3 des Warschauer Abkommens und des Haager Protokolls, ZLW 1970, S. 241 – 247

KOLLER, INGO: Transportrecht, Kommentar zu Spedition und Gütertransportrecht, 4. Auflage, München 2000

KOSTKA, KLAUS: Zweitregister für Seeschiffe - Eine historisch-rechtsvergleichende Betrachtung - (Jur. Diss.), Münster 1992

KRAUSHAAR, BERNHARD: Die Auslandsberührung des deutschen Arbeitsrechts, BB 1989, S. 2121 – 2124

KREUZER, KARL: Apfelschorf im „Alten Land" – Kollisionrechtliche Probleme der Produkthaftung, IPRax 1982, S. 1 – 5

KREUZER, KARL: Berichtigungsklausel im Internationalen Privatrecht, FS Imre Zajtay, hrsg. von Ronald Harry Graveson, Karl Kreuzer, André Tunc, Konrad Zweigert, Tübingen 1982, S. 295

KREUZER, KARL: Die Inlandswirkung fremder besitzloser vertraglicher Mobiliarsicherheiten: die italienische Autohypothek und das US-amerikanische mortgage an Luftfahrzeugen, Anmerkung zu BGH vom 11.3.1991 – II ZR 88/90 und zu BGH vom 7.10.1991 – II ZR 252/90, IPRax 1993, S. 157 – 162

KREUZER, KARL: Gutachtliche Stellungnahme zum Refenrentenentwurf eines Gesetzes zur Ergänzung des Internationalen Privatrechts (Außervertragliche Schuldverhältnisse und Sachen). Sachenrechtliche Bestimmungen, Vorschläge und Gutachten zur Reform des deutschen internationalen Sachen- und Immaterialgüterrechts, vorgelegt von Dieter Henrich, Tübingen 1991, S. 37 – 180

KRONKE, HERBERT: Das Arbeitsrecht im Gesetzentwurf zur Neuregelung des Internationalen Privatrechts, DB 1984, S. 404 – 406

KROPHOLLER, JAN: Ein Anknüpfungssystem für das Deliktsstatut, RabelsZ 33 (1969), S. 601 – 653

KROPHOLLER, JAN: Internationales Privatrecht, 4. Auflage, Tübingen 2001

KÜHL, SEBASTIAN: Das Gesetz zum deutschen „Internationalen Schiffahrtsregister“, TranspR 1989, S. 89 – 95

KUHN, ROBERT: Entgeltlichkeit im Sinne des Art. 1 Abs. 1 WA, WA/HP bei Kostenteilung? ZLW 1988, S. 224 – 227

KUHN, ROBERT: Sonderfälle der Anspruchsberechtigung bei Art. 17, 18, 19 WA, WA (HP), ZLW 1989, S. 21 – 29

KÜHNE, GÜNTHER: Der Anwendungsbereich des Renvoi im Lichte der Entwicklung des Internationalen Privatrechts, FS Murad Ferid zum 80. Geburtstag am 11. April 1988, hrsg. von Andreas Heldrich und Hans-Jürgen Sonnenberger, Frankfurt am Main, 1988, S. 251 – 267

LAKIN, LEONARD/ BERGER, HOWARD J.: Secured transactions, Mundelein, Illinois 1970

LARENZ, KARL/ CANARIS, CLAUS-WILHELM: Methodenlehre der Rechtswissenschaft, 3. Auflage, Heidelberg 1995

LAUTERBACH, WOLFGANG: Vorschläge und Gutachten zur Reform des deutschen internationalen Personen- und Sachenrechts, hrsg. von Max-Planck-Institut für ausländisches und internationales Privatrecht, Tübingen 1972

LEWALD, HANS: Das Deutsche Internationale Privatrecht, Leipzig 1931

LINDACHER, WALTER: Zur Inhaltskontrolle „internationaler“ Flugbeförderungsbedingungen, Anmerkung zu BGH vom 20.1.1983 – VII ZR 105/81, IPRax 1984, S. 301 – 302

LORENZ, EGON: Das anwendbare Recht bei Schiffs- und Flugzeugunfällen, Vorschläge und Gutachten zur Reform des deutschen internationalen Privatrechts der außervertraglichen Schuldverhältnisse, vorgelegt von Ernst von Caemmerer, Tübingen 1983, S. 440 – 463

LORENZ, EGON: Das objektive Arbeitsstatut nach dem Gesetz zur Neuregelung des Internationalen Privatrechts, RdA 1989, S. 220 – 228

LORENZ, STEPHAN: Zivilprozessuale Konsequenz der Neuregelung des Internationalen Deliktsrechts: Erste Hinweise für die anwaltliche Praxis, NJW 1999, S. 2215 – 2218

LORENZ, WERNER: Anmerkung zu BGH vom 8.1.1985 – VI ZR 23/83, JZ 1985, S 443 – 445

LORENZ, WERNER: Die allgemeine Grundregel betreffend das auf die außervertragliche Schadenshaftung anzuwendende Recht, Vorschläge und Gutachten zur Reform des deutschen Internationalen Privatrechts der außervertaglichen Schuldverhältnisse, vorgelegt von Ernst von Caemmerer, 1983 Tübingen, S. 97 – 159

LORENZ, WERNER: Fortschritte bei der Auflockerung des Deliktsstatuts im internationalen Verkehrsunfallrecht, Anmerkung zu BGH vom 13.3.1984 - VI ZR 23/82, IPRax 1985, S. 85 – 88

LORENZ, WERNER: Vom alten zum neuen internationalen Schuldvertragsrecht, IPRax 1987, S. 269 – 276

LÖWE, WALTER/ WESTPHALEN, FRIEDRICH GRAF VON/ TRINKNER, REINHOLD: Kommentar zum Gesetz des Rechts der Allgemeinen Geschäftsbedingungen, Heidelberg 1977

LÜDERITZ, ALEXANDER: Internationales Privatrecht, 2. Auflage, Neuwied, Kriftel, Berlin 1992

LUKOSCHEK, ROLF PETER: Das anwendbare Recht bei Flugzeugunglücken (Jur. Diss.), Karlsruhe 1984

LUREAU, DANIEL: La responsabilité du transporteur aérien, Paris 1961

MAGNUS, ULRICH: Anmerkung zu BAG vom 3.5.1995 - 5 AZR 15/94, SAE 1997, S. 35 – 38

MAGNUS, ULRICH: Englisches Kündigungsrecht auf deutschem Schiff - Probleme des internationalen Seearbeitsrechts, Anmerkung zu BAG vom 24. 8. 1989-2 AZR 3/89, IPRax 1991, S. 382 – 386

MAGNUS, ULRICH: Zweites Schiffsregister und Heuerstatut, IPRax 1990, S. 141 - 145

MAKAROV, ALEXANDER N.: Zur Frage der Staatsangehörigkeit von Luftfahrzeugen, FS für Herbert Kraus, Recht im Dienste der Menschenwürde, hrsg. vom Göttinger Arbeitskreis, Würzburg 1964, S. 215 – 223

MANKIEWICZ, R.H.: Die Anwendung des Warschauer Abkommens, RabelsZ 27 (1962/1963), S. 456 – 477

MANKIEWICZ, R.H.: Draft Convention on aerial collision, JALC 1964, S. 375 – 389

MANKIEWICZ, R.H.: The liability regime of the international air carrier. A commentary on the present Warsaw System, Deventer 1981

MANKIEWICZ, R.H.: Rechtsnormenkonflikte zwischen dem Warschauer Abkommen und dem Haager Protokoll, ZLW 1956, S. 246 – 256

MANKOWSKI, PETER: Ausländische Scheinselbständige und Internationales Privatrecht, BB 1997, S. 465 – 472

MANKOWSKI, PETER: Kollisionsrechtsanwendung bei Güterbeförderungsverträgen, TranspR 1993, S. 213 – 227

MANKOWSKI, PETER: Arbeitsverträge von Seeleuten im deutschen Internationalen Privatrecht, RabelsZ 53 (1989), S. 487 – 525

MANKOWSKI, PETER: Seerechtliche Vertragsverhältnisse im Internationalen Privatrecht, Tübingen 1995

MANKOWSKI, PETER: Wichtige Klärung im Internationalen Arbeitsrecht, Anmerkung zu BAG vom 29.10.1992 - 2 AZR 267/92, IPRax 1994, S. 88 – 98

MANSEL, HEINZ-PETER: Kollisions- und zuständigkeitsrechtlicher Gleichlauf der vertraglichen und deliktischen Haftung, ZvglRwiss 86 (1987), S. 1 – 24

MARKIANOS, DEMETRIOS: Die res in transitu im deutschen Internationalen Privatrecht, RabelsZ 23 (1958), S. 21 – 43

MARTINY, DIETER: Anmerkung zu BAG vom 29.10.1992 - 2 AZR 267/92, EWiR 1993, S. 673 – 674

MEDICUS, DIETER: Bürgerliches Recht, 18. Auflage, Köln, Berlin, Bonn, München 1999

MEYER, ALEX: Anmerkung zu LG Hamburg vom 6.4.1955 – 62 S 10/54, ZLW 1955, S. 232 - 236

MEYER, ALEX: Bedeutung des Römischen Haftungsabkommens vom 7.10.1952 für die Luftrechtsgesetzgebung der deutschen Bundesrepublik, ZLW 1954, S. 42 – 52

MEYER, ALEX: Internationale Luftfahrtabkommen, Köln, Berlin, 1953

MEYER, ALEX: Tagung des von dem „Legal Committee" eingesetzten Unterausschusses betr. Zusatzprotokoll zum Warschauer Abkommen, ZLW 1956, S. 93 – 103

MILGER, KARIN: Mobiliarsicherheiten im deutschen und US-amerikanischen Recht – eine rechtsvergleichende Untersuchung (Jur. Diss.), Göttingen, 1982

MILLER, GEORGETTE: Liability in international air transport, New York 1977

MOESER, EKKEHARD: Anmerkung zu LG Offenburg vom 14.1.1986 – 1 S 356/84, TranspR 1986, S. 151 - 152

MÜLLER, GERHARD: Die rechtliche Behandlung abhängiger fremdbestimmter Arbeit bei Berührung mit Deutschland und Italien, RdA 1973, S. 137- 147

MÜLLER, HERMANN: Das Internationale Privatrecht der Luftfahrt (Jur. Diss.), Dortmund 1932

MÜLLER, HOLGER/ OTTO, HANS-HERMANN: Allgemeine Geschäftsbedingungen im internationalen Wirtschaftsverkehr, Neuwied, Kriftel/Ts., Berlin 1994

MÜLLER, KLAUS: Delikte mit Auslandsberührung, JZ 1986, S. 212 – 219

MÜLLER-ROSTIN, WOLF: Auf dem Wege zu einem neuen Warschauer Abkommen? TranspR 1998, S. 229 – 236

MÜLLER-ROSTIN, WOLF: Das Haftungssystem für innerstaatliche und internationale Beförderung im Luftverkehr, VersR 1979, S. 594- 600

MÜLLER-ROSTIN, WOLF: Die Anspruchsberechtigung für Güterschäden nach dem Warschauer Abkommen, TranspR 1995, S. 89 – 94

MÜLLER-ROSTIN, WOLF: Die Haftung des Luftfrachtführers bei der Beförderung der Luftfracht, TranspR 1989, S. 121 – 130

MÜLLER-ROSTIN, WOLF: Die Internationale Luftfahrtkonferenz von Montreal zur Reform des Warschauer Abkommens (10. – 28. Mai 1999), ZLW 2000, S. 36 – 51

MÜLLER-ROSTIN, WOLF: Die Montrealer Protokolle Nr. 1, 2 und 4 sind in Kraft getreten, TranspR 1999, S. 81 – 84

MÜLLER-ROSTIN, WOLF: Neuregelungen im internationalen Luftfrachtverkehr: Montrealer Protokoll Nr. 4 und Montrealer Übereinkommen, TranspR 2000, S. 234 – 238

MÜLLER-ROSTIN, WOLF: Verfügungsrechte und Anspruchsberechtigung von Absender und Empfänger nach dem Warschauer Abkommen, TranspR 1989, S. 1 - 4

MÜLLER-ROSTIN, WOLF/ SCHMID, RONALD: Ying und Yang ade? Zu den Versuchen, die Passagierhaftung im Warschauer Abkommen zu reformieren in FS für Werner Guldimann, hrsg. von Wolf Müller-Rostin und Ronald Schmid, Neuwied, Kriftel, Berlin 1997, S. 169 – 200

MÜNCH, INGO VON: Der diplomatische Schutz für Schiffe, FS Rolf Stödter zum 70. Geburtstag am 22. April 1979, hrsg. von Hans Peter Ipsen, Karl-Hartmann Necker, 1979 Heidelberg, S. 231 – 250

NEUHAUS, PAUL HEINRICH: Aufsätze, RabelsZ 16 (1951), S. 651 – 655

NEUHAUS, PAUL HEINRICH: Die Grundbegriffe des Internationalen Privatrechts, Tübingen 1962

NORTH, PETER M.: Contract conflicts, The E.E.C. Convention on the law applicable to contractual obligations: A comparative study, Amsterdam, New York 1982

NUNZIANTE, GIANNI: Italy. Security on movable property and receivables in Europe, hrsg. von Michael G. Dickson, Wolfgang Rosener, Paul M. Storm, Oxford 1988, S. 91 – 106

OFTINGER, K.: Über die Frage der Wünschbarkeit einer besonderen Regelung des Pfandrechts an Luftfahrzeugen, ArchfLR 1938, 113 – 151

OPPERMANN, THOMAS: Europarecht, München 1991

OPPIKOFER, HANS: Internationale Luftprivatrechtskonferenz Rom, Mai 1933, ArchfLR 1933, S. 211 – 246

PAAS, HANS-WERNER: Rechtsgrundlage des Charterflugverkehrs, ZLW 1972, S. 55 – 64

PALANDT, OTTO (BEGR.): Kurzkommentar. Bürgerliches Gesetzbuch, 58. Auflage, München 1999

PALANDT, OTTO (BEGR.): Bürgerliches Gesetzbuch, 60. Auflage, München 2001

PANAHY, DARA A./MITTAL, RAMAN: The prospective Unidroit Convention on international interests in mobile equipment as applied to space property, RDU 1999, S. 303 – 312

PAWLOWSKI, HANS-MARTIN: Methodenlehre für Juristen, 2. Auflage, Heidelberg 1991

PFEIFFER, THOMAS: Der Stand des Internationalen Sachenrechts, IPRax 2000, S. 270 - 281

PFEIFFER, THOMAS: Die Entwicklung des Internationalen Vertrags-, Schuld- und Sachenrechts 1997-1999, NJW 1999, S. 3674 – 3687

POLAK, MAURICE V./ EECKHOUT, VEERLE VAN DEEN: Kroniek van het internationaal privaatrecht, NJB 2000, S. 573 - 575

PRÜSSMANN, HEINZ/ RABE, DIETER: Seehandelsrecht, 3. Auflage München 2000

PUTTFARKEN, HANS-JÜRGEN: Grundrecht im internationalen Rechtsraum, RIW 1995, S. 617 - 627

RAAPE, LEO: Internationales Privatrecht, 5. Auflage Berlin, Frankfurt a.M. 1961

RABEL, ERNST: The conflict of laws, Volume two, Chicago 1947

RABEL, ERNST/ RAISER, LUDWIG: Eine Entscheidung des deutsch-englischen gemischten Schiedsgerichts über den Versendungskauf, RabelsZ 3 (1929), S. 62 – 81

RAMMING, KLAUS: Die Entlastung des Frachtführers von seiner Haftung nach § 425 HGB für Verlust und Beschädigung des Guts und Überschreitung der Lieferfrist, TranspR 2001, S. 53 – 69

REBER, MAX: Beitrag zur Frage der Miet- und Charterverträge im Luftrecht (Jur. Diss.), Lausanne 1957

REBMAN, KURT/ SÄCKER, FRANZ JÜRGEN: Münchener Kommentar zum Bürgerlichen Gesetzbuch
- Allgemeiner Teil (§§ 1 – 240), AGB-Gesetz, Band 1, 3. Auflage, München 1993

- Einführungsgesetz zum Bürgerlichen Gesetzbuch, Band 10 (Art. 1-38), Internationales Privatrecht, 3. Auflage, München 1998

REEMTS, HELMUT: Deutschland und das Genfer Pfandrechtsabkommen, FS zu Ehren von Prof. Dr. jur. Alex Meyer aus Anlaß seines 75. Geburtstages am 15. Dezember 1954 dargebracht von Freunden, Fachgenossen und Schülern, hrsg. von Brandt, Düsseldorf 1954, S. 110 – 116

REIFARTH, JÜRGEN: Zur Anwendbarkeit des Art. 28 des Warschauer Abkommens auf die „Leute" des Luftfrachtführers, IPRax 1983, S. 107 – 108

REITHMANN, CHRISTOPH: Internationales Vertragsrecht, 3. Auflage, Köln 1980

REITHMANN, CHRISTOPH/ MARTINY, DIETER: Internationales Vertragsrecht. Das Internationale Privatrecht der Schuldverträge, 5. Auflage, Köln 1996

RICHARDI, REINHARD: Betriebsverfassungsgesetz mit Wahlordnung, 7. Auflage, München 1998

RICHARDI, REINHARD/ WLOTZKE, OTFRIED: Münchener Handbuch zum Arbeitsrecht
- Individualarbeitsrecht (§§ 1-110), Band 1, München 1992
- Kollektives Arbeitsrecht (§§ 233-383), Band 3, München 1993

RIESE, OTTO: Der Entwurf eines Abkommens über die vorläufige Beschlagnahme von Luftfahrzeugen, ArchfLR 1933, S. 20 –38

RIESE, OTTO: Der Entwurf von Mexiko zur Revision des Römer Haftungsabkommens, ZLW 1952, S. 105 – 133

RIESE, OTTO: Die Arbeiten der C.I.T.E.J.A. seit der Berliner Tagung (1934), ArchfLR 1937, S. 40 – 73

RIESE, OTTO: Die Berliner Tagung des internationalen Sachverständigenausschusses für Luftprivatrecht (C.I.T.E.J.A.), ArchfLR, 1934, S. 217 – 228

RIESE, OTTO: Die 6. Jahresversammlung der C.I.T.E.J.A. Paris, Oktober 1931, ArchfLR 1932, S. 63 – 81

RIESE, OTTO: Die internationale Luftprivatrechtskonferenz im Haag zur Revision des Warschauer Abkommens, September 1955, ZLW 1956, S. 1 – 45

RIESE, OTTO: Die internationale Lufprivatrechtskonferenz und das Charterabkommen von Guadalajara (Jal., Mexico) vom 18. September 1961, ZLW 1962, S. 1 – 49

RIESE, OTTO: Die Tagung der Unterausschüsse der C.I.T.E.J.A. in Paris vom Mai 1931, ArchfLR 1931, S. 191 – 204

RIESE, OTTO: Internationalprivatrechtliche Probleme auf dem Gebiet des Luftrechts, ZLW 1958, S. 271 – 296

RIESE, OTTO: Luftrecht, Stuttgart 1949

RIESE, OTTO: Zum Warschauer Luftprivatrechtsabkommen, RabelsZ 4 (1930), S. 244 – 267

RINCK, GERD: Das Römer Abkommen vom 7. Oktober 1952, verglichen mit den Haftungsgrundsätzen und Verfahrensvorschriften des deutschen Rechts, ZLW 1954, S. 85 – 105

RISCH, PAUL: Divergenzen in der Rechtsprechung zum Warschauer Abkommen und die Mittel zur Sicherung der einheitlichen Auslegung des vereinheitlichten Luftprivatrechts (Jur. Diss.), München 1974

RÖBBERT, MANFRED: Internationale Zivilluftfahrt-Organisation (ICAO) - Diplomatische Konferenz zur Revision des Römer Haftungsabkommens von 1952 - Montreal, 6. Bis 22. September 1978, ZLW 1978, S. 310 – 313

ROLL, HANS ACHIM: Wandlungen im Verjährungsrecht, WM 1977, S. 1214 – 1221

ROSS, ALF: Lehrbuch des Völkerrechts, Stuttgart Köln 1951

ROTH, WULF-HENNING: Der Einfluß des europäischen Gemeinschaftsrechts auf das Internationale Privatrecht, RabelsZ 55 (1991), S. 623 - 673

ROTT, THILO: Vereinheitlichung des Rechts der Mobiliarsicherheiten (Jur. Diss.), Tübingen 2000

RUCKRIEGEL, WERNER: Der luftrechtliche Chartervertrag (Jur. Diss.), Düsseldorf 1957

RUDOLF, ALFRED: Der Flugschein im internationalen Linienverkehr, ZLW 1969, S. 90 – 122

RUDOLF, ALFRED: Die neuen IATA-Beförderungsbedingungen für Fluggäste und Gepäck, ZLW 1971, S. 153 – 165

RUHWEDEL, EDGAR: Das „IATA-Intercarrier Agreement on Passenger Liability“ vom 31.10.1995, TranspR 1997, S. 1 – 6

RUHWEDEL, EDGAR: Der Luftbeförderungsvertrag, 2. Auflage, Frankfurt am Main 1987

RUHWEDEL, EDGAR: Der Luftbeförderungsvertrag, 3. Auflage, 1998, Neuwied, Kriftel, Berlin

RUHWEDEL, EDGAR: Die Rechtsstellung des Flugzeugkommandanten im zivilen Luftverkehr, Bielefeld 1964

RUHWEDEL, EDGAR: Transportrechtsreformgesetz und Frachtgutbeförderung auf dem Luftweg, TranspR 1999, S. 369 – 374

RUHWEDEL, EDGAR: Verordnung (EG) Nr. 2027/97 des Rates über die Haftung von Luftfahrtunternehmen bei Unfällen vom 9.10.1997, TranspR 1998, S. 13 - 16

RUHWEDEL, EDGAR/ SCHMID, RONALD: Der lange Weg von Warschau über Brüssel nach Montreal - ein Zwischenbericht. Oder: Dornröschen wurde nur halbherzig wachgeküßt, RRa 2000, S. 147 – 149

SACK, ROLF: Kollisions- und europarechtliche Probleme des Arbeitnehmererfinderrechts, FS Ernst Steindorff zum 70. Geburtstag, hrsg. von Jürgen F. Bauer, Klaus J. Hopt, K. Peter Mailänder, Berlin, New York 1990, S. 1333 – 1357

SAENGER, INGO: Harmonisierung des internationalen Luftprivatrechts, NJW 2000, S. 169 – 175

SAND, PETER H.: „Parteiautonomie“ in internationalen Luftbeförderungsverträgen, ZLW 1969, S. 205 – 218

SANDROCK, OTTO: Die Bedeutung des Gesetzes zur Neuregelung des Internationalen Privatrechts, RIW 1986, S. 841 – 855

SAUNDERS, ANTHONY/ WALTER, INGO: Proposed Unidroit Convention on international interests in mobile equipment as applied to aircraft equipment through the aircraft equipment protocol: Economic impact assessment, Air & Space Law 1998, S. 339 – 416

SCHAPER, HERMANN: Arbeitsrechtliche Probleme bei der Luftfahrt (Jur. Diss.), Würzburg 1964

SCHEUCH, URS: Luftbeförderungs- und Charterverträge unter besonderer Berücksichtigung des internationalen Privatrechts (Jur. Diss.), Zürich 1979

SCHILLER, KASPAR: Vom Warschauer Abkommen zum Montrealer Abkommen, SJZ 2000, S. 184 – 188

SCHLECHTRIEM, PETER: Deliktsansprüche und die Sonderordnung der Haftung aus Fracht- und ähnlichen Verträgen, ZHR 133 (1970), S. 105 – 148

SCHLEGEL, HORST: Eigentumserwerb und rechtsgeschäftliche Belastung von Luftfahrzeugen im Internationalen Privatrecht (Jur. Diss.), Sporn 1938

SCHLEICHER, RÜDIGER/ REYMANN, FRIEDRICH/ ABRAHAM, JÜRGEN: Das Recht der Luftfahrt
- Erster Band. Allgemeine Einleitung und Internationales Luftrecht, Köln, Berlin 1960
- Zweiter Band. Nationales deutsches Luftrecht, Köln, Berlin, Bonn, München 1966

SCHLOSSHAUER-SELBACH, STEFAN: Internationales Privatrecht, Heidelberg 1989

SCHLUNCK, ANGELIKA: Die Grenzen der Parteiautonomie im internationalen Arbeitsrecht (Jur. Diss.), München 1990

SCHMID, RONALD: Der europäische Luftverkehr auf dem Weg in den Binnenmarkt, EuZW 1991, S. 19 – 25

SCHMID, RONALD: Neues Haftungsregime für internationale Luftbeförderungen, RRa 1999, S. 131 – 132

SCHMID, RONALD: The Warsaw Convention between Dusk and Dawn, Air & Space Law 1997, S. 50 - 55

SCHMID, RONALD: Rechtsprechung zum Charterflug. Rechtsprobleme bei der Luftbeförderung im Rahmen von Flugpauschalreisen, Neuwied, Kriftel, Berlin 1997

SCHMID, RONALD: Zum Begriff „Chartervertrag“ im Luftverkehrsrecht, TranspR 1983, S. 113 – 115

SCHMIDT-BLEIBTREU, BRUNO/ KLEIN, FRANZ: Kommentar zum Grundgesetz, 9. Auflage, Neuwied, Kriftel 1999

SCHMIDT-RÄNTSCH, GÜNTHER: Die fünfzehnte Tagung des Rechtsausschusses der Internationalen Zivilluftfahrt-Organisation (ICAO) vom 1. bis 19. September 1964 in Montreal, ZLW 1965, S. 141 – 159

SCHMIDT-RÄNTSCH, GÜNTHER: Die Ausführung der Luftbeförderung durch einen Dritten, FS Otto Riese, Aus Anlaß seines Siebzigsten Geburtstages, hrsg. von Bernhard Aubin, Ernst von Caemmerer, Philippe Meylan, Karl H. Neumayer, Gerd Rinck, Walter Strausz, Karlsruhe 1964, S. 479 – 496

SCHNELLE, ULRICH: Die objektive Anknüpfung von Darlehensverträgen im deutschen und amerikanischen IPR (Jur. Diss.), Baden-Baden 1992

SCHÖLERMANN, HINRICH/SCHMID-BURGK, KLAUS: Flugzeuge als Kreditsicherheit, WM 1990, S. 1137 – 1148

SCHONER, DIETER: Die internationale Rechtsprechung zum Warschauer Abkommen in den Jahren 1974 bis 1976, Teil I, ZLW 1977, S. 256 – 278

SCHONER, DIETER: Die internationale Rechtsprechung zum Warschauer Abkommen in den Jahren 1977 bis 1980, ZLW 1980, S. 327 – 389

SCHÖNWERTH, ERICH: Unmittelbare Ansprüche des Eigentümers von Gepäck und Fracht gegen den Lutfrachtführer, Anmerkung zu BGH vom 21.12.1993 – VI ZR 103/93, ZLW 1995, S. 168 – 171

SCHÖNWERTH, ERICH: Zur luftfahrttypischen Kausalität, Anmerkung zu LG Düsseldorf vom 4.4.1990 – 23 S 429/89, TranspR 1992, S. 11 – 13

SCHÖNWERTH, ERICH/ MÜLLER-ROSTIN, WOLF: Unmittelbare Ansprüche des Eigentümers von Gepäck und Fracht gegen den Luftfrachtführer, ZLW 1993, S. 21 – 28

SCHWEICKHARDT, ARMIN: Der Transportchartervertrag in neuer Sicht, ZLW 1964, S. 9 – 26

SCHWEICKHARDT, ARMIN: Schweizerisches Lufttransportrecht, Zürich, Berlin, Köln 1954

SCHWEICKHARDT, ARMIN: Zur Frage der rechtlichen Beurteilung der Haftung des Luftfrachtführers aus Dienst- und Freiflügen seiner Angestellten, ZLW 1954, S. 7 – 10

SCHWENK, WALTER: Charterverträge im Luftverkehr, BB 1970, S. 282 – 285

SCHWENK, WALTER: Die Kreditsicherung bei der Beleihung von Luftfahrzeugen, BB 1966, S. 477 – 480

SCHWENK, WALTER: Handbuch des Luftverkehrsrechts, 2. Auflage, Köln, Berlin, Bonn, München 1996

SCHWENK, WALTER: Internationale Zusammenarbeit im Luftverkehr der Europäischen Gemeinschaft und die Staatszugehörigkeit von Luftfahrzeugen, ZLW 1988, S. 4 - 16

SCHWENK, WALTER: Zum Inkrafttreten des Haager Protokolls, NJW 1963, S. 2205 – 2207

SCHWENK, WALTER: Zum räumlichen Geltungsbereich des deutschen Luftrechts, ZLW 1970, S. 125 – 139

SHAWCROSS, CHRISTOPHER N./ BEAUMENT, K.M.: Air law. Volume 1, 3. Auflage, London 1966

SOERGEL, HS. TH. (BEGR.): Bürgerliches Gesetzbuch mit Einführungsgesetz und Nebengesetzen, Band 10, Stand: Anfang 1996, Stuttgart, Berlin, Köln

SONNENBERGER, HANS JÜRGEN: Europarecht und Internationles Privatrecht, ZvglRwiss 95 (1996), S. 3 – 47

SONNENBERGER, HANS JÜRGEN: Intertemporales Privatrecht fürs Internationale Privatrecht, FS Murad Ferid zum 80. Geburtstag am 11. April 1988, hrsg. von Andreas Heldrich und Hans Jürgen Sonnenberger, Frankfurt am Main 1988, S. 447 – 462

SPECHT, WOLFGANG: Die IATA. Eine Organisation des grenzüberschreitenden Luftlinienverkehrs und ihre Allgemeinen Beförderungsbedingungen, Bern, Frankfurt am Main 1973

SPICKHOFF, ANDREAS: Die Tatortregel im neuen Deliktskollisionenrecht, IPRax 2000, S. 1 - 8

SPICKHOFF, ANDREAS: Die Restkodifikation des Internationalen Privatrechts: Außervertragliches Schuld- und Sachenrecht, NJW 1999, S. 2209 – 2215

STAUDINGER, ANSGAR: Das Gesetz zum Internationalen Privatrecht für außervertragliche Schuldverhältnisse und für Sachen vom 21.5.1999, DB 1999, S. 1589 – 1594

STAUDINGER, JULIUS VON (BEGR.): Kommentar zum Bürgerlichen Gesetzbuch mit Einführungsgesetz und Nebengesetzen

- Gesetz zur Regelung des Rechts der Allgemeinen Geschäftsbedingungen (AGBG), 13. Auflage, Berlin 1998

- Einführungsgesetz zum Bürgerlichen Gesetzbuche, Art. 27 – 37 (Internationales Vertragsrecht); Art. 10 (Internationales Namensrecht), 12. Auflage, Berlin 1998
- Einführungsgesetz zum Bürgerlichen Gesetzbuch/IPR. Internationales Sachenrecht, 13. Auflage, Berlin 1996

STOLL, HANS: Anpassung des Vertragsstatuts an die Gegebenheiten des internationalen Handels, FS für Gerhard Kegel zum 75. Geburtstag 26. Juni 1987, hrsg. von Hans-Joachim Musielak, Klaus Schurig, 1987 Stuttgart, Berlin, Köln, Mainz 1987, S. 623 – 662

STOLL, HANS: Rechtskollisionen beim Gebietswechsel beweglicher Sachen, RabelsZ 38 (1974), S. 450 – 467

STOLL, HANS: Sturz vom Balkon auf Gran Canaria – Akzessorische Anknüpfung, deutsches Deliktsrecht und örtlicher Sicherheitsstandard, IPRax 1989, S. 89 – 93

STOLL, HANS: Zur gesetzlichen Regelung des Internationalen Sachenrechts in Artt. 43 – 46 EGBGB, IPRax 2000, S. 259 - 271

STRUPP, KARL/ SCHLOCHAUER, HANS-JÜRGEN: Wörterbuch des Völkerrechts, Band 2, Berlin 1961

TATTAM, SÖREN R.: United Kingdom. Security on movable property and receivables in Europe, hrsg. von Michael G. Dickson, Wolfgang Rosener, Paul M. Storm, Oxford 1988, S. 87 – 205,

TRUTMANN, VERENA: Das internationale Privatrecht der Deliktsobligationen (Jur. Diss.), Basel, Stuttgart 1973

ULMER, PETER/ BRANDNER, ERICH/ HENSEN, HORST-DIETHER/ SCHMIDT, HARRY: AGB-Gesetz Kommentar zum Gesetz zur Regelung des Rechts der Allgemeinen Geschäftsbedingungen, 8. Auflage, Köln 1997

URWANTSCHKY, PETER: Flugzeugunfälle mit Auslandsberührung und Auflockerung des Deliktsstatuts (Jur. Diss.), München 1986

VISSCHER, FERNAND DE: Conflits de lois en matière de droit aérien, RdC 1934 II, S. 279 – 385

VOGEL, LOUIS (HRSG.): Encyclopédie Dalloz. Répertoire de droit commercial
- Tome I, Stand April 1998, Paris
- Tome III, Stand April 1998, Paris
- Tome IV, Stand Oktober 1997, Paris

WAGNER, ROLF: Der Regierungsentwurf eines Gesetzes zum Internationalen Privatrecht für außervertragliche Schuldverhältnisse und für Sachen, IPRax 1998, S. 429 – 438

WEBER, LUDWIG/ ESPÍNOLA, SILVÉRO: The development of a new Convention relating to international interests in mobile equipment, in particular aircraft equipment: a joint ICAO-Unidroit project, RDU 1999, S. 463 – 468

WEBER, ROLF H.: Parteiautonomie im Internationalen Sachenrecht, RabelsZ 44 (1980), S. 510 – 530

WEIMAR, WILHELM: Unfälle bei Gefälligkeitsfahrten, MDR 1968, S. 733 - 734

WENDT, PETER: Dingliche Rechte an Luftfahrzeugen, MDR 1963, S. 448 – 452

WENGLER, WILHELM: Völkerrecht Band II Dritter Teil, Berlin, Göttingen, Heidelberg 1964

WERRO, MEN DURI: Die Haftung aus Zusammenstoß von Flugzeugen (Jur. Diss.), Zürich 1978

WILBERFORCE, R. O.: The international recognition of rights in aircraft, IntLQRev 1948, S. 421 – 458

WOLF, MANFRED/ HORN, NORBERT/ LINDACHER, WALTER F.: AGB-Gesetz, Gesetz zur Regelung des Rechts der Allgemeinen Geschäftsbedingungen, 4. Auflage, München 1999

WOLFF, MARTIN: Das Internationale Privatrecht Deutschlands, Berlin, Göttingen, Heidelberg 1954

WOLFRUM, RÜDIGER: Recht der Flagge und „Billige Flaggen" – Neuere Entwicklungen im Völkerrecht, BerDGesVR, Bd. 31, Recht der Flagge und „Billige Flaggen" – Neuere Entwicklungen im Internationalen Privatrecht und Völkerrecht, Heidelberg 1990, S. 121 – 147

WOOL, JEFFREY: The case for a commercial orientation to the proposed Unidroit Convention as applied to aircraft equipment, RDU 1999, S. 289 – 302

WOOL, JEFFREY: The next generation of international aviation finance law: an overview of the proposed Unidroit Convention on international interests in mobile equipment as applied to aircraft equipment, Air & Space Law 1998, 243 – 276

WULFF, HANS ADOLF: Die Haftung des Lufttransporteurs im nationalen und internationalen Privatrecht (Jur. Diss.), Würzburg 1938

ZAPP, MICHAEL: Ansprüche gegen den ausführenden Luftfrachtführer bei internationalen Lufttransporten, TranspR 2000, S. 239 – 242

Schriften zum Internationalen und vergleichenden Privatrecht

Herausgegeben von Abbo Junker

Band 1 Maren Charisius: Das niederländische Internationale Privatrecht. 2001.

Band 2 Natalie Kretschmer: Das Internationale Privatrecht der zivilen Verkehrsluftfahrt. 2003.

Martin Wrobel

Flughäfen in der Region

Regionale Gravitationszentren vor dem Verkehrsinfarkt? Eine Strukturanalyse und Prognose der landseitigen Verkehrssituation – am Beispiel des Airport Bremen

Frankfurt/M., Berlin, Bern, Bruxelles, New York, Oxford, Wien, 2002. 266 S., zahlr. Abb. und Tab.
Strukturwandel und Strukturpolitik. Herausgegeben von Wolfram Elsner. Bd. 6
ISBN 3-631-39204-4 · br. € 40.40 / US-$ 35.95 / £ 25.–*

Unter dem Gesichtpunkt kontinuierlich steigender Passagier- und Frachtaufkommen an deutschen Verkehrsflughäfen stellt sich den Betreibern mit Blick auf die allgemein ausgeprägte Konkurrenz immer häufiger die Frage, ob die gegenwärtig vorhandene materielle Infrastruktur für die Zukunft ausreichend ist, um die eigene Wettbewerbsposition zu erhalten bzw. diese sogar auszubauen. Wichtige Komponenten hierbei sind u.a. die Erreichbarkeit (straßenverkehrliche Anbindung) und die Aufnahmekapazität (Parkkapazität) des Airport. Diese Arbeit wendet – am Beispiel des Airport Bremen – eine umfassende Methodik zur Analyse dieser beiden Wettbewerbsfaktoren an. Auf Basis einer umfangreichen Fluggastbefragung zur Erfassung der Status-quo-Situation und einer komplexen Prognose des Passagier- und Frachtaufkommens bis zum Jahr 2010, erfolgt anhand mehrerer Szenarien eine detaillierte Schwachstellenanalyse. Daraus ergeben sich für regionale Akteure umsetzungsorientierte Handlungsempfehlungen zur Vermeidung potentieller Engpässe.

Aus dem Inhalt: Fluggastbefragung – Analyse der Status-quo-Situation am Airport Bremen · Prognose des Passagier- und Frachtaufkommens · Analyse der Parkraumsituation · Analyse der Verkehrsflußsituation auf den An-/Abfahrtswegen des Airport Bremen · Ausblicke auf Lösungsmöglichkeiten für prognostizierte Engpässe bezüglich der materiellen Infrastruktur · Umsetzungsorientierte Handlungsempfehlungen für regionale Akteure zur Aufrechterhaltung und Erweiterung der Leistungsfähigkeit der örtlichen Infrastruktur

Frankfurt/M · Berlin · Bern · Bruxelles · New York · Oxford · Wien
Auslieferung: Verlag Peter Lang AG
Moosstr. 1, CH-2542 Pieterlen
Telefax 00 41 (0) 32 / 376 17 27

*inklusive der in Deutschland gültigen Mehrwertsteuer
Preisänderungen vorbehalten

Homepage http://www.peterlang.de

Kolibri 360 GmbH
Ferdinand-Jühlke-Straße 7
99095 Erfurt, Deutschland
produktsicherheit@kolibri360.de

Druck:
CPI Druckdienstleistungen GmbH
im Auftrag der
Kolibri 360 GmbH
Ferdinand-Jühlke-Str. 7
99095 Erfurt